Rüdiger Görner

Georg Trakl

Dichter im Jahrzehnt der Extreme

Paul Zsolnay Verlag

1 2 3 4 5   18 17 16 15 14

ISBN 978-3-552-05697-8
Alle Rechte vorbehalten
© Paul Zsolnay Verlag Wien 2014
Satz: Eva Kaltenbrunner-Dorfinger, Wien
Druck und Bindung: GGP Media GmbH, Pößneck
Printed in Germany

MIX
Papier aus verantwor-
tungsvollen Quellen
FSC® C014496

für Oliver Kohler

Puis j'expliquai mes sophismes magiques avec
l'hallucination des mots!
(Dann erklärte ich mir meine magischen Sophismen
mit der Halluzination der Worte!)

Arthur Rimbaud, *Délires* (1872/73)

Die Gegenwart oktroyiert Formen. Diesen Bannkreis
zu überschreiten und andere Formen zu gewinnen,
ist das Schöpferische.

Hugo von Hofmannsthal, *Buch der Freunde* (1922)

Das Wort des Dichters macht die Dinge schwebend […]
Das ist der wahre Rhythmus des Gedichts: daß es das
Ding hinträgt zum Menschen, aber daß es zugleich das
Ding wieder zurückschweben läßt zum Schöpfer.

Max Picard, *Wort und Wortgeräusch* (1963)

Das Böse und das Schöne sind die beiden Heraus-
forderungen, die wir annehmen müssen.

François Cheng, *Meditationen über die Schönheit* (2008)

Inhalt

Vorworthafter Dreiklang

Tagebucheintrag

Wien, den 19. Juni

Abends in Christoph Starks Trakl-Film *Tabu – Es ist die Seele ein Fremdes auf Erden*; habe mich dann in dieser lauen Juni-Nacht bis zum Judenplatz treiben lassen, wo ich in einem fast leeren Schanigarten diese Zeilen notiere.

Es regnete viel in diesem Film; es goss in Strömen. Entsprechend tropfnass sind die strähnigen Haare Georgs (Lars Eidinger) und Gretes (Peri Baumeister). Der Film hätte *G & G* heißen sollen, handelt er doch von Geschwistern, die von der Ausweglosigkeit ihrer Liebe zueinander vergewaltigt werden. Die Hauptrolle im Film hat der Inzest übernommen – umflort von farbgesättigten Bildern.

Aus dem Drogenrausch der Geschwister entsteht ein filmischer Bilderrausch zwischen Bürgersalon und Gosse, bedrückenden Stadtszenen und scheinbar befreiender Natur. Ich denke unwillkürlich an Jane Campions Film über John Keats *Bright Star* (2009): Gezeigt wird darin das Dichten als wahnhafter Leidensprozess. In *Tabu* korrigiert die Schwester die Manuskripte des Bruders. Im Keats-Film dagegen haben sich die Verse des Dichters bereits in einen Bereich jenseits aller Korrektur begeben.

Überhaupt ist mittlerweile das Schreiben zu einem Filmthema geworden. Die Kamera konzentriert sich auf Feder und Tintenklecks sowie den schwarzen Schreibfinger im Film *Becoming Jane* (2007), in dem Anne Hathaway die beständig schreibende Jane Austen spielt, oder in *Shakespeare in Love* (1998), in dem Joseph Fiennes als William die Feder stets in Bereitschaft hält, wenn ein gewisser Blick Worte auf dem Papier auslöst.

Lars Eidinger gibt einen Trakl, der phasenweise fieberhaft schreibt und streicht, als jage ihn die Sorge, bestimmte Worte nicht aufs Papier werfen zu können, auch wenn er ansonsten erstaunlich wenig Angst zeigt; er wirkt, wenngleich zuweilen am Rande von Gewaltausbrüchen, immer im Vollbesitz seiner Selbstkontrolle. Vergisst man, dass Eidinger Trakl sein soll, dann überzeugt er. Anders Peri Baumeister als Grete; sie ist das Wunder einer Verkörperung, gerade weil man von der authentischen Grete (aber was ist das schon!) zu wenig weiß. Ihr genialisches Klavierspiel sieht sich nur noch übertroffen durch die kurzen Hörproben von ihrer eigenen Musik, die an Skrjabin erinnert. Ja, sie ist, was sie sein soll: unwiderstehlich. Unglaubwürdig wirkt sie nur an der Stelle im Film, wo sie ihrer hartherzigen Mutter vorwirft, nicht schon viel früher gegen die inzestuöse Beziehung zwischen ihr und Georg, von der sie gewusst habe, eingeschritten zu sein.

Die Bilder bleiben, ihr Sinn verflüchtigt sich. Über dem Schanigarten setzt Nieselregen ein. Er wird nicht ausreichen, das Haar tropfnass werden zu lassen.

Wien, tags darauf (Hotel Regina)
Wiederholt spielen sich einige Filmszenen des gestrigen Abends in mir ab. In einem hatte der Film recht: Trakl lebte nur, wenn er schrieb. Und er schrieb nur, wenn er Gedichte verfasste. Ansonsten schien er zu vegetieren, sich treiben zu lassen oder ins Wahllose getrieben zu sein.

Ganz in der Nähe: Freuds Berggasse, wo *Totem und Tabu* entstand und der Satz: »Das Tabu heißt uns einerseits hei-

lig, geweiht, anderseits: unheimlich gefährlich, verboten, un-
rein.«[1] Erschienen 1913. In jenem Jahr war Trakl zwei-, dreimal in Wien, hatte Umgang mit Karl Kraus, Adolf Loos, Peter
Altenberg und Oskar Kokoschka. Und in jenem Gedicht, dem
der Band seinen Titel entlehnte, »Es ist die Seele ein Fremdes auf Erden«, rief er zweimal aus: »Reinheit! Reinheit! Wo
sind die furchtbaren Pfade des Todes, / Des grauen steinernen
Schweigens, die Felsen der Nacht / Und die friedlosen Schatten? Strahlender Sonnenabgrund.«[2] Da sind sie, die extremen
Gegensätze, die nur eine Vermittlung kennen: den Klang, den
Rhythmus, der auch dann magisch bleibt, wenn er, wie hier,
gebrochen wird durch Ausrufe und Fragen, die im Ton an Hölderlin erinnern – nicht an den Analytiker Freud.

Man kennt die lustvollen Tabubrecher in der Literatur
um 1900 von Frank Wedekind bis Heinrich Mann, Arthur
Schnitzler, Oskar Kokoschka, Egon Schiele und in der Musik die »Zwölftöner«.[3] Und Trakl? Brach er mit Tabus? Oder
spielte er mit ihnen oder sie mit ihm – Katz und Maus? Das
Ringen um Reinheit, die Ahnung des Heiligen – beides ist
so gegenwärtig in seinen Gedichten wie der strahlende oder
in Dunkelheit versinkende Abgrund, die Gosse, die Verelendung der Seele.

Trakl in der Berggasse – wie hätte er sich verhalten, wäre
er Freuds Patient geworden? An analysebedürftigen Träumen
hatte es ihm ja nicht gemangelt; zumindest seinen Gedichten
nicht. Vielleicht hätte er einfach stumm auf der Couch gelegen und Freud dann und wann ein Gedicht ins Schweigen ge-
reicht. Vielleicht …

Ein knappes Jahrzehnt lyrischer Produktivität, ein Jahrzehnt voller Extreme in Kultur und Politik, im Gesellschaftlichen und Ökonomischen: Historismus wie hier im Hotel
Regina contra Sezession am anderen Ende der Ringstraße, die
Zeitverhältnisse verschleiernde Neoromantik contra Analyse

der modernen Psychosen. Trakl weilt in Salzburg, die Auflösung der Eisenhandlung seines verstorbenen Vaters steht
an, als in Wien am letzten März-Tag des Jahres 1913 Arnold
Schönberg im Großen Saal des Musikvereins seine *Kammer-
sinfonie* dirigiert, etwas von Anton von Webern und Alban
Bergs *Lieder mit Orchester nach Ansichtskartentexten von
Peter Altenberg*: Das »Skandalkonzert« nimmt seinen Lauf,
das ganz Wien erregt und Oscar Straus, den Operettenneben-
könig, solchermaßen, dass er Schönberg, den Präsidenten des
Akademischen Verbandes für Literatur und Musik, dem auch
Trakl als Student angehört hatte, auf offener Szene ohrfeigt,
dem dann wiederum Trakls Freund, Erhard Buschbeck, eine
Maulschelle verabreichte.

Was hat Trakl darüber von Freund Buschbeck erfahren?
Hat es ihn bekümmert, entsetzt? Sprach man noch davon, als
er im Juli jenes Jahres wieder nach Wien kommt, während-
dessen Buschbeck in Salzburg Trakls Schwester Grete affären-
haft nahe kommt? Wie bezeichnend wenig weiß man von diesem verfehlten Leben Trakls; einiges mehr freilich von dem
abgrundtief melancholischen, geglückten Werk.

Zugänge zu Trakl

I

Immer der Salzach entlang, auch in Innsbruck, noch in Wien,
selbst in Berlin, zuletzt gar in Krakau im ersten Kriegsherbst,
immer entlang diesem milchigen Grün, in das er blutige Klo-
aken münden sah, diese schaumgekrönten Wasserwirbel um
Kalksteine, die Totenschädeln gleichen können. Wen wundert,
von ihm, Georg Trakl, ein Gedicht dieses Titels (»Entlang«:
»Astern von dunklen Zäunen / Bring dem weißen Kind«) zu
finden?

Hat er zuletzt den Hohen Markt, den Wáwel gesehen, den Krönungshügel in Krakau? Hat er ihn als einen reduzierten Mönchs- oder Kapuzinerberg wahrgenommen oder alle Berge als Golgatha? Zuweilen sehr unsicher, was er mit seinem Leben anfangen sollte, bewarb er sich für den Kolonialdienst auf Borneo; nach Albanien wollte er, aber am Ende blieb es bei dem, was er als Schüler getan hatte: Damals hatte er sich die Welt, Briefmarken sammelnd, erschlossen.

Immer war Salzburg, die Hölle des Schönen, wo noch die schärfste Dissonanz es sich erlauben kann, Wohlklang zu simulieren. Immer hörte er es, das schweigende Singen der Putten, die Stimmen der Steine. Und Trakl führte, dichtend, Satan in Versuchung, indem er die Sünde heiligte im Gedicht. Als Protestant gab es für ihn keine Beichte; ausgesetzt blieb er in den Abgründen dessen, was ihm selbst sündhaft vorkam. Aber es gab das Wort, das alles zu leisten hatte und unter seiner Hand nahezu alles leistete. Der Wortschatz war sein einziger wirklicher Besitz. Er blieb überschaubar und zeugt doch von wirklichem Reichtum. Dieser bestand aus sprachlichen Kondensaten, sorgfältig geschliffen, aber auch aus Auflösungen, Mischungsverhältnissen, vokalischen Farbstoffen, Traumwucherungen. Trieb er Unzucht mit der Phantasie?

II

Und Trakl sah wieder Zäune. Im Traum und hier im Geschäft des Vaters, reihenweise Zäune aus Metall, von unterschiedlicher Maschendichte, geschichtet, gut ein Klafter tief, unübersteigbar, und im kleinen Georg warfen sie vermutlich die Frage auf, wer denn wohl so viele Zäune brauche. Hatte nicht schon jeder Vor- oder Hintergarten, der Trakl'sche zum Beispiel, wo er mit den Geschwistern spielte, oft auch allein oder nur mit Schwester Grete, Zäune genug? Zäune, über die er später – im Gedicht – Sonnenblumen sich neigen sehen wird;

Zäune, die er entlangging, die sich aber bald zu unübersteigbaren Mauern verdichten sollten.

Bis auf die letzten Jahre vor seinem Tod gingen die Geschäfte des Vaters gut; seinen Laufburschen und Gesellen gabe er diskret Anweisungen, anscheinend ohne ein lautes Wort. Da ging es bei den Handwerkern der Stadt anders zu. Ohrfeigen schallten, die Meister fauchten die Lehrlinge an, fluchten. Ihr *père, Maître Trakèl*, erklärte die elsässische Gouvernante, sei eben ein Geschäfts- und Ehrenmann, ein *entrepreneur. Oui, vraiement.*

So könnte eine Annäherung an Georg Trakl beginnen oder vielleicht mit einem fiktiven Brief an die Mutter, die unnahbare besessene Sammlerin von Antiquitäten, die mehr und mehr Zimmer in der großzügig bemessenen, für Altstadtverhältnisse ausgesprochen lichten Wohnung für sich und ihre Sammlungen beanspruchte. *Mutter, warum leidest du an solcher Sammelwut? Warum redest du mit deinen Dingen, wir hören es oft durch die verschlossenen Türen zu deiner Kemenate, aber kaum mit uns Kindern?*

Man könnte sie nicht die Traklin nennen, das wäre zu familiär; dafür wirkte sie zu unnahbar. Sie war es gewohnt, mit *Vous* angeredet zu werden. Sie war *Madame La mère*, was Georg mit Meer verwechselt haben dürfte, nicht aber mit mehr, denn er spürte wohl bald, dass *mehr* von ihr nicht zu erwarten war.

Hatte er sie zunächst gefürchtet? Bemühte er sich, ihr zu gefallen? Sehnte er sich nach ihrem Lob? Wann begann er sie zu hassen? Musste er es sich verbieten, ihr gegenüber Mordgelüste aufkommen zu lassen? Das wäre der Stoff gewesen für einen lebenslangen Brief. Auch ihn versagte er sich. Stattdessen tauchte die Mutter wiederholt in Gedichten auf, namenlos, ohne Gesichtszüge, meist nur mit einem weißen, ans Gespenstische grenzenden Antlitz.

III

Trakl als Autobiograf – wäre das vorstellbar? Hätte er wie
Walt Whitman einen »Song of Myself« verfassen können,
von Jorge Luis Borges übrigens die vollkommenste Fiktion
genannt?[4] Schwerlich – transformierte sich doch in ihm jede
Erinnerung – ob an Schönes oder Grausiges, an Idyllisches
oder Traumatisches – in Bilder, die er in ihr poetisches Eigen-
leben entließ. Trakl war der Anti-Erzähler schlechthin. Im
Grunde bedürfte es einer inneren Biografie dieses Dichters,
einer Seelengeschichte im Sinne Heinrich von Kleists, eines
in Prosa aufgelösten Psychogramms, um der inneren Dramatik dieses nach außen gesehen missglückten, gescheiterten
Lebens wenigstens annähernd gerecht zu werden.

Es war ein Leben und Schaffen wie im Zeitraffer, dabei
immer wieder von Phasen lähmender Trägheit und Unentschlossenheit durchsetzt. Ruhelos schien er, aber nicht wirklich willens, aufzubrechen ins Weite, Offene. Am weitesten
waren seine Vorfahren gewandert.[5] In ihm jedoch wurde alles Reisen stationär.

Seltsam ausgeruht aber klingen seine Gedichte; man merkt
nur sehr wenigen von ihnen an, dass sie dem »Zeitalter der
Nervosität« (Joachim Radkau) entstammen. Der Klang dieser Gedichte hypnotisiert – und das bei so auffallend wenig
Modulationen.

... und ein einleitendes *de profundis*

Rätselhaft lautet das Wort, das einem in den Sinn kommt,
wenn man Georg Trakl bedenkt, und das heißt, sein vom dichterischen Werk rasch aufgebrauchtes Leben, das sich mit diesem Namen verbindet. »Wer mag er gewesen sein?«, fragte
sich Rainer Maria Rilke, nachdem er die Dichtung *Sebastian*

im Traum des ihm bis dahin unbekannten Sprachkünstlers aus Salzburg gelesen hatte.[6] Die Frage beließ Rilke in Klammern, als sei sie zu unstatthaft, zu zudringlich, zu ablenkend vom Eigentlichen dieser Dichtung. Rilkes Klammer um diese Frage entspricht einem Fragezeichen, das hinter jedem biografischen Zugang zu Trakl stehen muss. Sie bekundet eine Befangenheit gegenüber biografisch orientierten Textdeutungen, die uns gleichfalls gut ansteht, auch wenn wir inzwischen erheblich mehr über die Lebensumstände dieses mit siebenundzwanzig Jahren im Militärlazarett zu Krakau in den frühen Morgenstunden des 3. November 1914 an einer Überdosis Rauschgift verstorbenen Dichters und k. u. k. Sanitätsleutnants zu wissen vermeinen.

Das schreibt sich so hin, dieses und anderes Faktische über Georg Trakl, und erklärt doch so wenig über das Seltsame, Fremde und Befremdliche, das von ihm auf seine Zeitgenossen ausging. Noch weniger sagt es aus über das Faszinosum dieses schmalen Werks, das wie im Zeitraffer reifte und doch ein Charakteristikum seiner an Extremen überreichen Zeit so gar nicht spiegelt: die Geschwindigkeit, die Beschleunigung der Lebensverhältnisse, ihre rücksichtslose Technisierung. Letztere scheint er erst spät wahrgenommen zu haben – als Verhängnis, in den »wilden Orgeln des Wintersturms« (»Im Osten«), in Gestalt eines schwarzen Himmels »aus Metall« (»Winterdämmerung«) und als »tödliche Waffen« (»Grodek«). Das bedeutet jedoch nicht, Trakl habe in seiner sozialen Umwelt kein poetisches Material gesehen. Sie hat in seine Dichtungen Eingang gefunden, wie aufmerksame Lektüren längst gezeigt haben.[7]

Georg Trakl – bei diesem Namen steigen Bilder in uns auf, zeitgenössische Fotografien, poetische Sprachbilder vor allem, und doch passt er irgendwie nicht ins Bild der Zeit: ein verspäteter *poète maudit* vom Stamme Baudelaires, Rimbauds und Verlaines, mit denen er verwandter erscheint als mit seiner Familie. Doch ergeben auch diese Fotografien kein wirkliches Bild von Trakl. Sie zeigen einen aufsässig wirkenden, aber auch versonnen dreinblickenden Schüler, halb trotzig, halb verwundert in den Apparat schauend, keinesfalls kamerascheu, sondern sich diesem Medium stellend; der Blick wird entschlossener, das Profil hat etwas Eindrucksvolles, dann auch wieder Abweisendes; zuweilen treten geradezu brutale Züge hervor, die zu einem Gesicht zu gehören scheinen, das man eher auf einem Fahndungsblatt vermuten würde. Dann kennen wir Fotos von Trakl in Uniform – ob als Einjährig-Freiwilliger oder als Medikamentenakzessist. Zur Überraschung des Betrachters steht ihm die Uniform. Wir haben aber auch Aufnahmen vom entspannt wirkenden Trakl bei den Buschbecks mit dem Anflug eines Lächelns, das sich auf einem Foto mit Paula von Ficker sogar noch verstärkt, wobei er sich bei ihr einhakt und nicht umgekehrt.[8] Zeigen diese Bilder wirklich ein und denselben Georg Trakl? Blickt ein vermeintlicher Autist so konzentriert, ja herausfordernd in die Kamera? Oder waren diese Porträtfotos Masken, hinter denen sich der Alkohol- und Drogenabhängige erfolgreich zu verbergen wusste?

Trakls letzte Lektüre bestand aus Gedichten des schlesischen Barockdichters Johann Christian Günther, der gleichfalls mit siebenundzwanzig Jahren gestorben war. Überliefert ist, dass er Ludwig von Ficker bei dessen Besuch im Lazarett Günthers »Bußgedanken« vorgelesen hat: »Mein Gott! Wo ist denn schon der Lenz von meinen Jahren / So still, so unvermerkt, so zeitig hingefahren?« Das Gedicht schließt mit dem Vers: »Oft ist ein guter Tod der beste Lebenslauf.«[9]

Ein »guter Tod« war Trakl nicht beschieden. Und der »Lebenslauf«? Verstehen wir ihn als einen Getriebenen, der wahllos seinem Schicksal ausgeliefert war? Oder halten wir es mit Jean-Paul Sartre, der in seiner *Baudelaire*-Studie (1946) die radikale Verantwortlichkeit des Einzelnen für sein Leben betonte und behauptete, dieser Dichter habe sein Leiden gewählt.[10] Traf dies auch für Trakl zu? Oder war sein Lebens- und Werkrätsel ein im Sinne Hölderlins »reinentsprungnes«?

Trakl fällt aus nahezu allen Rahmen; es ist schwer, ihn einzuordnen. War er unzeitgemäßer Barockdichter oder impressionistischer Expressionist? Bewegte er sich auf das Surreale, Absurde zu? Oder bedarf es einer neuen Bezeichnung, um diese Dichtung zu charakterisieren, etwa magischen Lyrismus, der etwas von jenem suggestiven Zauber in sich hatte, den Baudelaire von der modernen Kunst verlangte, da sie zugleich Objekt und Subjekt, die Welt außerhalb des Künstlers und den Künstler selbst enthalten müsse?[11]

Von den Expressionisten unterschied sich Trakl vor allem in einer programmatischen Hinsicht: Er verfügte über kein Programm, schon gar nicht über eines für den »neuen Menschen«, was ihn auch vom Urgestein der österreichischen Moderne, Hermann Bahr, trennte. So ist es auch folgerichtig, dass Gottfried Benn in seiner Retrospektive auf die *Lyrik des expressionistischen Jahrzehnts*, die er ein Jahr vor seinem Tod herausgab, Trakl zwar prominent platzierte, nämlich genau in der Mitte seiner Anthologie, aber in seiner poetologischen Einleitung nicht ausführlich würdigte.[12]

Sein Geburtsjahr teilte Trakl unter anderem mit Hans Arp, Georg Heym und Kurt Schwitters. Von Hugo Ball, Gottfried Benn, Albert Ehrenstein, Max Herrmann-Neisse und Armin T. Wegner trennte Trakl nur ein Lebensjahr. Das bedeutet, Trakl gehörte einer Generation an, die eine der radikalsten literarischen Avantgarden bilden sollte, die es in der deutschen Sprache gegeben hat. Nicht minder symbolisch bedeutsam ist, dass in Trakls Geburtsjahr 1887 Nietzsches Streitschrift *Genealogie der Moral* erschien; sie wurde gerade für diese Generation zu einer philosophischen Legitimierung der Subversion, des Untergrabens von bürgerlichen Normen und einer radikalen Infragestellung moralischer Kategorien. Im Namen Nietzsches betrieben sie die Umwertung aller dichtungssprachlichen Werte und arbeiteten der Revolte gegen den Konformismus zu.

Traf dies jedoch auf Trakl zu? Hatte er etwa »die Form« aufgegeben? Hatte er sich einem Sprachverständnis genähert, das selbst die Dada-Bewegung möglich machte? Oder war seine »Revolte« nicht eher ein verdecktes Phänomen gewesen? Verstehen wir ihn heute als Bürgerschreck von Salzburg, als *enfant terrible* der Wiener und vor allem Innsbrucker Literatenszene oder als Sprachmagier, der einer ganzen Generation, ja einer ganzen Kultur den Grabgesang dichtete?

Benn raunte: »Trakl wurde ein freiwilliges Opfer des Krieges, andere starben früh.«[13] An diese Bemerkung knüpft er eine Spekulation, die einen jeden bewegt, der mit Frühverstorbenen Umgang pflegt: »Und wenn sie alt geworden wären? […] Ich bin sicher […], daß alle die echten Expressionisten, die jetzt also etwa meines Alters sind, dasselbe erlebt haben wie ich: daß gerade sie aus ihrer chaotischen Anlage und Vergangenheit heraus einer nicht jeder Generation erlebbaren Entwicklung von stärkstem innerem Zwang erlegen sind zu einer neuen Bindung und zu einem neuen geschichtlichen Sinn.«[14] Liegt aber nicht gerade darin ein Hauptunterschied zu Trakl, eben weil er kein »echter Expressionist« war, dass man sich in seinem Fall alles vorstellen kann, nur nicht eine »neue Bindung« und einen »neuen geschichtlichen Sinn«, dem er sich hätte verpflichtet fühlen können? Benn spricht vom »triebhaften, gewalttätigen und rauschhaften Sein«, das in dieser Generation gelegen habe. Und gerade weil sie die »zersprengteste« war, habe sie doch »handwerkliches Ethos« gezeigt und die »Moral der Form«. Der Dionysos in ihnen habe sich schließlich »zu Füßen des klaren delphischen Gottes« zur Ruhe gelegt.[15]

Das »Triebhafte« und »Rauschhafte« bestimmte auch Trakl, gewiss, das »Gewalttätige« nur latent. »Zersprengt« war er im Gedicht freilich nicht, sondern äußerst konzentriert, Erfahrungen und Bilder kondensierend; der »Moral der Form« huldigte er durchaus und erarbeitete sich das Ethos des Poeten, des Wortkunsthandwerkers. Aber das Dionysische in ihm – hätte es sich je zur Ruhe gelegt und dann noch dem delphischen Gott Apollon zu Füßen? Das Weiterleben Trakls nach jenem 3. November 1914 besorgten andere für ihn. Das am Rande des Todes lebende Dichten ebenso wie das Dichten am sinnlich aufgeladenen, rauschhaften, dann wieder sterbensmüden Leben – das will sich in dieser kritischen Betrachtung vorrangig zur Sprache bringen.

Trakls spärliche Lebensspuren summieren sich zu einem Zeugnis verschiedener Intensitäten, die selbst dann als solche in Erscheinung treten, wenn er Unentschlossenheit an den Tag legte, scheinbar dröge dahinlebte oder an einem Wechselbad von Nervosität und Langeweile litt. Alles erlebte er intensiv, den Überdruss und Ekel (oft genug über sich selbst), die Erfahrung des Schönen im Hässlichen und des Widerwärtigen im Schönen, die religiöse Inbrunst und das blasphemische Experiment. Sinnlichkeit, Lust, Rausch und der Wille zur Askese, zum »Büßen« zwangen ihn wieder und wieder zu inneren Zerreißproben. Jäh umschlagende Launen im zwischenmenschlichen Verkehr sind von Freunden belegt[16]; schwieriger dagegen lässt sich zeigen, wie sich Launen in poetische Stimmungen verwandeln oder in diesen aufgehoben werden.

Trakl schien auf der Suche nach einem Ort, an dem er, der mit allen Sensorien des Schaffens überreich ausgestattete Mensch, existenzfähig sein konnte. Und er fand immer wieder zum Gedicht. Karl Heinz Bohrer spricht von der »franziskanischen Demut« Trakls vor den »Dingen, den Tieren, den Blumen des Herbstes«.[17] Er plädierte für ein Überdenken des Prinzips Metapher am Beispiel seiner Verwendung durch Trakl, nämlich im Sinne einer »permanenten Verstellbarkeit der Metapher, die aufgehört hat, Metapher zu sein«.[18] Wir tun weiterhin gut daran, die viel bemühten und untersuchten »Farben« Trakls als Verfärbungen zu deuten, die eines akzentuieren wollen: die Intensität der Ding-Erfahrung, die sich gleichsam unter der Hand und den Augen verändern und steigern kann. Mit Bohrer verstehen wir Trakl als den ersten modernen unter den deutschsprachigen Poeten aus der »Schule« Arthur Rimbauds. Bohrers an Reinhold Grimms Untersuchungen angelehnter Befund anlässlich des fünfzigsten Todestages des Dichters (1964) bleibt bis heute unwidersprochen: »Diese radikale Neuerung der Metaphorik, das heißt ihre Verabsolutierung, ihre reine, alogische Bildlichkeit, irreale Farbgebung, diese zum artistischen Prinzip erhobene Alchimie des Worts ist Trakls Berührungsstelle mit Rimbaud« und dem französischen Symbolismus.[19]

Trotz stupender Französischkenntnisse dürfte Trakl vor allem über die 1907 im Insel Verlag erschienenen Übertragungen von Rimbauds Dichtungen durch K. L. Ammer[20] wichtige Anregungen für sein eigenes Schaffen bezogen haben, auch durch Stefan Zweigs Essay über Verlaine (1905) und sein Vorwort zu den Rimbaud-Übertragungen. Trakl entdeckte damit einen Dichter für sich, der nach eigenem Bekunden in den *Délires* die »Farben der Vokale« erfand und der sich seine »magischen Sophismen« mit der »Halluzination der Worte« erklären konnte (»Puis j'expliquai mes sophismes magiques avec l'hallucination des mots!«).[21] Er traf auf Rimbaud als einen Dichter, der die »Höllennächte« der Rauschgifte kannte, sie verfluchte und als Kritik (an) der Moderne verstand: »Warum eine moderne Welt, wenn solche Gifte erfunden werden?«[22] Wenn es sie aber gibt, diese »Halluzination der Worte«, dann könnte sie im Falle Rimbauds und Trakls viel erklären[23], etwa auch das, was Rimbaud in der Vorbemerkung zu seiner Prosadichtung *Les Déserts de l'Amour* über seinen lyrischen Protagonisten, einen »jeune homme«, berichtet: »Da er [...] keine Frauen geliebt hatte, geschah es, daß seine Seele und sein Herz, all seine Kraft sich zu seltsamen und traurigen Irrtümern aufschwangen. Aus den folgenden Träumen – seinen Liebeserfahrungen –, die ihm in seinen Betten oder auf den Straßen kamen, [...] lösen sich vielleicht einige sanfte religiöse Betrachtungen.«[24] Wäre das nicht auf Trakl übertragbar? Staute sich in ihm der Mangel an Liebeserfahrungen und führte kompensatorisch zu imaginiertem Liebesvollzug in Gestalt der toxisch angereicherten und ausgelösten »Halluzinationen« seiner Wörter?[25] Es ist eben im Falle Trakls so verführerisch, ihn auf die *eine* Aussage hin festzulegen, das *eine* Erlebnis oder Motiv, die *eine* Szene: das Sterben und der Tod in seinen Gedichten, der vermeintliche Inzest mit seiner Schwester Grete, das Wort: »[...] kein Gedicht kann Sühne sein für eine Schuld«.[26]

Dieser letzte Satz war ein Zusatz; er gehört zu der Abschiedsszene im Leben Georg Trakls schlechthin. Sie spielte am 24. August 1914. Mondhell war die Nacht, als der Medikamentenakzessist Georg Trakl ins Feld rückte, eine wippende rote Nelke an der Mütze, einen Viehwaggon auf dem Innsbrucker Hauptbahnhof besteigend. Seinem Freund und Förderer Ludwig von Ficker, dem Herausgeber der Innsbrucker Zeitschrift *Der Brenner*, Trakls wichtigstem Publikationsorgan in seinen beiden letzten Lebensjahren, gab er einen Zettel, auf dem zu lesen stand[27]: »Gefühl in den Augenblicken totenähnlichen Seins: Alle Menschen sind der Liebe wert: Erwachend fühlst du die Bitternis der Welt; darin ist alle deine

ungelöste Schuld; dein Gedicht eine unvollkommene Sühne.«
(HKA I, 463) These und Widerruf – das Gedicht als »unvollkommene Sühne« für (persönliche) Schuld, aber: Kein Gedicht kann Schuld zureichend sühnen.

Seither rätselt die Nachwelt, welche »Schuld« Trakl be-
drückte: Die Dankesschuld gegenüber Ludwig von Ficker?
Die Schuld, die Trakl gegenüber seiner Schwester empfand –
dafür dass er sie zu Drogen verführte und vielleicht zu mehr?
Die Schuld, die mit allem Dasein verbunden ist, also eine
christlich konnotierte Vorstellung von Schuld? Gar die Schuld
oder Mitschuld, in die er an der Front unweigerlich verstrickt
sein würde?

Schuld und Sühne, für den Dostojewski-Bewunderer Trakl
war dieses Begriffspaar stets auch eine literarische Qualität,
auch wenn der Ausdruck »Gefühl in den Augenblicken totenähnlichen Seins« schwer wiegt auf der Waage der Bedeu-
tungen. Es spricht sich darin ein *de profundis* von kaum er-
träglicher Intensität aus: Das Sein und das Nichts begegnen
einander als »ähnliche«, also vergleichbare Größen. Das Sein
kann dem Tod gleichen und der Tod dem Sein. Daraus entsteht aber etwas, ein augenblickhaftes Empfinden, eine Ge-
fühlseinsicht in das Vorhandensein universeller Liebe am
Rande der Weltkatastrophe und der Massentötung. Sie stößt
einem auf als »Bitternis«-Konzentrat, das wiederum in die
intensivste Form des sprachkünstlerischen Ausdrucks umschlägt, in das Gedicht. Dessen »Sühne« erweist sich vor allem deswegen als »unvollkommen«, weil es mit notwendig
unzulänglichen Wörtern operieren muss.

Doch auch das ist Spekulation. Denn über eines klagte
Trakl nie oder allenfalls verdeckt: über das Unzureichende der
Sprache. Sprachkritik, wie sie im Gefolge von Hofmannsthals
Chandos-Brief in der Wiener Moderne Mode wurde, findet
in Trakls Werk nicht statt. Dieser Befund ist so grundlegend

für das Besondere des Trakl'schen Gedichts, dass er gesondert zu berücksichtigen sein wird. Gleiches gilt für den sparsamen Umgang des Dichters mit dem Ich in Gedichten, der vor dem Hintergrund einer seit Nietzsche zu beobachtenden Dissoziierung des Subjekts in der Moderne zu deuten wäre.

Theodor W. Adornos bekanntes Diktum über den Wahrheitsgehalt der Kunst abwandelnd ließe sich mit Blick auf Trakls Werk sagen, es habe eine bewusstlose Daseinsbeschreibung in Traumbildern geleistet, voll abstrahierender Konkretionen, aber auch poetischer Verkleidungen der sozialen Nacktheit dieses Daseins. Trakls Dichten exponierte die Metapher, setzte sie frei, beließ sie jedoch in unaufdringlichen, aber eingängigen Sprachformen. Wie dies geschah und unter welchen lebensgeschichtlichen Voraussetzungen, von denen sich Trakl zunehmend verzweifelt abzustoßen bemühte, davon versucht dieses Buch Zeugnis abzulegen.

Zu einem *de profundis* gehört auch ein Rechenschaftsbericht, womit hier kein sogenannter Forschungsüberblick gemeint sein kann.[28] Doch wäre es unredlich, sich mit der Formulierung »die Literatur über Trakl ist inzwischen unüberschaubar« zu begnügen, was sie einerseits fraglos ist, andererseits aber fehlt es an wirklich akzentsetzenden Arbeiten jüngeren Datums.

Hier kann es gleichfalls nicht darum gehen, die Editionsgeschichte der Werke Trakls noch einmal zu erzählen; sie reicht von der ersten Gesamtausgabe, die Karl Röck bereits 1919 vorgelegt hatte und die bis zur Neuauflage ihrer 1938 erschienenen Neuausgabe im Jahre 1948 in der Publizistik schlichtweg ignoriert wurde[29], über die *Gesammelten Werke*, die Wolfgang Schneditz 1948 bis 1951 herausbrachte, zur historisch-kritischen Ausgabe, die Walther Killy und Hans Szklenar 1969 vorgelegt hatten (HKA), bis zum Abschluss der von Eberhard Sauermann und Hermann Zwerschina betreuten Innsbrucker

Trakl-Ausgabe[30], die das Prozessuale im Entstehen der Dichtungen Trakls erstmals umfassend erschließen und dokumentieren konnte.[31]

Neben den bedeutenden, weil persönlichen Erinnerungszeugnissen (quasi) poetischer, essayistischer oder diaristischer Art, namentlich von Erhard Buschbeck, Ludwig von Ficker und Karl Röck, steht Franz Fühmanns grosser Essay *Vor Feuerschlünden – Erfahrung mit Georg Trakls Gedicht.*[32] Der autobiografische Kern dieses Meisterstücks besteht in dem Umstand, dass Fühmanns Vater, ein Apotheker, im Frühherbst 1914 im Bereich der Festung Przemyśl in derselben Sanitätskolonne gedient hatte, der auch Georg Trakl angehörte, den sie »Schorschl« nannten und zu foppen pflegten. Denn man nahm ihn unter Kameraden als einen mit »Spinnerei und einem Sparren« Geschlagenen wahr. Eben diese Einlassung des Vaters nährte und steigerte das Interesse des jungen Franz Fühmann an diesem Dichter, dem er von seinem eigenen poetischen Ansatz her vergleichsweise fernstand. Fühmann ließ größte Vorsicht walten, wenn es um die biografische Lesart der Gedichte ging – gewöhnlich die verhängnisvollste Neigung der Trakl-Deutungen –, und kann gerade deswegen Vorbildlichkeit beanspruchen. Doch überzieht Fühmann zuweilen die autobiografischen Begründungen für seine Trakl-Lektüre.

Die Suggestivität der Dichtungen Trakls verführt zu poetischen Reaktionen. Das belegt bereits Erhard Buschbecks Prosadichtung *Georg Trakl. Ein Requiem* (1917) und setzte sich bei Albert Ehrensteins Trakl-Gedicht und Selbstkommentar fort[33], worauf später noch näher einzugehen sein wird, und blieb noch in Werner Riemerschmids poetischem Versuch *Trakl* (1947) präsent. Den herausragenden biografischen Arbeiten von Otto Basil und Hans Weichselbaum sind Studien über Trakl an die Seite zu stellen, die unmittelbar nach dem

Zweiten Weltkrieg einsetzen und mit Egon Viettas Essay über Trakl einen geradezu furiosen Auftakt erlebten. Vietta betonte die existenzielle Disposition dieser Lyrik und wartete mit einer fundamentalen, damals durchaus grundstürzenden Einsicht über diesen Dichter auf: »[...] wir haben es mit einem Dichter zu tun, der mit der Bibel wesenseins lebt, der die Welt erleidet und nicht verändern will.«[34] Damit warnte Vietta vor einer voreiligen Einverleibung in den Weltenumsturz-Pathos des Expressionismus und betonte die Eigenwertigkeit dieser Dichtung, die den Tod als eine »existentielle Kraft« in ihr Zentrum genommen hatte.[35] Der nächste wichtige Impuls für den Diskurs über Trakl kam von Martin Heideggers Aufsatz »Die Sprache im Gedicht. Eine Erörterung von Georg Trakls Gedicht« (1953). Diese sprachpoetische Erörterung fragt nach dem »Ort« von Trakls Gedicht, wobei auffällt, dass sowohl Heidegger wie später Fühmann den Kollektivplural »Gedicht«, Trakls Gesamtwerk meinend, bevorzugen. Das Gedicht wird zur Sprachexistenzialie; sein Leitmotiv ist bei Heidegger (wie im eingangs erwähnten Film von Christoph Stark) die Zeile »Es ist die Seele ein Fremdes auf Erden«. Aufschlussreich, wie Heidegger auf den »Ort« dieses Gedichts hinweist: »Eine der Dichtungen sagt [...].«[36] Genaueres bietet er bewusst nicht. Heidegger legt nahe, eine einzelne Zeile könne für das ganze Werk stehen. Wichtig ist jedoch vor allem der »Ort« der Erstpublikation: eine Publikumszeitschrift – zwar gehobenen Ranges – aber eben kein Fachorgan, nämlich die Zeitschrift für europäisches Denken, Hans Paeschkes *Merkur*, damals noch entschieden der Lyrik zugetan und Gottfried Benn bis zuletzt ergeben.[37] Den in seiner Breitenwirkung nicht zu überschätzenden Vorstoß in Richtung Trakl hatte Heidegger jedoch bereits 1950 unternommen, und zwar in Gestalt seines ursprünglich als Vortrag konzipierten Textes »Die Sprache«, einer minutiösen, von Hamanns religiös motiviertem Sprachdenken sich herleitenden philoso-phischen Paraphrase von Trakls motivisch vielschichtigem, aber moralisch unverfänglichem Gedicht »Ein Winterabend«. Es handelt sich um jenen Text Heideggers, in dem er die fol-genreichen Thesen aufstellt: »Im Gesprochenen des Gedich-tes west das Sprechen [...] Die Sprache spricht als das Geläut der Stille [...] Der Mensch entspricht nur, indem er der Spra-che entspricht.«[38] Heideggers philosophisches Interpretieren entwickelt am Beispiel dieses Trakl-Gedichts eine Art Trans-hermeneutik, die er mit einer schlichten Lesung des Gedichts umrahmt; sie steht am Anfang und am Ende des Textes, als habe er Robert Schumanns Prinzip umsetzen wollen, der, ge-fragt, was eines seiner Musikstücke bedeute, es als Antwort einfach noch einmal gespielt hat.

Ludwig von Ficker scheint Heideggers existenzial-etymo-logisches Verfahren auch dadurch sanktioniert zu haben, dass er ein Jahr nach Erscheinen von *Unterwegs zur Sprache* mit den einleitenden Aufsätzen zu Trakl ihm die Handschrift der zweiten (vom Dichter freilich verworfenen, heute aber bevor-zugten) Fassung des Gedichts »Abendspiegel« mit der Über-schrift »Afra« zum Geschenk gemacht hat.[39] Es ist das Sakral-Profane, das dieses Sonett ins Sprachbild hebt (»Gebet und Amen / Verdunkeln still die abendliche Kühle [...]«, WEB, 71), und einmal jenen »Schmerz«, den Heidegger als den »Un-ter-Schied selber« bezeichnet hatte, den »Riß« und seine Ver-fugung im Dasein.[40]

Für den Durchbruch zu einer Trakls Sprache und Zeit wir-kungsvoll kontextualisierenden Deutung dieses Werks steht Walter Muschgs grundlegende Studie »Von Trakl zu Brecht« (1961).[41] Er sah Trakl als eine Art Franz Marc der Dichter, der an deutlichen Farben und nicht zersprengten Formen festge-halten habe, die Explosion der Syntax im Expressionismus ge-nauso wenig sich zu eigen machend wie die Manifest-Manie.

Muschg untersucht Trakls Sprache als ein Etwas, das getragen gewesen sei von einer »Melodie, die dort anklingt, wo etwas vollkommen Schönes zerbricht und der Schmerz darüber zur Musik wird«. Wichtig jedoch auch seine Einschränkung: »Die Grenze zwischen traumhafter Entrückung und bewußter ›Wortalchimie‹ (Rimbaud) ist aber auch bei ihm schwer zu ziehen.«[42]

In der Folgezeit interessierte die Forschung zum einen vor allem eine systematische Analyse der Wortfarben, die Trakl gebrauchte, ihre metaphorische oder allegorische Bedeutung sowie das sich daraus ergebende Wechselverhältnis zwischen Trakls Dichtungen und der bildenden Kunst seiner Zeit[43]; zum andern beanspruchte die sexuelle Motivik in seinen Dichtungen die dabei auch psychopoetologisch operierende Forschung.[44] Ein weiteres Forschungsproblem und Deutungsphänomen ist die Frage (gewesen), inwiefern sich Trakls Dichtungen entwickelt oder entfaltet haben. Lag die Betonung zunächst auf der Entfaltung, so hat sich – vor allem durch die Existenz der Innsbrucker Ausgabe – das Motiv der Entwicklung unwiderlegbar durchgesetzt.[45] Und doch bleibt das Charakteristikum motivischer Wiederholungen bei Trakl wesentlich, das sich bloßer chronologischer Zuschreibungen entzieht, beziehungsweise diese relativiert. Das Braun, der Sterbende, das Herbstgold, das Grauen – sie sind von einer unbedingten Gegenwärtigkeit in diesem Werk, sodass sich die Frage der Entwicklung dieser Motive auf die Untersuchung ihrer syntaktischen oder metaphorischen Realisierung sowie die semantischen Varianten verlagert. Was dazu nachfolgend gesagt werden kann, geschieht eingedenk einer Bemerkung von Max Picard, der Trakls Sprache zu Recht vom bloßen »Wortgeräusch« einer Sprache der Unwesentlichkeiten abgegrenzt hatte. Für Trakls Sprache gilt, dass sie Worte zu gewichten verstand; ihre »Seinshaftigkeit« und

Wesentlichkeit stellt ein Drittes dar zwischen »Mensch und Ding«.[46]

Dieser Gewichtung wurden in der Art des Umgangs mit Trakls Werk in der zeitgenössischen Moderne neue Akzente zuteil. Sie reichen von der Trakl-begeisterten, subversiv sich verstehenden Wiener »informellen Gruppe«[47] (das »subkulturelle Wien« habe Henry Miller mit Rum kombiniert, dafür aber Georg Trakl mit »Jasmintee«[48]), der leidenschaftlichen Auseinandersetzung des frühen Thomas Bernhard mit Trakl bis zur elegisch nachtonalen »Passion nach Texten von Georg Trakl für Sopran, Chor und Kammerensemble« *Verfall* (DWV 3) von Johanna Doderer, eine der staunenswertesten Trakl-Kompositionen der letzten Zeit. Doderers Kompositionsweise könnte man geradezu als auf Trakl abgestimmt bezeichnen, hält doch auch die an nachtonalen musikalischen Gestaltungsprinzipien fest, also an überkommenen Klangstrukturen, wie Trakl an nachklassisch-symbolistischen Sprachformen wie Reim und Wortklang.

Deutlich anders, aber nicht minder »subversiv« oder avantgardistisch arbeitete Thomas Kling mit Trakl, etwa in seinem Gedicht »Das Bildbeil« aus dem Zyklus »Der Erste Weltkrieg«. Kling erklärt Trakl zum »heiligen Georg« der Avantgarde, wagt in mehreren Anläufen Identifikationsversuche seines lyrischen Ichs mit Trakl, und das unter folgender Voraussetzung: Es gelte, »das angegriffene ohr« das Hören – also auch das auf Trakls Gedichte – erst noch »erschreiben« zu lassen.[49] Trakl ist in diesem Gedicht »der bruder«, wobei die Bejahung dieses brüderlichen Verhältnisses einen notwendig negativen Ausgang nimmt: »ich sacke durch, Georg, wie du.«[50] Im Schnee der Zeit werden das Ich und sein Vorbild haltlos. Auf Trakl und Rilkes »Erste Duineser Elegie« anspielend befindet das Gedicht Klings: »es ist ein gerangel / in den engelordnungen, ein frostverschärftes rangeln.« Darauf die Anspielung auf die schwesterliche Schneebraut: »kälte fährt ins zahnfleisch, / macht die zungengeschwister taub. zwei mundbarren, weiß. schsch, es ist unser!« Poetisch diskreter ist selten über Trakls Verhältnis zu seiner Schwester Grete gehandelt worden.

Und wieder bleibt das bei Trakl besonders beklemmende Gefühl durch solcherlei Bemerkungen, die einerseits Informationen liefern, um die Art seiner Wirkung zu verstehen, andererseits nur ausschnitthaft sein können, am eigentlichen Ziel, dem möglichst umgreifenden Erfassen dieses Werks und einiger Konturen seines Lebens, vorbeizugehen. Denn eines kennzeichnet diese Dichtungen besonders: Ihre oft überwältigende, suggestive Präsenz entzieht sich einer rein hermeneutischen, geschweige verbindlichen Deutung. Gerade darin aber liegt ihr Reichtum begründet. Das Besondere an der Suggestivität dieser poetischen Präsenz ist eigentlicher Gegenstand dieses Buches, mittelbar aber auch das Problem des angemessenen Sprechens über Poesie. Denn das bloße Herbuchstabieren von Reimschemata und rhythmischen Strukturen erfasst ein Gedicht ebenso wenig wie eine musikwissenschaftliche Strukturanalyse die *Wanderersonate* Schuberts. Womit wir Trakls Werk näherkommen? Wenn wir seine Dichtungen als genau komponierte Gefühlsräume begehen, das Gespür dieser Gedichte für den Zustand der Welt aufspüren und uns selbst neu orten in der sensorischen Aura dieser Gedichte.[51]

Und das Biografische? Es ist zumindest denkbar, dass über das Verhältnis der vermeintlich inzestuösen Geschwister mit einer Wendung in Klings »Bildbeil«-Gedicht mehr gesagt ist als mit einem Dutzend weiterer Spekulationen: »unser durch den schneesturm waten flockenstemmen, schneeschulter meiner / schwester«.[52]

I

Finale Anfänge: Die *Sammlung 1909*

> Seit acht Tagen bin ich krank – in verzweifelter Stimmung.
> Ich habe anfangs viel, ja sehr viel gearbeitet. Um über die
> nachträgliche Abspannung der Nerven hinwegzukommen
> habe ich leider wieder zum Chloroform meine Zuflucht
> genommen. Die Wirkung war furchtbar. Seit acht Tagen
> leide ich daran – meine Nerven sind zum Zerreißen. Aber
> ich widerstehe der Versuchung, mich durch solche Mittel
> wieder zu beruhigen, denn ich sehe die Katastrophe zu nahe.
> (HKA I, 469)

Das schrieb Georg Trakl aus Salzburg an seinen Freund Karl
von Kalmár im Spätsommer 1905. Die Zeichen standen über-
deutlich auf Krise. Aufgrund ungenügender Leistungen in
den Kernfächern Latein, Griechisch und Mathematik musste
Trakl die Schule verlassen. Eine Lehre in Carl Hinterhubers
Apotheke »Zum weißen Engel« in Salzburgs Linzer Gasse 7
bot einen passablen Ausweg, der den Anschein einer beginnenden bürgerlichen Existenz zu wahren versprach – ganz
seiner familiären Herkunft entsprechend. Doch die Her-
kunftsgeschichte eines Künstlers zu erzählen, lohnt nur, wenn
sie nachweislich im Werk von Bedeutung wurde. Unerheb-
liche Ahnen werden, umsonst aufgerufen, nur zu Gespenstern. Wie Bertolt Brecht stammte Trakl aus einer angese-
nen Familie; wie dieser kam jedoch auch Trakl in Wahrheit
aus »schwarzen Wäldern«. Kein Dichter, der nicht irgendwann in seinem Leben die eigene Herkunft wenigstens ansatzweise neu konstruiert hätte. Die Fiktionalisierung des

Eigenen ist oft ein schöpferischer Impuls. Zuletzt soll Trakl sogar geglaubt haben, von einem Kardinal abzustammen. Davon wird noch zu sprechen sein.

Aufsässig, verstockt, abweisend – so hat man sich den Pennäler Trakl offenbar vorzustellen im Jahr seiner schulischen Krise. Aufbrausend, jähzornig aber offenbar nicht; die Maske stoischer Ruhe, die auch auf den Porträtfotografien aus der Zeit erkennbar ist, dürfte das innere Brodeln kaschiert haben. Der Brief an Kalmár zeigt, er konnte sich an Freunde wenden; er hatte einen Zirkel von Gleichgesinnten um sich in der literarisch ausgesprochen regen Stadt Salzburg, so provinziell es dort auch zugegangen sein mag. Literarisches Anschauungsmaterial dazu liefert zum Beispiel Arthur Schnitzlers später Roman *Therese. Chronik eines Frauenlebens* (1928), der das Leben im schönen, aber lähmenden Schatten der Festung Hohensalzburg aus der Sicht der großen Wiener Welt vor 1900 schildert.

Immerhin gab es seit 1897 in Salzburg die durchaus anspruchsvolle Literatur- und Kunstgesellschaft »Pan«. Trakl und seine Freunde, allen voran Franz Bruckbauer, Karl von Kalmár, Karl Minnich, Gustav Schwab und Erhard Buschbeck, gründeten ihre Privatzirkel und nannten sie »Apollo« und »Minerva«. Zwischen 1904 und 1906 traf man sich einmal im Monat beim Berger-Bräu, wie die Apotheke »Zum weißen Engel« in der Linzer Gasse gelegen, im Café Bazar oder im Tomaselli. Die Buchhandlung Morawitz am Residenzplatz versorgte sie mit dem, was literarisch *en vogue* war, sich aber nicht unter den Aufsatzthemen für die siebte Klasse fand: Schnitzler, Wedekind, Hofmannsthal, Björnson, Strindberg, Rimbaud, Verlaine und Werke des Apothekers Ibsen. Den Schülern verlangte man dagegen Gedanken zur deutschen Klassik ab, wobei man sich Aufsätze des jungen Trakl gerade zu den folgenden beiden Themen gewünscht hätte:

»Warum wird unter allen Jahreszeiten gerade der Frühling am meisten besungen?« und »Welches Bild entwirft uns Schiller in dem Gedichte ›Shakespeares Schatten‹ von der zeitgenössischen Literatur?«[1]

Ich habe anfangs viel, ja sehr viel gearbeitet. Man vermutet, Trakl habe für eine eigens angebotene Versetzungsprüfung zu Anfang der Sommerferien gelernt, besonders Demosthenes und das Ansetzen von Gleichungen. Doch sein Verständnis von Rhetorik bildete sich an Nietzsche, und Gleichungen gingen für Trakl nur in Gedichten auf, im Gleichklang der Reime etwa, und wenn sich mit Unbekannten oder Variablen spielen ließ.

Gewiss, die Fotos zeigen einen zur Affektiertheit neigenden jungen Mann, nicht ohne snobistische Anflüge; er scheint angewidert, vermutlich zu gleichen Teilen von sich selbst und seiner Mitwelt: Der Ekel der Selbsterkenntnis dürfte ihn geplagt haben, und augenscheinlich hatte er seinem Gesicht untersagt, auch nur einen Anflug von Lächeln zuzulassen.

Doch hinter dieser Gesichtsmaske rumort es bereits bedenklich. Er durchleidet erste physische und psychische Zerreißproben: Das Chloroform zeigte Wirkung, zu dem er offenbar im Jahr zuvor, als er mit eigenen poetischen Versuchen begann, gegriffen hatte. In diesem Frühstadium dürfte die Selbstanwendung dieses süßlichen Betäubungsmittels zu Atembeschwerden geführt haben, Herzrasen, Schwindel und Erbrechen. *Seit acht Tagen leide ich daran.* Und Trakl weiß bereits um die Notwendigkeit, neuerlichen Betäubungsversuchen zu widerstehen.

Die Pubertät schien Trakl ungewöhnlich zugesetzt zu haben. Verschlossenheit und Absonderungswille prägten seine Jugendzeit nach einer allem Anschein nach unbeschwerten Kindheit. Die Welt seines frühen Glücks war der verträumte Garten, den die Familie in der Salzburger Pfeifergasse besaß, an der alten Stadtmauer gelegen; zu erreichen war er quer über den Mozartplatz. Das Gartenhaus, Salettl genannt, wurde zum ersten Ort seiner poetischen Arbeit. Die Welt, das Draußen, erreichte ihn in Gestalt von Postkarten, die sein Halbbruder Wilhelm, der nach dem Tod des Vaters 1910 das Metallwarengeschäft nicht zu dessen Vorteil übernehmen sollte, aus New York und Mexiko schickte. Denn gereist scheint die Familie Trakl nicht zu sein. Der Gaisberg, Kapuziner- und Mönchsberg, die Salzach waren die Welt, und die Intensität der herbstlichen Farben dieser Hausberge das jahreszeitbedingte Ornat.

Zur Welt gehörte aber auch die Musik. Trakl vermochte am Klavier Wagner, Chopin und Liszt zu spielen, bis ihn darin die jüngere Schwester Grete überflügelte. Offenbar stellte Trakl sein Klavierspiel zu dem Zeitpunkt ein, als Grete konzertante Fähigkeiten ausbildete. Eine Porträtzeichnung Wagners zierte eine Grußkarte, die Trakl seiner Schwester Marie 1899 schickte. Baudelaire, Wagner, Nietzsche – ihnen vertraute sich der pubertierende Trakl an. Sie waren die Gewährsleute für das, wovon er sich bestimmt sehen wollte: dem Willen zur Kunst, der sich zunächst die Allüre suchte, den Gestus. Aber noch in der ersten Krisenzeit ließ sich Trakl im Garten in der Pfeifergasse, im Idyll der Kindheit, fotografieren. Am Ende dieser ersten Krisenphase (1908) wird er jedoch dieses kindliche Gartenglück und die Erinnerung daran kategorisch verwerfen und mit Nietzsche-verwandter Inbrunst erklären: »Nur dem, der das Glück verachtet, wird Erkenntnis.« (HKA I, 463) Dass darauf der »Erkenntnisekel« folgte, erfuhr Trakl am eigenen Leib; zu dieser Zeit hatte diese Einsicht im Werk Thomas Manns längst den Status einer frühen leitmotivischen Zeitdiagnose gewonnen.[2] Es ist vorstellbar: Trakl als Leser der *Buddenbrooks* und des *Tonio Kröger*.

[…] *denn ich sehe die Katastrophe zu nahe.* Den scheinbar

kontaktscheu gewordenen jungen »Jörg«, wie er seinen Brief an Kalmár unterschreibt, treibt es – mehr noch als in die Apotheke – zur Bühne, nicht als Darsteller freilich, sondern als Autor. Er will sein Wort darstellen lassen, auf die Welt bedeutende Bretter bringen, es Ibsen nachtun und den jungen Wienern. Ästhetische Selbsterziehung bleibt für ihn angesagt; und als Forum bemüht er sich um das sehr bürgerliche Stadttheater in Salzburg. Er wagt es, den ausgesprochen guten Namen seiner Familie in die Waagschale zu werfen – nicht unter Pseudonym, sondern als Georg Trakl will er in Erscheinung treten. Und das mit zwei Einaktern, *Totentag* und *Fata Morgana*, in einem Theater, das die Inschriften trägt: »Der Kunst eine Stätte« und »Dem Schönen ein Heim« – die provinzbürgerliche Heimstätte von Maske und Kothurn als unmoralische Anstalt? Immerhin standen auch Oscar Wilde, George Bernard Shaw, in der Spielzeit 1912/13 sogar Gerhart Hauptmann, Arthur Schnitzler und Hermann Sudermann auf dem Programm des Stadttheaters.[3] Förderung erfuhr Trakl zunächst durch den Theaterdirektor Carl Astner, und das offenbar aufgrund entschiedener Fürsprache vonseiten Gustav Streichers, der dem Programm des »neuen Menschen« deutlich zugewandter war als der junge Trakl, belegt durch sein Schauspiel *Menschwerdung* (1899). Die beiden Linzer in Salzburg werden dazu beigetragen haben, Trakls Aufmerksamkeit auch auf Linz hin auszurichten, um sich dort neben seiner 1906 einsetzenden gelegentlichen Mitarbeit am *Salzburger Volksblatt* weitere Publikationsmöglichkeiten zu eröffnen.[4]

Anfang März 1906, an dessen Ende Trakls Einakter *Totentag* uraufgeführt wurde, hatte eine Neuinszenierung von Oscar Wildes Drama *Salomé* Premiere zu einer Ballettmusik des deutschnationalen, für antisemitische Ausfälle stadtbekannten Komponisten August Brunetti-Pisano, der auch Georgs und Grete Trakls Klavierlehrer war. In der Kulturbeilage des Salzburger Regierungsamtblatts konnte Trakl eine kleine Einführung in dieses Drama veröffentlichen in Gestalt einer stimmungsvollen Nacherzählung der skandalösen Handlung. Auffallend an diesem Text ist der zweite Satz: »der Mond erstrahlt in einem bedrückenden Zauber, Wolken gleiten wie durchsichtige Musselinschleier über ihn hinweg und da täuscht er seltsame, sinnverwirrende, zarte Bilder vor.«[5] Der frühe Trakl verstand sich auf die Erzeugung von poetischen Stimmungen, in denen sich das Unheilschwangere vorbereitet. Man darf vermuten, dass sein Einakter *Totentag* eine ähnliche Atmosphäre zu evozieren versuchte. Sein Text ist ebenso verloren wie jener zu seinem zweiten im September 1906 aufgeführten Einakter *Fata Morgana*. Beide Stücke wurden nach einer erfolglosen Premiere sogleich wieder abgesetzt, woraufhin Trakl selbst jede Spur zu diesen verfehlten Anfängen getilgt zu haben schien. Aus den vernichtenden Kritiken, die zumindest zu erkennen geben, dass die Sprache des neunzehnjährigen Dichters stellenweise aufhorchen ließ, kann man im Falle von *Totentag* auf den freilich kümmerlich wirkenden Inhalt schließen: Ein blinder junger Mann namens Peter, von Krankheit geschwächt, der geistigen Umnachtung nahe, wird von Grete längere Zeit liebevoll gepflegt. Als sie sich dafür entscheidet, das Haus zu verlassen, um mit ihrem Bräutigam ihr eigenes Leben zu leben, reift in Peter der finstere Plan, sie zu töten, um sie nicht zu verlieren, was jedoch Gretes Bräutigam verhindern kann. Peter vegetiert dahin.

Vereinsamung, Verlassenheit, sexuelle Frustration, sie mögen auch Thema von Trakls *Fata Morgana* gewesen sein, ein Stück, das auf dem Programmzettel einen Wanderer und Prinzessin Kleopatra auf einem nächtlichen Wüstenfelsen ausweist.[6] Selten schien der Beginn einer Dichterlaufbahn so trostlos, und man versteht die lokale Presse Salzburgs, die sich wunderte, dass dergleichen überhaupt den Weg zur

Bühne finden konnte und von »Oberregisseur Friedhelm« inszeniert wurde. Die Welt der Einakter war ohnehin eine kuriose: Am Abend der Uraufführung von *Totentag* bot das Stadttheater neben einem weiteren Einakter zum heiteren Ausklang noch die einaktige Operette *Die Hochzeit bei Laternenschein* von Jacques Offenbach. Was mochte Trakl sich dabei gedacht haben? Vielleicht das, was er zum Schluss seiner Einführung in die *Salomé* über dieselbe mutmaßte, die in einer »unabänderlichen Untergangsstimmung« nur noch eines gewollt habe: »Sich verstecken – nicht mehr gesehen werden, nicht mehr sehen – das ist das beste.«[7]

Trakls poetische Anfänge weisen in vier Richtungen: Auf das Theater, in die lyrische Prosa, zum Gedicht und zum kritischen Text. Wenig ausgeprägt wirken die Briefe, soweit sie überliefert sind, was darauf hinweist, dass sein unmittelbares Mitteilungsbedürfnis vergleichsweise begrenzt war. Vielversprechend lasen sich die beiden episodischen Prosatexte »Traumland« (erschienen am 12. Mai 1906) und »Verlassenheit«. Die »Phantasie« »Barrabas« sowie der einer platonischen Dialogszene nachempfundene Text »Maria Magdalena« sah Trakl offenbar als erste Teile einer Sammlung unter dem Titel *Aus goldenem Kelch*. In beiden Fällen, besonders aber in »Maria Magdalena«, wirkte Oscar Wildes *Salomé* nach, wobei Trakls Gesprächsfigur Marcellus den Tanz der Hetäre »mit unsichtbaren, köstlichen, heimlichen Dingen« sinnentfesselnd beschreibt, und zwar in Gestalt eines dionysischen Erotikums und einer auffallend evokativen Sprache. Diese Hetäre, Maria Magdalena, ist ganz erotische Ausstrahlung, scheinbar maßlos, sinnlich aufgeladen, selbst dann noch, als sie den »kalten Marmor« einer Dionysos-Statue umarmt. (HKA I, 196) Erst als der »seltsame Prophet« an ihr vorübergeht, sie »mit den Augen ruft«, erstarrt sie in ihrer Bewegung.

Die Betonung liegt in diesem Dialog »Vor den Toren der

Stadt Jerusalem« auf der Rätselhaftigkeit der Frauen – selbst deren Schönheit lasse sich nicht durchschauen – sowie auf den Dingen (»Mich verwirren die Dinge und die Menschen [...] Die Dinge sind sehr schweigsam«) und den auffallend gewagten Vergleichen (»Und der Himmel ist wie eine blaue Glocke«). Auszuschließen ist nicht, dass Trakl hier – wenn auch sehr mittelbar – auf die Welt der Dinge im Wohnbereich der Mutter anspielt. Denn ihre Antiquitätensammlung bestand aus »köstlichen, heimlichen Dingen«, die meist »unsichtbar« blieben und damit ein Rätsel wie diese Frau selbst. »Schweigsam« waren sie zudem und »verwirrend«.

Wichtiger noch, was Trakls Prosa-Wagnis erbrachte: »Traumland« deutet an, dass sich für ihn alles Erzählen ins Phantasieren auflösen würde und ohne die deutlichen, strukturierenden Konturen des Gedichts auskommen müsste. Die kranke Maria im von der Außenwelt abgeschlossenen Tal (HKA I, 189) stirbt gleichsam vor sich hin in einer hermetischen Welt von zarten Schönheiten, berauschendem Rosenduft und »Gären der fruchtbaren, schwülen Erde«. (HKA I, 191) Das Sterben Marias bezeichnet der sich dem Erzählen verweigernde Erzähler wiederum als ein »Rätsel«, das in Stimmungen aufgeht. Denn das war dieser probeweise sich an Prosa versuchende Trakl, ein Stimmungserzeuger. Nicht anders in dem späteren Text »Verlassenheit«, der von einem alten Schloss »voll erstorbener Gegenstände« weiß, von einem in »seinen Todesschlaf« versinkenden Park und von »Wasserlilien«, die »wie kleine tote Frauenhände« (HKA I, 201) winken, als befinde man sich in einem Gemälde der Präraffaeliten. Der »totgesagte Park« Stefan Georges taucht hier wie aus einem Traumbild auf, das lautlos bleibt, eben dem »Schweigen der Verlassenheit« verpflichtet. Kannte der Text »Traumland« noch ein Ich, so hatte sich dieses in »Verlassenheit« verabschiedet. Als Person tritt nur der alte Schlossherr, ein lebendiger Toter, in Erscheinung, auf dessen »jahrhundertealter, müden Seele das Verhängnis lastet«. (HKA I, 201)

Indem er »Traumland« eine »Episode« nannte, was auch für die Prosa »Verlassenheit« zutrifft, signalisierte der frühe Trakl eine Verbindung zu jener Tradition des Schreibens, die seit den frühen 1880er Jahren den Übergang von der realistisch-naturalistischen Erzählung zur impressionistischen Prosa-skizze bezeichnete und mit den Namen Detlev von Liliencron, dem späten Theodor Storm und dem frühen Arthur Schnitzler verbunden ist. Nicht mehr die »unerhörte Begebenheit« im Sinne der klassischen Novelle, nicht mehr die haargenaue Schilderung des Milieus interessierte, sondern ein Gefühls-moment, eine psychologische Skizze und die dialektische Be-ziehung zwischen wirklicher Welt und intensiver Stimmung.

Bemerkenswert ist jedoch, dass Trakl in seiner einzigen überlieferten Rezension, einer kurzen, aber auffallend poin-tierten Besprechung von Franz Karl Ginzkeys Roman *Jako-bus und die Frauen* (Leipzig 1908), die genaue Gegenposition zu einer Literatur der Stimmungen einnahm. Wenngleich es sich bei diesem Roman erst um Ginzkeys zweite literarische Arbeit gehandelt hatte und er als Literat sich erst später einen Namen machen sollte, so war diese Kritik des jungen Trakl dennoch mutig gewesen. Immerhin handelte es sich um einen zu diesem Zeitpunkt verdienten Offizier, der zeitweise keinen geringeren Posten bekleidet hatte als den eines Kommandan-ten der Festung Hohensalzburg. Trakls Besprechung setzt mit einem Paukenschlag ein: »In diesem Buch ist Stimmung, lei-der nur Stimmung. In Stimmung ertrinkt die an und für sich schwächliche Handlung, die Psychologie ist unklar und plät-schert auf lieblicher Oberfläche, die Charakteristik der Perso-nen ist dürftig, schemenhaft, verworren.« (HKA I, 209) Doch Trakl geht noch weiter: »Und für all diese kapitalen Mängel sollen einige hübsche Stimmungsbilder und Lyrismen entschädigen. Nein!« Von einer »gesuchten Feierlichkeit des Stils« ist die Rede, »mit dem die verschrobensten, langweiligsten, seichtesten Dinge pomphaft aufgebauscht werden. Mauvaise music!« (Ebd.) War dies womöglich die Tonlage, in der man sich im Dichterverein »Minerva« gegenseitig kritisierte? Oder pflegte man einen schonenderen Umgang miteinander? Wie auch immer, die Kriterien von Trakls ästhetischem Urteil sprechen eine deutliche Sprache: mangelhafte Psychologie, dürftiger Inhalt und Stil, Prätension und eine »falsche Musik«, die hier von Ginzkey prosaisch angestimmt wurde.

Das klingt nach mehr als nur nach Rache für die herbe Kritik, die Trakl nach dem Theaterfiasko vom September 1906 hatte verarbeiten müssen und die ihn in der ersten Hälfte des Jahres 1907 an sich (und seiner mühsam erworbenen Fähigkeit, Rauschmitteln fürs Erste zu widerstehen) verzweifeln ließ. Diese Besprechung enthielt eine erhebliche Portion Selbstkritik, flankiert von einer Schlussbemerkung, die erklärt, weshalb Trakl sich von weiteren Versuchen, erzählerische Prosa zu verfassen, fernhielt: Die Vorbilder, der französische (er sagt »gallische«) Roman (»Gipfelpunkt eines beispiellosen Formenkultus«) und die »russischen Epopöen« als »Urquell der gewaltigsten Geistesrevolution«, reduzierten den »Großteil unserer mitteleuropäischen Romanproduktion« zu bloßem »bedruckten Papier«. (HKA I, 209) Seiner Lieblingsschwester Grete hatte er übrigens in jenem Jahr (1908) eine Ausgabe von Gustave Flauberts Roman *Madame Bovary* mit der Widmung geschenkt: »Meinem geliebten kleinen Dämon, der entstiegen ist dem süßesten und tiefsten Märchen aus 1001 Nacht. In memoriam!« (HKA I, 466)

Einen klaren Blick für literaturgeschichtliche Zusammenhänge stellte Trakl in seinem Artikel über seinen bereits genannten Fürsprecher, den Schriftsteller Gustav Streicher, unter Beweis, zählte er doch diesen nicht nur zur »österreichischen Provinzliteraturbewegung« mit ihrem Sinn für »Heimatkunst«; er erkannte in dieser auch zutreffend eine »Folge- und Begleiterscheinung des Naturalismus«. (HKA I, 207) Mehr noch. Trakl war sich des »plötzlichen Verebbens des Naturalismus« bewusst, der zunächst ein Vakuum hinterlassen habe. Nunmehr aber verwies er auf »ungeahnte Möglichkeiten zu einer zukunftsträchtigen Kunst«. Und eben diese Entwicklung, die für ihn selbst entscheidend werden sollte, versuchte Trakl am Beispiel Streichers zu skizzieren. Er sieht ihn als einen Bühnenschriftsteller, der vom Naturalismus über das von Ibsen beeinflusste psychologische Drama, das »mit den Mitteln moderner Seelenanalyse« arbeite, zum »Neuromantiker« sich entwickelt habe. Der Neuromantiker schaffe »Seelentragödien«, so Trakl, deren Wirkung von der Mobilisierung von »Stimmungsgewalt« abhänge. (HKA I, 208)

Trakl war bei der Lesung des in der Renaissance spielenden einaktigen Doppeldramas in Versen *Die Macht der Toten* zugegen, die Streicher im Marmorsaal des Salzburger Schlosses Mirabell im Februar 1908 gegeben hatte. Das Drama bestand aus den Teilen *Monna Violanta* sowie *Hofnarr und Fürst,* wobei Trakl vor allem der innere Monolog Violantas interessierte. Bedenkt man die Intensität der Krise, die Trakl in jener Zeit durchlitten hat und die den Ton seiner eigenen lyrischen Anfänge bestimmte, lohnt ein Blick auf den zentralen Teil dieses Artikels, wobei bezeichnend ist, dass Trakl Streichers Kunst der Rezitation nur bedingt zu schätzen vermochte. Seine Stimme wurde offenbar der Stimmung nicht ganz gerecht, die dieses monologische Dramolett evoziert:

Man denkt und träumt dieser seltsamen Violanta nach, die wie ein kühler Schatten durch einen Traum schreitet, fühlt den Ekel, der ihren Leib schüttelt, gedenkt sie des toten Gatten, der mit senilen Perversionen ihren blütenjungen Leib begeifert hat; man glaubt das Gespenst des Toten zu sehen, wenn Violanta ihn an ihrer Seite schreiten sieht, mit scheußlichen, lasterhaften Geberden widerliche Berührungen mit seinem Weibe suchend, hört das Weib aufschreien und zusammenbrechen unter der furchtbaren Gewalt der toten Macht, und weiß: die muß des Lebens roheste Gewalten herbeirufen, um den Toten los zu werden, muß Dirne werden, um nicht in hysterischen Krämpfen zu vergehen. Es ist seltsam, wie diese Verse das Problem durchdringen, wie oft der Klang des Wortes einen unaussprechlichen Gedanken ausdrückt und die flüchtige Stimmung festhält. In diesen Versen ist etwas von der süßen, frauenhaften Überredungskunst, die uns verführt, dem Melos des Wortes zu lauschen und nicht zu achten des Wortes Inhalt und Gewicht; der Mollklang dieser Sprache stimmt die Sinne nachdenklich und füllt das Blut mit träumerischer Müdigkeit. Erst in der letzten Szene, da der Kondottiere auftritt, schmettert ein voller, eherner Ton in Dur über die Szene, und in fliegender Steigerung löst sich das Drama in einem dionysischen Gesang der Lebensfreudigkeit. (HKA I, 208)

Gibt es unter den frühen Texten Trakls einen Text, der anschaulicher zeigt, was ihn bewegte? Aufgrund solcher Beschreibungen kann man sich vorstellen, dass Trakl die Dirnen in der Salzburger Judengasse wohl auch deswegen frequentierte, um sie zu trösten und ihnen Kuchen an Festtagen zu bringen. Das Rohe am Geschlechtlichen – es schien ihn angewidert *und* angezogen zu haben, ihn, den satyrhaften Samariter, den eine sanft-diskrete Triebhaftigkeit bestimmt zu haben schien und tiefstes Mitleiden mit der geschändeten Frau. Doch erkennt er im Monolog der Violanta, dass ihr Weg in die Prostitution auch eine Art Befreiung bedeutete – von traumatischen Erinnerungen an ihren toten »Gebieter«.

Wichtiger noch an dieser Textstelle ist die Art, in der Trakl den Übergang von einem Seelenzustand in den anderen bereits zu beschreiben weiß, nämlich als eine rein ästhetische Erfahrung. Streichers Dichtung, die vom kitschhaften Klischee nicht weit entfernt ist, stellt Trakl als sprachkünstlerisches Ereignis dar; er schafft somit – geradezu gegen Streichers Dichtung – den idealtypischen Fall eines Übergangs, jenen nämlich vom Ekelhaften zum »Melos des Wortes«, dem in Moll gestimmten Wortklang, der nun seinerseits umschlägt ins reine Dur der Lebensbejahung, vorgetragen offenbar im Stil der *Dionysos-Dithyramben* Nietzsches.

Lyrische Stimmungsumfelder

Trakl wollte sich beeinflussen lassen. Er schien Einflüsse geradezu herbeigesehnt zu haben; denn wer wie Trakl von früh auf, wie sein Freund Erhard Buschbeck meinte, einem »Absonderungsbedürfnis«[8] frönte, empfindet die Verstorbenen als die bessere Gesellschaft. So pflegte Trakl regen Umgang mit Fjodor Dostojewski, Maurice Maeterlinck, Arthur Rimbaud, Paul Verlaine, Charles Baudelaire, Novalis, Friedrich Hölderlin und der Luther-Bibel. Das bedeutet: Er nahm an Ausgereiftem Maß, freilich an einer Klassik der Außenseiter mit europäischen Dimensionen. Die Weimarer Ikonen berührten ihn nicht, nicht die Realisten, nicht die große österreichische Tradition mit Grillparzer und Stifter, nicht einmal, was nahegelegen hätte, Nikolaus Lenau.

Freilich, was bedeutet Einfluss? Der philologische Befund klingt eindeutig: »Trakl zitiert häufig aus Texten anderer Autoren und aus eigenen, früher entstandenen Gedichten oder montiert gar Teile daraus in einer neuen Zusammenstellung.« Aus den Werken der genannten Autoren »hat Trakl nicht nur

Stilelemente, sondern auch Wörter, Bilder, ja ganze Passagen übernommen, und zwar quantitativ oder zumindest qualitativ so hervorstechend, dass sie als ›Steinbrüche‹ gelten können«.[9]

Steinbrüche zum einen, Stimmungsfelder zum anderen, man könnte sie auch poetische Empfindungszonen, Bereiche geistiger Inkubation nennen. Wie sie auf Trakl wirkten, ist vor allem deswegen schwer zu beurteilen, weil von ihm dazu kaum entsprechende Äußerungen überliefert sind, was dafürspricht, dass das Aufgenommene recht unmittelbar in ihn eingegangen sein dürfte. So lässt sich nur erahnen, was er empfand, als er bei Maurice Maeterlinck in K. L. Ammers Übertragung las: »Ich weine über Lippen ohne Farben, / Auf denen keine Küsse je geboren.« Wie reagierte er auf den Ausdruck »krankes, hungerndes Begehren« im selben Gedicht (»Sehnen im Winter«)[10] oder auf das »blaue Glas müder Schwermut«[11]? Maeterlincks Vorliebe für das »Treibhaus« und die »Glasglocke« – für geschlossene Bezirke also, dürfte Trakl angesprochen haben, aber auch die Behauptung des Erzählers in Novalis' Roman *Heinrich von Ofterdingen*, den Maeterlinck neben anderen Werken des Frühromantikers übersetzt hatte: »Es lassen sich Erzählungen ohne Zusammenhang, jedoch mit Assoziation, wie Träume, denken; Gedichte, die bloss wohlklingend und voll schöner Worte sind, aber auch ohne allen Sinn und Zusammenhang, höchstens einige Strophen verständlich, wie Bruchstücke aus verschiedenartigsten Dingen. Diese wahre Poesie kann höchstens einen allegorischen Sinn im Großen und eine indirekte Wirkung wie Musik haben.«[12]

Dichtungen Baudelaires hatte Trakl in Gestalt von Umformungen durch Stefan George kennengelernt.[13] In einem Vorspruch zu seinen Umdichtungen sprach George von der »reinen freude am formen«, der sich diese »verdeutschung« verdanke. Es ist denkbar, dass gerade die folgende Bemerkung Georges Trakl besonders irritiert hatte:

es bedarf heute wol kaum noch eines hinweises dass nicht die abschreckenden und widrigen bilder die den Meister eine zeit lang verlockten ihm die grosse verehrung des ganzen jüngeren geschlechtes eingetragen haben sondern der eifer mit dem er der dichtung neue gebiete eroberte und die glühende geistigkeit mit der er auch die sprödesten stoffe durchdrang.[14]

Erheblicher dürfte jedoch gewesen sein, dass der frühe Trakl am Beispiel Georges überhaupt das Umdichten als poetisches Verfahren vorgeführt bekam und damit einen betont legeren Umgang mit lyrischem Material. Trakls Offenheit für Einflüsse ist das eine, sein echohaftes Reagieren auf sie das andere. Baudelaires »Der Wein des Einsamen« sprach zu ihm in der Version Georges wie folgt: »Der sonderbare blick der leichten frauen / Der auf uns gleitet wie das weisse licht / Des mondes auf bewegter wasserschicht. / Will er im bade seine schönheit schauen.«[15] Das löste in ihm – soweit überliefert – keine ähnlichen Verse aus, dafür aber bescherte es ihm Bilder, Konstellationen, die Bewegung des Gleitens, das Besondere des Lichts, die seine Dichtungen durchziehen. Gleiches dürfte für Strophen wie diese aus dem Gedicht »Die kleinen Alten« gelten, wobei hier noch eine identifikatorische Wirkung denkbar wäre: »Und brunnen sind ihre augen. tief unabsehlich. / Sind tiegel beschlagen mit einem erkalteten erz. / Und voll von geheimnissen fesseln sie unwiderstehlich / Den der erzogen wurde vom grausamen schmerz.«[16]

Wurde nicht auch für Trakl der Schmerz zum Erzieher? Überhaupt die Lebensbilder, die Trakl in sich aufnahm – traf nicht auch für sie zu, dass er sich ihrer bediente, sie sich anverwandelte, weniger im Sinne von Vorbildern, als von Verwandten, auf denen der Fluch als schöpferischer Impuls lag. Der für ihn wichtigste Autor solcher Lebensbilder hieß Stefan Zweig, zumindest was Verlaine und Rimbaud anging. Was er über das Leben beider lesen konnte, dürfte ihn unmittelbar getroffen haben. Zweig imaginiert eine schlüsselhafte Lebenssituation Verlaines im Umkreis der *Fêtes galantes*, die er treffend als künstlerisch-spielerischen Ausgleich zu den *Poèmes saturniens* wertete:

> Aus Masken und Pantomimen starrt des Dichters Gesicht schmerzlich verwirrt in den schwarzen Spiegel der Wirklichkeit …
>
> Denn in sein Leben war damals eine böse Gewalt eingebrochen, vielleicht die verderblichste, »le seul vice impardonnable«, wie er selbst bekennt. Verlaine begann zu trinken. [...] Er trinkt Absinth, jenes süssliche grünliche Getränk, falsch wie Katzenaugen, heimtückisch und mörderisch wie eine verseuchte Dirne. Der Haschisch Baudelaires war verständlich, der Zauberer phantastischer Landschaften, Beruhiger der Nerven, Dichter des Dichters; der Absinth Verlaines ist nur zerrüttend, auslöschend, ein langsames Gift, das nicht tötet, sondern entnervt und unterwühlt, wie die weissen Pulver, diese schrecklichen Geheimnisse der Borgias.[17]

Zweig beschrieb Verlaine als einen Dichter, der Extremen ausgeliefert gewesen war. Sein Leben habe aus Abstürzen und Erhebungen bestanden, aus Katastrophen und Läuterungen, Gefühl und Zynismus, unendlicher Weichheit im Empfinden und schroffen Härten. Mit der Stefan Zweig eigenen, kontrastiven Darstellungsweise entwarf er am Beispiel Verlaines das Sinnbild einer gelebten Gegensätzlichkeit. Der »vulgäre Rausch« habe ihm, so Zweig über Verlaine, »das Harte, Derbe, Brutale entlockt«.[18] Zugleich habe er »Lieder mit umflorter Stimme« geschrieben; Zweig hob dabei besonders dessen »Kaspar Hauser«-Gedicht hervor. Sein um sechs Jahre jüngerer Leser Trakl dürfte sich das Seine gedacht haben bei den Behauptungen Zweigs über die Wirkung von Haschisch und Absinth. Doch seltsam genug: Sollte später nicht auch Trakls Gesicht »schmerzlich verwirrt« durch die Maske seines Selbstporträts in den »schwarzen Spiegel der Wirklichkeit« schauen?

Obzwar Trakl aufgrund seiner häuslichen Erziehung wie erwähnt über gute Französischkenntnisse verfügte, las er die Franzosen in Übertragungen, also in der Sprache *seiner* Zeit. Das ist vor allem deswegen von Interesse, weil sein eigenes lyrisches Sprechen Züge aufweist, die einigen der von ihm aufgenommenen Übertragungen ähneln und sich von ihnen doch durch ihre Konzentriertheit und hypnotische Art des Wiederholens von Motiven und Wortkonstellationen unterscheiden. Nehmen wir einen Auszug von Otto Hausers Übertragung des Verlaine-Gedichts »Nevermore«, seinerseits eine Transposition von Edgar A. Poe:

> Warum, Erinnerung, warum erstehst du wieder? –
> Die herbstlichmüde Luft durchklangen Drossellieder,
> die Sonne strahlte matt auf gelbe Bäume nieder
> und dürr und herbstentlaubt war Weide schon und Flieder.
>
> Wir schritten träumerisch, ganz einsam durch den Hag,
> und unser Denken flog wie jener Drosselschlag
> dahin im Wehn der Luft [...][19]

Das Herbstlichmüde, Entlaubte, träumerische Schreiten, überhaupt das Unwiederbringliche, das im »Nevermore« anklingt, das sind Stimmungsbilder, die Trakl vielfach aufgenommen und entwickelt hat, nicht aber diese unmittelbare, fragende Evokation von etwas, in diesem Falle der »Erinnerung«.

Oder Cäsar Flaischlens Übertragung der »Serenade« aus Verlaines *Poèmes saturniens*:

> Als ob ein Toter im Grabe müd und wund nach Leben riefe,
> sucht mein Lied sich zu dir mit klagendem Mund aus dunkler
>   Tiefe.
> [...]
> Und ich sing von der wonnigen Wundergestalt deiner
>   Glieder,
> in schlaflosen Nächten voll Sehnsucht umwallt ihr Duft mich
>   wieder.[20]

Wieder gilt: Einzelne poetische Elemente sind in Trakl eingegangen, vor allem der Vergleich des poetischen Ichs mit einem Toten. Aber das Nach-Leben-Rufen ist Trakls Ich, sofern es überhaupt in Erscheinung tritt, fremd; auch das Singen von der »wonnigen Wundergestalt« geliebter »Glieder« kam seinem Ich nicht über die Wortlippen.

Und ein letztes Verlaine-Beispiel, dieses Mal aus den *Fêtes galantes* in der Übertragung von Stefan Zweig, »Mondschein«,

> [...] der, sanfttraurig, blass und blank
> die Vögel träumen lässt hoch in den Bäumen
> und schluchzen die Fontänen, dass sie schlank
> und schauernd in die Marmorschalen schäumen.[21]

Der Ton dieser Übersetzung verdankte sich vermutlich auch Zweigs Kenntnis des Gedichts »Der römische Brunnen« von C. F. Meyer (in der siebten Version von 1882: »Auf steigt der Strahl und fallend gießt / Er voll der Marmorschale Rund [...]); das Stimmungsbild aber könnte mit in Trakls »Musik im Mirabell« eingegangen sein.

Noch unmittelbarer dürfte sich Trakl von Zweigs Darstellung des Lebens und Werks von Arthur Rimbaud betroffen gefühlt haben. Zweig spricht mit Blick auf die Dichtung »Bateau Ivre« von der »Revolte der Farben und phantastischen Symphonie fiebernder Worte«.[22] Er sieht Rimbaud als einen »einsamen Meteor in die Kultur« stürzen, »wie Kaspar Hauser, der vergessen hat, woher er kam, der keinem mehr angehört und zu niemandem mehr gehören will«.[23] Zweig schrieb das ein Jahr *vor* Erscheinen von Jakob Wassermanns *Kaspar Hauser*-Roman! Trakl sah in diesem Rimbaud-Porträt freilich einen Dichter vor sich, den – anders als ihn – innere Freiheit auszeichnete, umfassende Welterfahrung in jungen Jahren, die Zweig nicht müde wird zu schildern. Doch fand Trakl bei Zweig auch Charakterisierungen von Rimbauds Werk, die alsbald sein eigenes poetisches Verfahren kennzeichnen sollten: »Ein Ton klingt an ihn heran, er schleudert eine Farbe gleichen Empfindungswertes zurück«[24] – nur dass Trakl nie »schleuderte«, sondern seine Farbworte als Widerhall mit Bedacht setzte. Bemerkenswert ist, dass Trakls Freund, Karl Borromäus Heinrich, dessen Verhältnis zur Welt geradezu analog zu Zweigs These über Rimbauds Dichtungen beschreibt: »[…] zu ihm redet die Welt in Bildern, aus ihm tönt sie in Bildern zurück.«[25] Und gerade deswegen nehme dieser Dichter »Seele, Aug' und Ohr des Menschen ganz gefangen«.[26] Zu bedenken ist hierbei auch, dass der Komponist und Musiktheoretiker Josef Matthias Hauer (1883–1959), der dem *Brenner*-Kreis und Umkreis zuzurechnen ist, Diskussionen über die Beschreibung der Klangfarben angeregt hatte, wobei er von deren Akkordgebundenheit ausging. Näher ausgeführt fand sich dieser Ansatz dann in seiner mit dem gleichfalls dem *Brenner*-Kreis zugehörigen Sprachphilosophen, Dichter, Aphoristiker und Diaristen Ferdinand Ebner (1882–1931) verfassten Arbeit *Vom Wesen des Musikalischen* (um

1919). Alfred Doppler hat darauf hingewiesen, dass eine von Trakls bereits früh ausgeprägten »Kompositionstechniken in der Evokation des gesamten Farbkreises mit Farbwörtern« besteht, so etwa im Gedicht »Kleines Konzert« vom Frühjahr 1912. »Hauer spricht in einem solchen Fall von einer Klangfarbenmelodie.«[27] Vorformen hatte Trakl bereits in der ersten Zusammenstellung seiner Gedichte erprobt.

Die *Sammlung 1909* oder
Das Unverlorne meiner jungen Jahre

Im Jahre 1909 nahm Samuel Lublinski in seinem Versuch »Ein Wort über Lyrik« einen Gedanken des jungen Rainer Maria Rilke auf, der in seinem 1898 gehaltenen Vortrag »Moderne Lyrik« dem Gedicht ein besonderes Gespür für Kommendes zugeschrieben hatte. Lublinski wandte sich gegen die These vom Subjektivismus als der Grundlage »lyrischer Kunst« und befand stattdessen, »jede Wandlung des Kulturzustandes« äußere sich am frühesten in der Lyrik, »die stets zuerst in Gärung gerät, in eine innere Unruhe, ohne dass es ihr immer gelingt, einem neuen Inhalt die neue Form zu finden«.[28] Damit hatte er auch die Kunstproblematik des jungen Georg Trakl genau getroffen, der durchaus schon früh über »neue Inhalte« verfügte, nicht aber über neue Formen. Ja, man kann vorab die These wagen, Trakl habe das Ungeheuerliche seiner Inhalte durch das Beharren auf vergleichsweise herkömmlichen poetischen Formen bändigen wollen, wenngleich sich seine Lebensform alsbald als ausgesprochen fragil, wenn nicht prekär erweisen sollte.

Wie stand es um seine biografische Entwicklung zu dieser Zeit? Das Jahr 1908 hatte für Trakl zumindest nach außen hin erfolgreich begonnen, bestand er doch die seine Lehrzeit in

Carl Hinterhubers Apotheke »Zum weißen Engel« abschließende Tirocinalprüfung vorzeitig. Damit hatte er sich für ein viersemestriges Pharmaziestudium qualifiziert und konnte seinen Militärdienst als Einjährig-Freiwilliger absolvieren; diesen sollte er dann vom 1. Oktober 1910 bis zum 30. September 1911 in einer k. u. k. Sanitätsabteilung in Wien ableisten, was ihm den Titel eines Korporal-Pharmazeuten eintragen wird.

Was sich in Hinterhubers Hinterzimmern oder dem katakombenartigen Keller mit dem Medikamentenlager alles zugetragen haben mag, entzieht sich ebenso unserer Kenntnis wie das, was der junge Trakl in den Bordellen der Salzburger Altstadt tatsächlich getrieben hat. Spekulationen darüber sind müßig. Ungleich fruchtbarer, beredter bleiben die frühen Dichtungen, das Sich-Versuchen am Don-Juan-Stoff etwa mit dessen »dionysisch Antlitz« (HKA I, 447), wie es im »Prolog«-Fragment heißt. Dort versammelt er die »steinerne Maske / Dahinter Tod und heißer Wahnsinn lauern«, das »qualentlohnte« Schicksal und die »Enkel derer, die die Götter liebten«. (HKA I, 447) Hier also treten sie bereits in Erscheinung, die Enkel, die das letzte Gedicht, »Grodek«, wieder ins Ungeborene zurückverweisen wird. Das »Prolog«-Fragment endet mit einem Bild, das halb Charakterisierung Don Juans, halb Selbstporträt des jungen Dichters sein will:

Durch finstre Tat, im Zwiespalt deines Wesens –
Ein Fremdgeborener und ein Qualbestimmter
Ein überwundner Sieger, Selbstverlorner,
Auf eisigen Gipfeln, die den Menschen fremd,
Ein Jäger, der die Pfeile schickt nach Gott. (HKA I, 447)

Das Einsamkeitspathos, die »eisigen Gipfel«, sie verraten den *Zarathustra*-Leser Trakl. Doch neben Nietzsche tritt in diesen Versen etwas sehr Eigenes in Erscheinung: seelische Polaritäten etwa, ein Aufbegehren gegen die göttliche Weltordnung, Selbstverlust und sinnlose Selbstbehauptungsversuche, die das Bild des jagenden Gottesschützen illustrieren.

Doch entstanden zu jener Zeit nicht nur Fragmente, sondern abgeschlossene Gedichte, darunter der zwölfteilige Zyklus »Gesang zur Nacht«. Zur Arbeit an ihnen gehörte das Verwerfen, Auswählen. Das Ergebnis erbrachte die *Sammlung 1909*, die Trakl seinem Freund Erhard Buschbeck übergab. Diese frühen Versuche als epigonal zu verwerfen, wäre verfehlt, auch wenn man ihnen »Einflüsse« anmerkt (Baudelaire, erste Rimbaud-Spuren, aber auch die Spätromantik, Mörike vor allem, auch Novalis), die er nicht angstvoll abwehrt oder sich ihnen einfach ergibt; vielmehr arbeitete er mit ihnen. Trakl verstand sich von Anbeginn auf Form. Er erprobte seine Expressivität, gleichzeitig aber vergewisserte er sich des traditionellen Sonetts, das er sogleich virtuos zu handhaben wusste.

Schon das erste Gedicht der Sammlung beginnt mit einem spätromantischen Stimmungsbild: »Mich däucht, ich träumte von Blätterfall, / Von weiten Wäldern und dunklen Seen, / Von trauriger Worte Widerhall – / Doch konnt' ich ihren Sinn nicht verstehn.« (HKA I, 215) Robert Schumann oder Hugo Wolf hätten die Tonlage dieser Verse vertonen können. Schon der zweite Teil jedoch eröffnet eine intensivierte Form der Imagination: »In meiner Seele dunklem Spiegel / Sind Bilder niegeseh'ner Meere, / Verlass'ner, tragisch phantastischer Länder, / Zerfließend ins Blaue, Ungefähre.« (HKA I, 215) Worauf es hier ankommt, ist die Behauptung einer poetischen Logik wider alle Vernunft: Das »Niegesehene« kann sich im Inneren des Ichs spiegeln – und: Es gibt eine tragische

Phantastik, die zur Unschärfe neigt und neigen soll. Das Ende des zweiten Teils weiß dann von »Gesängen, ohn' Anfang und Ende« (HKA I, 216), vom Unaufhörlichen also, das im Enden das Beginnen sieht und umgekehrt. An der Stelle jedoch, wo Trakls Gedicht ins rein Expressive umschlägt, gebraucht er die Sonettform, gleichsam als letzte Verankerung in der literarischen Tradition angesichts erschreckender Visionen:

Ich sah viel Städte als Flammenraub
Und Greuel auf Greuel häufen die Zeiten,
Und sah viel Völker verwesen zu Staub,
Und alles in Vergessenheit gleiten.

Ich sah die Götter stürzen zur Nacht,
Die heiligsten Harfen ohnmächtig zerschellen,
Und aus Verwesung neu entfacht,
Ein neues Leben zum Tage schwellen.

Zum Tage schwellen und wieder vergehn,
Die ewig gleiche Tragödia,
Die also wir spielen sonder Verstehn,

Und deren wahnsinnsnächtige Qual
Der Schönheit sanfte Gloria
Umkränzt als lächelndes Dornenall. (HKA I, 216)

Niemand käme auf den Gedanken, dieses Gedicht von seiner literarischen Qualität her bedeutend zu nennen. Aber signifikant ist es, bedeutsam für Trakls poetische Anfänge, deren man sich zu vergewissern hat, um ihre Steigerung zur Vollendung überhaupt erfassen zu können. So verwendet er zwar Nietzsches These von der »ewigen Wiederkunft des Gleichen«, aber er deutet sie als etwas Tragisches. Mit Nietzsches

»incipit tragoedia« – bei diesem ein ästhetischer Erkenntnis-
moment – »spielt« Trakls Gedicht – und das, ohne die »Tragödia« wirklich verstehen zu können.

Diese frühen Gedichte wissen von geisterhaften »späten
Tagen«, in denen das Hämmern der Spechte »todesnächtig
hallt«. (HKA I, 217) Dieses todwärts durch »verlass'ne Zimmer« gehende Ich sucht nach dem »Unverlornen« seiner Kindheit und Jugend; es besteht zuletzt aus der »stillen Andacht an
ein Glockenläuten«. (HKA I, 221) Der Nietzsche-Ton[29] verhallt
nie ganz und ist als Imitation von dessen Gedicht »Um Mitternacht« besonders gegenwärtig in »Das tiefe Lied«:

> Aus tiefer Nacht ward ich befreit.
> Meine Seele staunt in Unsterblichkeit,
> Meine Seele lauscht über Raum und Zeit
> Die Melodie der Ewigkeit!
> Nicht Tag und Lust, nicht Nacht und Leid
> Ist Melodie der Ewigkeit,
> Und seit ich erlauscht die Ewigkeit,
> Fühl nimmermehr ich Lust und Leid! (HKA I, 228)

Vergleicht man Trakls Gedicht mit seinem »Urbild«, Nietz-
sches zarathustrischem Gedicht »Um Mitternacht«, dann fällt
auf, dass Trakl den Dialogcharakter der Vorlage aufgibt, die
»Seele« einführt und die als Melodie *gehörte* »Ewigkeit« die
Lust und das »Weh« (bei Trakl »Leid«) zu überwinden hilft;
damit freilich kehrt er den Sinn von Nietzsches Gedicht um.
Rufen wir uns Nietzsches »Um Mitternacht« nochmals im
Wortlaut in Erinnerung:

> O Mensch! Gib acht!
> Was spricht die tiefe Mitternacht?
> »Ich schlief, ich schlief –,

Aus tiefem Traum, bin ich erwacht!
Die Welt ist tief,
Und tiefer, als der Tag gedacht.
Tief ist ihr Weh –,
Lust – tiefer noch als Herzeleid!
Weh spricht: Vergeh!
Doch alle Lust will Ewigkeit –,
Will tiefe, tiefe Ewigkeit!« (KSA 4, 404)

Trakls Gedicht liest sich demnach eher wie eine Antwort auf Nietzsches Vorlage, die ihrerseits eine Art poetisches Echolot sein will, um das Tiefe der Mitternacht zu ermessen. Es hat den Anschein, als habe Trakl dieses Gedicht Nietzsches zu jener Zeit nicht losgelassen; denn eine dreiteilige Variation dieses Mitternacht-Themas beschließt seinen »Gesang zur Nacht«, das Herzstück der *Sammlung 1909*. Gerade diese Variation verdeutlicht aber auch einen Wesensunterschied zu Nietzsches poetischem Ansatz. Er liegt in Trakls Verweigerung einer spielerischen Leichtigkeit, wie sie Nietzsche gerade in seiner Lyrik anstrebte. Wenn Trakl schon als Dichter der *Sammlung 1909* dionysische Töne anstimmt, sein poetisches Ich den trunken machenden »Wein der Liebe« zu sich nehmen lässt bei »Spiel und Tanz«, dann führt dies nicht zu einem lebensbejahenden Zustand, sondern zu einer Vorhölle, in der sein »Dämon« weder weint noch lacht und das Ich zum »Schatten verlorener Gärten« wird; zudem erweist sich »das Schweigen der leeren Mitternacht« als der »todesdunkle Gefährte« dieses Ichs. (HKA I, 226) Die bittere Konsequenz lautet bei Trakl – ganz im Gegensatz zu Nietzsches zarathustrischem Lied: »Du bist in tiefer Mitternacht / Ein Unempfangner in süßem Schoß, / Und nie gewesen, wesenlos! / Du bist in tiefer Mitternacht.« (HKA I, 227)

Wer als »Unempfangener« und später »Ungeborener« auf

Erden zu wandeln hat, existiert, wenn überhaupt, dann nur als schamanenhafter Widerspruch in sich. Das Ich bemühte sich augenscheinlich um einen positiven Bezug zur Natur, allein es nimmt sie allenfalls als eine »grüne Bühne« dieses Gedichts wahr, als »Naturtheater« eben. Leitmotivisch durchzieht eine Verstehenskrise die *Sammlung 1909*. Dieses Ich versteht sich nicht mehr und die Welt auch nicht. Es sieht sich stattdessen umstellt und durchdrungen von bedrohlichen Bildern, zu denen jene von der »entgötterten, kargen«, zur »Hure« entstellten Welt gehören, die »hässlich, krank, verwesungsfahl« aussieht. (HKA I, 218)

Was Trakl mit dieser Sammlung vorgelegt hatte, sollte sich als Abbreviatur seines künftigen lyrischen Programms erweisen. Von einer dies betreffenden »Intention« Trakls zu sprechen wäre freilich abwegig. Er konnte sich nicht darüber im Klaren sein, dass diese Sammlung nahezu alle Motive und Konstellationen, explizit oder in ihrem Anfangsstadium, enthielt, die er nach 1909 Gedicht um Gedicht weiter entfalten würde. Hier finden sich nicht nur erste Fassungen von Gedichten, die einmal zu seinen bekanntesten zählen sollten (»Am Abend, wenn die Glocken Frieden läuten« und »Musik im Mirabell«), sondern auch Bilder, die ganze spätere Motivketten vorwegnehmen, etwa die Zeile »Lieder, die wie Wunden bluten« (»Nachtlied«, HKA I, 235) oder »Verwesung traumgeschaffner Paradiese« (»Ermatten«, HKA I, 242). Der Rimbaud'sche Ekel vor der Welt und vor sich selbst beherrscht diese Gedichte ebenso wie die Fähigkeit dieses poetischen Ichs, das Schöne zu durchschauen. Anders jedoch als in den späteren Gedichten bestimmt das »Spiel« häufig das poetische Geschehen: »Der Menschheit heldenloses Trauerspiel, / Ein schlechtes Stück, gespielt auf Gräbern, Leichen« (»Confitetor«, HKA I, 246) oder »In seelenlosem Spiel mit Brot und Wein« (»Die tote Kirche«, HKA I, 256).

58

Übrigens übertrifft die Ritus-Kritik, die Trakl im Gedicht »Die tote Kirche« übte, an Radikalität alles, was dazu um 1910 auffindbar ist. Bedenkt man, dass Trakl seine Sammlung mit diesem Gedicht schließen wollte, dann lässt sich ermessen, wie wichtig ihm diese Frage war. Er beklagt die Entleerung des religiösen Ritus; der »Raum« der Kirche sei »heimgesucht« von Entwertung. Mehr noch, den Geistlichen bezeichnet das Gedicht als »jämmerlichen Priester« vor »schlechten Betern mit erstarrten Herzen«. (Ebd.) Aufschlussreich ist, wie nur acht Jahre später Romano Guardini in seiner Arbeit *Vom Geist der Liturgie* die Rede vom »seelenlosen Spiel mit Brot und Wein« ins Positive umdeuten sollte. Er spricht vom zweckfreien Spiel, einem im Sinne des kindlichen Spiels Kindlich-Werden vor Gott, wodurch sich die Zweckfreiheit heiligt.[30] Damit sei nur angedeutet, wie zeitfühlig das poetisch artikulierte tiefe Unbehagen Trakls an sinnentleerten religiösen Praktiken gewesen ist. Eine Kritik am christlichen Glauben an sich lässt sich davon jedoch nicht ableiten.

Gegenwärtig ist in seinen Gedichten die Glocke als Motiv und Symbol, die aber nur zuweilen läutet; oft bleibt sie »ohne Ton« wie im »Gesang zur Nacht«. Seinen Dauerauftritt auf der Bühne dieser Gedichte erzwingt der Tod, ob als »Todessehnsucht«, »todesnächtiges Dornenkapitol« (»Crucifixus«, HKA I, 245) oder als Stimme einer Toten (»Abendgang«, HKA I, 253). Überdies übt sich der protestantische Georg Trakl in der barock-katholischen Atmosphäre seiner Heimatstadt in Marienanrufungen, und das insbesondere in seinem wohl notorischsten frühen Gedicht, das wie kaum ein anderer Text nicht nur den Inzestverdacht genährt hat, sondern ihn poetisch zu beglaubigen scheint. Für jede Trakl-Deutung stellt dieses Gedicht (»Blutschuld«) *den* entscheidenden Testfall dar, die Frage betreffend nämlich, wie (auto)biografisch seine Dichtungen insgesamt zu werten seien:

Es dräut die Nacht am Lager unsrer Küsse.
Es flüstert wo: Wer nimmt von euch die Schuld?
Noch bebend von verruchter Wollust Süße
Wir beten: Verzeih uns, Maria, in deiner Huld!

Aus Blumenschalen steigen gierige Düfte,
Umschmeicheln unsere Stirnen bleich von Schuld.
Ermattend unterm Hauch der schwülen Lüfte
Wir träumen: Verzeih uns, Maria, in deiner Huld!

Doch lauter rauscht der Brunnen der Sirenen
Und dunkler ragt die Sphinx vor unsrer Schuld,
Daß unsre Herzen sündiger wieder tönen,
Wir schluchzen: Verzeih uns, Maria, in deiner Huld!
       (HKA I, 249)

Die mit der Deutung dieses Gedichts verbundene Grund-
frage ist, ob man im Gedicht eine Erfahrung sieht, es selbst
für eine Erfahrung hält oder davon ausgeht, dass ihm eine
konkrete Erfahrung zugrunde liege. Bei dieser Fragestellung
ließe sich das Wort »Erfahrung« jeweils durch »Erlebnis« er-
setzen. Hinzu kommt folgende Überlegung: Der Titel »Blutschuld« will offenbar provozieren, skandalisieren, Aufsehen
erregen, ein bürgerliches Tabu brechen. Wie gestaltete er dieses sprachliche Über-die-Stränge-Schlagen im Einzelnen?

Das Gedicht gibt deutliche Signale. Dreimal reimt darin die
inzestuöse Schuld auf die Huld Marias, die laut Dogma un-
befleckt empfangen hatte – refrainartig, ohne ein Refrain zu
sein. Das Unreine und das Reine kollidieren; rein klanglich
heben sich beide gegenseitig auf. Sie scheinen einander zu
neutralisieren. Besonders fällt die dritte Strophe ins Auge.
Sirenen werden landläufig nicht mit »Brunnen« in Verbindung gebracht; die Sphinx verweist auf eine Kultur, die alt-

ägyptische, in der die sexuell verwirklichte Geschwisterliebe königlich-göttliches Privileg gewesen war. Besonders eigentümlich klingt der vorletzte Vers: »Daß unsre Herzen sündiger wieder tönen« – das »Schluchzen«, die Anrufung Marias dient demnach nicht der Errettung aus den Agonien einer laut christlicher Moralvorstellung verwerflichen geschwisterlichen Vereinigung, sondern vielmehr um diese zu beglaubigen und zu intensivieren: Die Gottesmutter soll den Inzest der gefühlsüberreichen Sünder sanktionieren; denn ihre Herzen wollen »sündiger wieder tönen« – ein Fall von lustvoller Blasphemie, freilich: im Gedicht.

Da fügt es sich ins Bild, dass das Gedicht »Blutschuld« im April 1913 Fortsetzungen in Gestalt von »Rosenkranzliedern« finden sollte, die ausdrücklich an die Schwester gerichtet waren.[31] An diesen Gedichten (»An die Schwester«, »Nähe des Todes«, »Amen«) fällt auf, dass zwei von ihnen nicht mehr »tönen« wollen; nur die Verse des ersten Gedichts reimen sich, aber geradezu aus Verlegenheit (»Abend« auf »Abend«, »tönt« auf »tönt«, »Bogen« auf »Bogen«). Es besteht angesichts der bekannten biografischen Quellen kein Anlass, den Befund Hans Weichselbaums in Sachen vollzogenem Inzest oder nicht in Frage zu stellen; er lautet: Der Nachweis eines physisch vollzogenen Inzests zwischen Trakl und seiner Schwester Grete ist nicht zu erbringen. Das entscheidende Zeugnis stammt von Erhard Buschbeck, der zeitweise mit Grete eng befreundet war. Er spricht treffend von einer »Gedankensünde«, die in Trakls Werk ihre poetischen Spuren hinterlassen habe. Und wörtlich an den ersten Trakl-Herausgeber Karl Röck gerichtet in einem Brief aus dem Jahre 1938 aus Anlass der Vorbereitung der ersten Gesamtausgabe: »[…] selbst wenn er diesbezüglich geschwiegen hätte, seine Schwester Grete, mit der wir wirklich befreundet waren, war in erotischen Dingen von solcher Offenheit, daß sie eine solche Sache keineswegs verschwiegen hätte.«[32] Die Spekulationen darüber, ob Gretes Schwangerschaft und Fehlgeburt Ende März 1914 in Berlin ihre Ursache in ihrer Beziehung zu ihrem Bruder hatten, darf man getrost als überflüssig, weil unentscheidbar betrachten. Dass jedoch die filmische Phantasie über Trakl und Grete diesen Zusammenhang erneut aufleben lässt, gehört zur künstlerischen Freiheit von Drehbuch und Regie (in diesem Falle von *Tabu*); die Art ihrer ästhetischen Umsetzung ist dabei allein von kritischem Interesse. Moralisierende Gemüter sollte dergleichen nicht erregen.

Weiterführend ist im Inzest-Thema wie in anderen bei Trakl eine »Poetik des Obsessiven« am Werke zu sehen, eine lyrisch fruchtbare und dabei selbstzerstörerische Triebkraft dieser Sprachkunst.[33] Neben dem Einsamkeitsverhängnis, das die *Sammlung 1909* ebenso thematisiert (im Gedicht »Vollendung« etwa: »Doch Bruder, laß uns einsam sein«, HKA I, 251), und den »selbstgeschaffnen Leiden« (HKA I, 254) trägt das Inzestmotiv zur entscheidenden Botschaft dieser frühen Gedichte bei, die da lautet: »Das Werdende sei dein Schmerz!« (»Abendgang«, HKA I, 253) Trakls Dichtungen werden fortan das Sterben als ein Werden zum Tode zeigen. Die Richtung, die dieses Dichten so früh bereits eingeschlagen hatte, lautete: todwärts. Wollte dabei das poetische Farbenspiel im Gedicht womöglich illustrierende Ablenkung sein, oder verbarg sich hinter diesem Spiel eine eher programmatisch-künstlerische Aussage? Hugo Friedrich hatte darauf hingewiesen, dass Trakl wie Else Lasker-Schüler und nach ihm García Lorca sowie Paul Eluard vermittels »irrealer Farben« den Objekten ihre Banalität genommen habe; sein Beispiel war das »hyazinthne Schweigen« bei Trakl.[34]

Auffallend ist, dass Trakl 1910 und 1911 mit Gedichten in Zeitschriften wie *Der Merker* und *Ton und Wort* debütierte, die sich eine »Synthese von Literatur, Musik und Malerei« auf die Fahnen geschrieben hatten. »Die Dinge sollten zum Tönen gebracht, Worte in musikalische Schwingung versetzt werden. Gemälde galten als bildhafter Ausruck von Musik, Musikstücke von Mahler, Richard Strauss, Debussy und Ravel empfand man als lyrisch epische Komposition«, urteilt Doppler über die ästhetische Grundposition dieser Organe.[35]

Die Nachwirkungen des ästhetischen (nicht politischen!) Wagnerianismus und Positionen des Symbolismus überlagerten sich. Hinzu kam – im Namen Nietzsches – die Emanzipation der Dissonanz durch die neue Musik, maßgeblich vertreten durch Arnold Schönberg. Dessen Wagnis, im Bereich der Töne unkonventionelle Verknüpfungen zu erproben, fand in Trakls kompromisslosem poetischem Wagemut, jenseits der Wortbedeutungen im Sprachalltag eigenwertige semantisch-sprachklangliche Bereiche zu eröffnen, seine Entsprechung.[36] Wäre eine Notiz Nietzsches in jener Zeit bekannt gewesen, sie hätte Schönberg, Trakl und Kokoschka als Parole dienen können: »Dissonanz und Konsonanz in der Musik [...] Der Schmerz, der Widerspruch ist das wahrhafte Sein. Die Lust, die Harmonie ist der Schein.«[37] Es waren diese ästhetischen Extreme, die besonders das Jahrzehnt vor dem Ersten Weltkrieg geprägt hatten. Trakl befand sich mitten auf deren Reibungsflächen, wobei es – wenn überhaupt – nur schwer zu ermitteln ist, ob er solchen »Schein« produzieren oder ihn bloßstellen hatte wollen, denn angesichts des angeblich »Halluzinatorischen« seines Schreibens wirkte die Vielzahl seiner Korrekturen eher überraschend. Tatsächlich aber sprechen sie für sein kritisches Sprachbewusstsein.

II

»Im Rausch begreifst du alles.«
Trakls toxisches Schaffen

Die künstlerische Rauscherfahrung schlechthin, von Nietzsche kritisch durchschaut, von den meisten Künstlern zwischen Baudelaire und der Jahrhundertwende durchlebt oder nachempfunden, verband sich mit Werk und Welt Richard Wagners. Der Salzburger Jungsymbolist und dandyhafte Ästhet Georg Trakl machte da keine Ausnahme. Baudelaire hatte sein *Tannhäuser*-Erlebnis in Paris mit einer Opium-Erfahrung verglichen und über des Komponisten künstliche Paradiese des Rausches und ihre Wirkung geschrieben: »Von Fieber und Angstanfällen zerrissene Wonnen, Lust in immer neuen Anstürmen, die trotz aller Verheißungen niemals die Begierde stillt, Wahnsinnszuckungen von Herz und Sinnen, die Tyrannei des Fleisches – was immer durch den Klang die Vorstellung der Liebe weckt, wird hier zu Tönen.« Wir wissen nicht, ob Trakl ähnlich ekstatisch oder nur noch »enthusiasmiert« auf Wagners Musiuk reagiert hat, sinnlich erschüttert wie Baudelaire oder bereits kritisch informiert. Unklar ist weiter, was genau Trakl von Wagners Werken kannte, und vor allem, in welcher Darstellungsform. Von Klavierauszügen der großen Operndramen ist auszugehen, aber was diese in empfindsamen Menschen auslösen können, ist vom jungen Nietzsche ebenso bekannt wie von Thomas Manns »wunderlichem« Protagonisten Detlev Spinell in der Novelle *Tristan*.

Bedenken wir einen komplementären Zugang zum Problemfeld des »toxischen Schaffens«. In ihren »Protokollen zu Drogenversuchen« notierten Ernst Bloch und Walter Benjamin im Januar 1928 Folgendes über den Zusammenhang von Drogenwirkung und Sprache: »Es ist, als ob einem phonetisch die Worte eingegeben würden. Es gibt hier Selbstanschluß. Es kommen Dinge zu Wort, ohne um Erlaubnis zu fragen.«[1] Benjamin löste diese Beobachtung selbst ein durch die Art seiner assoziativ-analytischen Beschreibung bestimmter, mehr oder weniger kontrollierter Wahrnehmungen wie zum Beispiel dieser: »Die Vorhänge sind Dolmetscher für die Sprache des Windes. Sie geben jedem Hauch von ihm die Form und Sinnlichkeit weiblicher Formen.«[2] Des Weiteren wartet er mit einem Bild auf, das uns unmittelbar zu Trakl zurückführt: »Es bildet sich ein verschneiter Weg in den Rausch hinaus, dieser Weg ist der Tod.«[3]

Sprachliche Lautkonstellationen lassen hellhörig werden. Eine solche und dazu elementare bietet das einsilbige Wort »Rausch«. Seine Suggestivität bezieht es aus der Nähe zum Rauschen in der Natur, in dem sich Klang und Bedeutung vermischen. Rauschen und Rausch stehen für etwas Undeutliches, Konturloses, bar jeder Struktur. Rausch ist Taumel, Reduktion auf den Zustand des Lallens, ist dionysische Erfahrung. »Welch ein Atmen aus den Tannen, welch ein Rauschen! Das Rauschen der Bäume macht jede Musik überflüssig«, heißt es in Robert Walsers Roman *Die Geschwister Tanner* (1907), wobei sich das Rauschen der Natur auf die psychische Disposition der Protagonistin überträgt.[4] In der dritten Fassung seines nachrufartigen Gedichts »An Novalis« (vermutlich nach September 1913 entstanden) spricht Trakl von des »Jünglings [...] trunkenem Saitenspiel«, was zumindest darauf hindeutet, dass Trakl in Novalis einen mit verwandten Problemen behafteten »Bruder« erkannt hatte. Auch wenn offenbleiben muss, wie tief Trakls Kenntnis von Novalis' Werk tatsächlich gewesen ist, konstatieren lässt sich dieses: Beide hatten Erfahrung mit Rauschmitteln, mit dem Zustand des Rausches und den Qualen des Ernüchtertseins über die Wirkungen des Rausches. Für beide stellte sich die Frage nach Selbstkontrolle, genauer: der Kontrollierbarkeit des Experimentierens mit Rauscherfahrung durch Haschisch, Meskalin und Opiate.

Aber ich widerstehe der Versuchung, mich durch solche Mittel wieder zu beruhigen – Trakls im vorigen Kapitel zitierte Bemerkung aus seinem Brief an seinen Freund Karl von Kalmár belegt seine frühen Bemühungen um Selbstkontrolle. Sein Apotheker-Praktikum sowie sein anschließendes Pharmazie-Studium in Wien sollten daher nicht nur so verstanden werden, dass Trakl dadurch versucht habe, »leichter« an Drogen zu kommen; vielmehr belegen seine durchaus respektablen Leistungen während dieser Ausbildung seine Bemühung, Drogen, ihre Handhabung und Wirkung verstehen zu lernen. Seinem Charakter entsprechend war Novalis noch einen entscheidenden Schritt weiter gegangen, indem er explizit dieses Problemfeld reflektierte. So in seinen Aufzeichnungen *Das Allgemeine Brouillon* von 1798/99, in denen er unter dem Stichwort »Medizin« differenzierend vermerkt:

> Rausch aus Stärke – Rausch aus Schwäche. Die narcotischen Gifte, der Wein etc. bewircken einen Rausch [aus] Schwäche – Sie entziehn dem Denkorgan etwas. – Sie machen es unf[ähig] für seinen gewöhnlichen Reitz. / Leidenschaften, fixe Ideen sind vielleicht eher ein Rausch aus Stärke [...] Wollust berauscht auch, wie Wein. Im Rausch aus Schwäche hat man viel lebhaftere, durchdringendere Sensationen. Je besonnener, desto unsinnlicher.[5]

Diese Differenzierung ist auch für unseren Blick auf Trakl nicht unerheblich; denn diejenigen Motive, die ostinat – um nicht zu sagen obsessiv – wiederkehren, verdichten sich im Sinne einer »fixen Idee«, wie sie ja vor allem aus Hector Berlioz' *Symphonie fantastique* und entsprechenden Äußerungen bei Thomas De Quincey in den *Confessions of an English Opium-Eater* bekannt sind. Novalis nimmt hier eine (verdeckt selbst)analytische Position ein, die er bereits vier Jahre zuvor als poetisches Wissen entwickelt hatte, und zwar in seinem achtstrophigen Gedicht »Anfang«. In diesem Gedicht versuchte sich Novalis bereits in einer differenzierten Betrachtungsweise des Rauschproblems, indem er einschlägige Erfahrungen mit der Feststellung und rhetorischen Frage einleitet: »Es kann kein Rausch seyn«, »Rausch wär wircklich sittlicher Grazie / Vollendetes Bewußtseyn?«, »Wäre dies Rausch, was ist dann das Leben?«[6] Novalis will (zumindest in diesem Gedicht) durchstoßen zu einem »höheren Bewußtseyn«, das sich nicht mehr verwechseln lasse mit dem »Dunst des Weines«. Die Rauscherfahrung sieht sich deswegen jedoch nicht rundheraus verworfen, sondern als notwendiges Anfangsstadium der Selbstklärung verstanden.

Erst Nietzsche treibt dann diese Differenzierung in der Rauscherfahrung – kulturtheoretisch umrahmt von seiner Antithetik »dionysisch« und »apollinisch« – auf die Spitze, und zwar im achten Aphorismus der »Streifzüge eines Unzeitgemäßen« in *Götzen-Dämmerung*. Wiederum ist nicht auszuschließen, dass Trakl auch mit diesem Spätwerk Nietzsches vertraut war. Diesen Aphorismus (»Zur Psychologie des Künstlers«) mag man als Gründungsdokument toxischen Schaffens in der literarischen Moderne deuten:

Damit es Kunst giebt, damit es irgend ein ästhetisches Thun und Schauen gibt, dazu ist eine physiologische Vorbedingung unumgänglich: der Rausch. Der Rausch muss erst die Erregbarkeit der ganzen Maschine gesteigert haben: eher kommt es zu keiner Kunst. Alle noch so verschieden bedingten Arten des Rausches haben dazu die Kraft: vor Allem der

Rausch der Geschlechtserregung, diese älteste und ursprüng-
lichste Form des Rausches. Insgleichen der Rausch, der im
Gefolge aller grossen Begierden, aller starken Affekte kommt;
der Rausch des Festes, des Wettkampfs, des Bravourstücks,
des Siegs, aller extremen Bewegung; der Rausch der Grausamkeit; der Rausch in der Zerstörung; der Rausch unter
gewissen meteorologischen Einflüssen, zum Beispiel der
Frühlingsrausch; oder unter dem Einfluss der Narcotica; endlich der Rausch des Willens, der Rausch eines überhäuften
und geschwellten Willens. – Das Wesentliche am Rausch ist
das Gefühl der Kraftsteigerung und Fülle. Aus diesem Gefühle giebt man an die Dinge ab, man zwingt sie von uns zu
nehmen, man vergewaltigt sie, – man heisst diesen Vorgang
Idealisiren.[7]

Kunst, so Nietzsche hier, entstehe am Umschlagspunkt von
rauschbedingter Erregung (selbst in der »Zerstörung«) in eine
Form. Der Rausch ist demnach ein vorästhetischer Zustand,
wobei Nietzsche deutlich ausspricht, woraus dieser Übergang
bestehe: aus einer Übertragung nämlich, die sogar »Vergewaltigung« sein kann: Der eigene Zustand wird auf die »Dinge«,
die Objekte gelenkt. Hatte der Rausch das Ich über sich selbst
hinausgeführt, in einen Zustand höchster Selbststeigerung
nämlich, hervorgerufen durch die benannten Arten des Rausches, so kann das Ich nach der Übertragung seines Zustan-
des auf die Dinge wieder sich selbst kontrollieren. Es weiß,
was es tut; der Hinweis auf das »Idealisieren« kann dabei auch
rein ironisch gemeint sein, eine Qualität freilich, die in Trakls
Werk – ganz anders als bei Nietzsche – keine nennenswerte
Rolle spielt.

Zur Moderne gehört seit Charles Baudelaire die Rauscherfahrung. Die Jahrhundertwende um 1900 thematisierte
exzessiv das Rauschgift, namentlich Haschisch, Kokain und

Morphium. Exemplarisch hierfür ist die Prosa *Haschisch* von Oscar A. H. Schmitz, die Stefan Zweig bei ihrem Erscheinen 1902 sogleich aufgefallen war.[8] Alfred Kubin reagierte auf Schmitz' Prosawerk 1913 mit einer Intensität, die durchaus jener entsprach, mit der er Trakls lyrische Prosa bildkünstlerisch umsetzte.[9] Wiederum lässt sich mit Bestimmtheit weder behaupten noch verneinen, dass Trakl Kenntnis von Schmitz' Prosa *Haschisch* hatte. Auffallend ist jedoch, wie sehr die Frage des kontrollierten Dogenkonsums bereits im Mittelpunkt des ersten Teils dieser Prosa stand. Der Erzähler sagt von sich: »Ich beschloß [...] durch eine leichte Haschischdosis nur die Sinne zu verfeinern, die Hemmungsvorstellungen des oft ungerufen tätigen Intellekts zu beseitigen, kurz, ein gesteigertes Leben zu genießen.«[10]

Was diese »verfeinerten Sinne« nun wahrnehmen, ist eine alte italienische Musik, die den Erzähler wie die Gegenstände ringsum »durchdrang, durchblutete, durchglomm«.[11] Wie in Baudelaires »künstlichen Paradiesen«, nur kontrollierter, kann der Erzähler seine Umwelt synästhetisch aufnehmen, mehrsprachig und vielgestaltig:

Mit einem Blick übersah ich Zusammenhänge, die sonst das Ergebnis mühseliger Überlegung sind; die Worte funkelten in den verschiedenen Farben aller Sprachen. Die Silben »Kirche« klangen zugleich groß und hell wie »*église*«, mißtrauisch-puritanisch wie »*church*«. Die Buchstaben »Wort« enthielten gleichzeitig das talismanähnliche »*logos*«, das runenhafte »*waurd*«, das spitze fliegende »*mot*«, die ein wenig gewichtig aufgeputzte »*parole*«. Bei allen Silben klangen wie Untertöne balbverwehte Reime mit; ich roch, sah, schmeckte jedes Wort, ich fühlte es an wie Seide oder Marmor; ich sah nicht mehr bloß Flächen, sondern ganze Körper von allen Seiten zugleich.[12]

Wahrnehmungspsychologisch ergibt sich daraus eine wichtige Konsequenz gerade im Hinblick auf die Frage nach Selbstkontrolle im Rausch: »Mir schien, ich hätte eine farbige Brille auf. Wenn ich wollte, konnte ich aber auch an den Gläsern vorbeischielen und sehen, wie unbestimmt, verwirrt und verstaubt das Leben eigentlich ist. Ich war Herr meines Willens und konnte nach Laune die Dinge wirklich und gefärbt betrachten.«[13]

Des Weiteren findet sich nahezu zeitgleich die mythologische, post-nietzscheanische Dimension der Berauschungsthematik, und zwar in Hugo von Hofmannsthals frühem Trauerspiel *Alkestis* (verfasst 1893/94, erschienen 1911). Darin behauptet Herakles, der Alkestis dem Hades entwindet, Handeln gelinge nur in toxischem Zustand: »Im Rausch begreifst du alles, auch den Tod! / [...] Nüchterne Menschen sind wie der arme Narr, / Und zappelnd sehnen alle sich zurück / Nach ihrem Muttergrund, der Trunkenheit! / Göttliche Art der Trunkenheit vielleicht / Ist, was wir Totsein heißen!«[14]

Damit ergibt sich zumindest ein Rahmen für die Beurteilung von Trakls Verhältnis zur Droge und rauschhaften Zuständen, wobei Biografisches in diesem Falle nennenswert ist. Trakls Pharmaziestudium in Wien von 1908 bis 1910 verlief nach außen hin ausgesprochen unspektakulär. Seine offenbar zufriedenstellenden Leistungen im Rahmen des Apotheker-Lehrpraktikums in Salzburg schienen ihn ausreichend auf das Studium vorbereitet zu haben. Kein Verweis, keine Verstöße gegen die Regeln des Studiums sind in Wien vermerkt. Die häufigen Wohnungswechsel entsprachen durchaus den Gepflogenheiten in der Studentenzeit. Das einzig Auffällige ist die Benotung bei der Abschlussprüfung. Trakl hatte sich zwar insgesamt mit einem »Genügend« zu begnügen, doch nicht in der *praktischen* Chemieprüfung, also in der eigentlichen Handhabung der Substanzen beim kontrollierten Experiment; dort findet sich im Prüfungsprotokoll ein »ausgezeichnet«.[15]

Das »Im-Rausch-Begreifen« setzte subtile Kenntnis der Rauschmittel voraus, über die Trakl offenbar verfügte – und das bis hin zur physiologischen Seite der Rauscherfahrung, die Nietzsche im Blick gehabt hatte. In einem Gedicht, das später in die Sammlung von 1913 einging, findet sich eine entwaffnend schlichte Sequenz, die als symbolisch für diese Zusammenhänge gelten darf. Es handelt sich um das Gedicht »Zu Abend mein Herz« und die Verse: »Dem Wanderer erscheint eine kleine Schenke am Weg. / Herrlich schmecken junger Wein und Nüsse. / Herrlich: betrunken zu taumeln in dämmernden Wald.« (HKA I, 26) Kommentierungsbedürftig ist daran nichts, allenfalls der Doppelpunkt nach dem zweiten »Herrlich«. Er erzeugt eine kurzzeitige Stauung, die sich dann in der eigentlichen rauschhaften Erfahrung löst. Ein bedrohlicher Umschlag in der Stimmung deutet sich im folgenden Vers an: »Durch schwarzes Geäst tönen schmerzliche Glocken.« Doch bleibt Ernüchterung aus: »Auf das Gesicht tropft Tau.« Der rauschhaft den Wein und die Natur erfahrende Wanderer scheint eins zu werden mit den Elementen. Mag sein, er ist gefallen, und der Tau netzt deswegen das Gesicht. Mag sein, die »schmerzlichen Glocken« läuten die Phase der Ernüchterung ein. Entscheidend aber bleibt dieses: Das Schreiben des Gedichts setzt sprachliche Klarheit voraus. Trakl lallt nicht in seinen Gedichten. Das Toxische zersetzt diese Sprache nicht. Sie scheint ohnehin fern von der für die literarische Moderne so wesentlichen Erfahrung einer Sprachkrise. Und wenn er in Dichtungen auf diese Erfahrung anspielt, bleibt die Sprache kontrolliert wie etwa in seinem »späten« Gedicht »Der Schlaf«, das wie die Mehrzahl der im *Brenner* 1914/15 veröffentlichten Gedichte keinen Reim mehr zulässt und eher dithyrambisch albträumt:

Verflucht ihr dunklen Gifte,
Weißer Schlaf!
Dieser höchst seltsame Garten
Dämmernder Bäume
Erfüllt von Schlangen, Nachtfaltern,
Spinnen, Fledermäusen.
[...]
Aufflattern weiße Vögel am Nachtsaum
Über stürzenden Städten
Von Stahl. (HKA I, 156)

Doch klärt das nicht hinreichend, was denn gemeint ist mit dem »toxischen Schaffen« im Werk Trakls. Aufschluss darüber geben einige Briefe Trakls, die er in Wien geschrieben hat. Da ist zunächst der Brief an seine Schwester Hermine vom 5. Oktober 1908, der die Zweideutigkeit von Stimmungen beschreibt, Phasen der Gleichgültigkeit und der Intensität, der nüchternen Betrachtung der Umwelt und der Bedrohung durch das Toxische:

Was mir in diesen Tagen geschah, das zu beobachten hat mich genugsam interessiert, denn es schien mir nicht gewöhnlich und trotzdem wieder nicht so außergewöhnlich, wenn ich all meine Veranlagungen in Betracht nehme. Als ich hier [in Wien, d. Verf.] ankam, war es mir, als sähe ich zum ersten Male das Leben so klar wie es ist, ohne alle persönliche Deutung, nackt, voraussetzungslos, als vernähme ich alle jene Stimmen, die die Wirklichkeit spricht, die grausamen, peinlich vernehmbar. Und einen Augenblick spürte ich etwas von dem Druck, der auf den Menschen für gewöhnlich lastet, und das Treibende des Schicksals. (HKA I, 471 f.)

Mir war es, als sähe ich – selbst die betont nüchterne Sicht auf die Welt bedarf des romantischen Konjunktivs (wie bei Eichendorff: »Mir war als hätt' der Himmel die Erde still geküßt«) trotz entschieden unromantischer Bedingungen. Der klare Blick durchschaut fiktionale Verhältnisse. Die Wahrnehmung der Wirklichkeit bleibt ein Fall des Willens zur Vorstellung. Ein doppelter Umschlag ereignet sich in diesem Briefabschnitt: Aus Selbstbeobachtung wird die Sicht auf das städtisch-moderne Leben und aus der Irrealität des scheinanalytischen Wirklichkeitsbezuges ernüchternde Entzauberung. Wiederum drängt sich eine Stelle in Hofmannsthals *Alkestis* auf, an der Admet beim Anblick der dem Hades entwundenen Gemahlin sagt: »Mein Schmerz und alles Fühlen fällt von mir! / Und lautlos wie ein Schleier löst sich ab / Vom nackten Ich das bunte Schicksalskleid.«[16]

Trakl jedoch verfügt über keine Alkestis, nur über sich selbst. Und in ihm setzt die Irrealität der Vorstellung Bedrohliches frei:

Ich glaube, es müßte furchtbar sein, immer so zu leben, im Vollgefühl all der animalischen Triebe, die das Leben durch die Zeiten wälzen. Ich habe die fürchterlichsten Möglichkeiten in mir gefühlt, gerochen, getastet und im Blute die Dämonen heulen hören, die tausend Teufel mit ihren Stacheln, die das Fleisch wahnsinnig machen. Welch entsetzlicher Alp! (HKA I, 472)

Die Sinne richten sich auf das Wahnsinnige. Die innere Spannung erreicht – auch sprachlich – Grade, die auf einen neuerlichen Umschlag hindeuten, nun aber ins Apollinische:

Vorbei! Heute ist diese Vision der Wirklichkeit wieder in Nichts versunken, ferne sind mir die Dinge, ferner noch ihre Stimmen und ich lausche, ganz beseeltes Ohr, wieder auf die Melodien, die in mir sind, und mein beschwingtes Auge träumt wieder seine Bilder, die schöner sind als alle Wirklichkeit! Ich bin bei mir, bin meine Welt! Meine ganze, schöne Welt, voll unendlichen Wohllauts. (HKA I, 472)

Spricht aus diesem Umschlag ins Schöne der Wunsch, die Schwester zu beruhigen? Oder beschreibt Trakl hier eine der Grundvoraussetzungen dafür, dass er inmitten des Grauens den sprachlichen Wohlklang, die Konsonanzen der Reime poetisch zu bergen verstand? Diese gegensätzlichen – im weitesten Sinne ästhetischen – Erfahrungen illustrieren geradezu, was Nietzsche im zehnten Aphorismus der »Streifzüge eines Unzeitgemässen« ausführte:

Was bedeutet der von mir in die Aesthetik eingeführte Gegensatz-Begriff *apollinisch* und *dionysisch*, beide als Arten des Rausches begriffen? – der apollinische Rausch hält vor Allem das Auge erregt, so dass es die Kraft der Vision bekommt. Der Maler, der Plastiker, der Epiker sind Visionäre par excellence. Im dionysischen Zustande ist dagegen das gesammte Affekt-System erregt und gesteigert: so dass es alle seine Mittel des Ausdrucks mit einem Male entladet und die Kraft des Darstellens, Nachbildens, Transfigurierens, Verwandelns, alle Art Mimik und Schauspielerei zugleich heraustreibt.[17]

Vision im Sinne des apollinischen Rausches ist mehr als bloßes Sehen und mit dem verwandt, wie Trakl sich vorstellte, die Welt und das Leben gesehen zu haben. Treffenderweise nennt Trakl diesen Zustand ja auch selbst eben eine »Vision der Wirklichkeit«. Was dann bei ihm daraus entsteht, zumindest im Brief an Hermine, nämlich die schöner als schöneren Traumbilder, der innere Wohlklang, verbleibt (zunächst) im Bereich des Apollinischen. Doch kannte er bereits jene Seite, die Nietzsche im selben Aphorismus als dionysische Steigerung zur Verwandlung beschrieben hatte. Trakl verstand sich auch darauf, die Rolle des *poète maudit* zu spielen, in die Rollen eines Baudelaire, Rimbaud und Verlaine im Gestus, Habitus und poetischen Stil zu schlüpfen. Nietzsche weiter:

> Das Wesentliche bleibt die Leichtigkeit der Metamorphose, die Unfähigkeit, *nicht* zu reagieren (– ähnlich wie bei gewissen Hysterischen, die auch auf jeden Wink hin in *jede* Rolle eintreten). Es ist dem dionysischen Menschen unmöglich, irgend eine Suggestion nicht zu verstehn, er übersieht kein Zeichen des Affekts, er hat den höchsten Grad des verstehenden und errathenden Instinkts, wie er den höchsten Grad von Mittheilungs-Kunst besitzt.[18]

Hier zeigt sich aber auch der Unterschied zu Trakl. »Leichtigkeit der Metamorphose« kann man ihm schwerlich attestieren. Seine »Mittheilungs-Kunst«, sein lyrisches Werk, erwies sich selbst als suggestiv, voll von »Zeichen des Affekts«, aber eher verrätselnd denn klärend.

Aus Wien schreibt er im Juli 1910, die mit »ausgezeichnet« bewertete praktische Chemieprüfung liegt gerade hinter ihm, an Erhard Buschbeck: »Ich bin ganz allein in Wien. Vertrage es auch! [...]« Er spricht jedoch von einer »großen Angst und beispielloser Entäußerung!« Dann das Eingeständnis: »Ich möchte mich gerne einhüllen und anderswohin unsichtbar werden.« Darauf folgt ein knapper Einwurf, der eine bei ihm so selten auffindbare Sprachkritik zumindest andeutet, wenn auch nicht entwickelt: »Und es bleibt immer bei den Worten, oder besser gesagt bei der fürchterlichen Ohnmacht! Soll ich Dir weiter in diesem Stil schreiben. Welch ein Unsinn!« (Alle Zitate: HKA I, 477)

Das von Nietzsche benannte »Hysterische« schien Trakl durchaus vertraut, wobei er es für ein Kennzeichen seiner Zeit hielt, spricht er doch von der »allgemeinen Nervosität des Jahrhunderts«. (Brief v. 29. August 1910) Über den Schaffensprozess und dessen »toxische« Seite äußerte sich Trakl in jenen Monaten zweimal, je in der zweiten Hälfte 1910, und zwar grundverschieden – jedoch gegenüber ein und demselben Adressaten, Erhard Buschbeck. Als Trakl erkennen muss, dass ein dichtender Wiener Redakteur ihn plagiiert hatte, ein Vorwurf, der gegen ihn selbst postum erhoben werden sollte, gibt er sein poetisches Betriebsgeheimnis bekannt. Er spricht von seiner damaligen »bildhaften Manier, die in vier Strophenzeilen vier einzelne Bildteile zu einem einzigen Eindruck zusammenschmiedet«. (HKA I, 478) Man könnte darin ein eher kühl kalkulierendes Verfahren sehen, das sich an der Reihung orientiert; doch bezeichnet Trakl dieses künstlerische Prinzip als eine »heiß errungene Manier«, mithin eine leidenschaftlich erarbeitete Form.

Im zweiten Brief aus diesem Zeitabschnitt bekennt Trakl dem Salzburger Freund Folgendes:

[...] ich bin derzeit von allzu viel (was für ein infernalisches Chaos von Rythmen [sic!] und Bildern) bedrängt, als daß ich für anderes Zeit hätte, als dies zum geringsten Teile zu gestalten, um mich am Ende vor dem was man nicht überwältigen kann, als lächerlicher Stümper zu sehen, den der geringste äußere Anstoß in Krämpfe und Delirien versetzt. (HKA I, 479)

Das nun wäre der Zustand »toxischen Schaffens«, von Selbstkritik, ja Minderwertigkeitsgefühlen durchsetzt, versehen
auch mit einer kleinen, aber gewichtigen Verschiebung dessen, was Nietzsche über den »dionysischen Menschen« geschrieben hatte. »Kein Zeichen des Affekts« übersehe er; Trakl
präzisiert, als antworte er auf diese Stelle: Der »geringste äußere Anstoß«, das kleinste »Zeichen« also, könne ihn ins Un-
kontrollierbare, gar ins Delirium versetzen.

Man soll die Sprache im Gedicht durchaus im wörtlichen
und zugleich übertragenen Sinne verstehen. Selbstaussagen
eines Dichters freilich, Trakl macht da schwerlich eine Ausnahme, bedürfen weiterer Qualifizierung und relativierender
Deutung. So vermutlich auch an dieser Stelle. Trakl schien zur
Selbstdramatisierung zu neigen, so real sein Leiden an toxischen Zuständen auch gewesen ist. Rollenspieler war er fraglos; denn derselbe Trakl, der im Brief an seine Schwester Hermine noch Weltvorstellung und Weltwahrnehmung poetisch
feierte, schreibt im Mai 1911 an Buschbeck: »Falls sich welt-
erschütternde Ereignisse zutragen sollten, lass' mich davon
wissen – denn ich habe mich ganz verkrochen, Ohr und Aug'
verschlossen.« (HKA I, 482)

Dabei hätte es manches Berichtenswerte gegeben, von dem
Trakl erfahren haben könnte: Dresden erlebte die Uraufführung des *Rosenkavalier* von Richard Strauss; das Berliner Les-
singtheater brachte *Die Ratten* von Gerhart Hauptmann auf
die Bühne; Franz Marc und Wassily Kandinsky gründeten den
»Blauen Reiter«; der »Sprung« des Kriegsschiffs SMS Pan-
ther nach Agadir löst eine internationale Krise aus; und Ita-
lien wird dem Osmanischen Reich den Krieg erklären.

Im Herbst 1912 erreichen Buschbeck in Wien zwei knappe,
aber pointierte Selbstdarstellungen Trakls, die den Zusammenhang von toxischem Zustand und Schaffensfähigkeit un-
terschiedlich werten, aber auch durch die bei ihm sonst aus-

gesprochen seltene und dazu deftige Selbstironie auffallen. Zunächst die Stelle aus einem Mitte Oktober 1912 geschriebenen Brief:

> Vonwiller: ein lachender Philosoph! O Schlaf! Der Wein war herrlich, die Zigaretten vorzüglich, die Laune dionysisch, und die Fahrt ganz und gar beschissen; der Morgen schamlos, entfiebert, der Kopf voll Schmerzen, Verfluchung und gramvoller Gaukelei!
> Es ist so kalt, daß mir die Gedärme erfrieren. Verlogenheit geheizter Zimmer, und die Bequemlichkeit, die einem Hämorroiden im Arsch wachsen läßt. Im Gegenteil! Wein, dreimal: Wein, daß der k. u. k. Beamte durch die Nächte tost wie ein brauner, totbrauner Pan. (HKA I, 490)

Zunächst bedarf es einer Namensklärung: Mit *Vonwiller* meint Trakl den um ein Jahr älteren Salzburger Mitschüler Oskar Vonwiller (1886–1936), der zu jener Zeit kleinere Texte im *Brenner* veröffentlichte, unter anderem einen Versuch über »Die Kirche und die Kultur«, in dem er das »Prinzip Glauben« angegriffen und einen vergleichenden Blick auf die Symbiose von Religion und Philosophie, Ehrfurchtsbewusstsein und Wissenschaft im Buddhismus empfohlen hatte.[19] Trakl sieht in ihm einen im Sinne Nietzsches »lachenden« Denker (er dürfte auch seine schwachen Gedichte »Der Prophet« und »Sturmlied« gekannt haben, die gleichfalls im *Brenner* in den folgenden Heften erschienen waren wie auch dessen aphoristische »Bemerkungen«), von dem er zur ironisch gebrochenen »dionysischen Erfahrung« stufenlos übergeht.

Die zweite Stelle hat zudem etwas nachgerade Prahlerisches:

> Daß es Winter und kalt wird, spüre ich an der abendlichen Weinheizung. Vorgestern habe ich 10 (sage! Zehn) Viertel Roten getrunken. Um vier Uhr morgens habe ich auf meinem Balkon ein Mond und Frostbad genommen und am Morgen endlich ein herrliches Gedicht geschrieben, das vor Kälte schebbert. (HKA I, 491)

Dies wäre denn eine weitere Variante »toxischen Schaffens« – nicht frei von Imponiergehabe, wobei jedoch einmal mehr auffällt, wie Trakl die Selbstkontrolle und Selbstbeobachtung betont.

Diese Briefe fallen in eine literarisch produktive Zeit, auch wenn keines der damals entstandenen Gedichte vor Kälte klirrte. Nicht unwichtig erscheint in diesem Zusammenhang, dass Trakl die Karikatur, die Max von Esterle[20] von ihm im *Brenner* veröffentlicht hatte, als »leider ganz an mir vorbeigeraten« bezeichnete. (HKA I, 492) Wie er sich sah, gerade auch mit selbstironisch karikierendem Blick, das sollte seine Sache bleiben. Er wollte gleichsam das Bild von sich in der Hand behalten. Noch als ein durch die Nächte »brausender rotbrauner Pan« wollte sich Trakl eine gewisse Deutungshoheit über seine eigene Person bewahren.

III

Entgrenzungsversuche: Wien – Innsbruck – Venedig – Berlin oder Ist überall Salzburg?

»Ich weiß mir nicht zu raten – da ich ja mit den Großstadt-verhältnissen nicht vertraut bin [...].« (HKA I, 469) Was für »Jörg« Trakl aus Salzburger Sicht im September 1905 galt, als ihn eine Einladung seines Freundes Karl von Kalmár nach Wien erreichte, behielt auch für den reiferen Dichter Georg Trakl weitgehend Gültigkeit. Wien, Innsbruck, Berlin, etwas Venedig, zuletzt Krakau – für Städte schien er nicht geschaffen. Auch die Kurorte der Monarchie reizten ihn nicht.

Es fiele schwer, sich Trakl flanierend auf den Promenaden von Bad Ischl, Karlsbad oder Baden bei Wien vorzustellen. Sein »toxisches Schaffen« hatte im Wirtshaus oder Beisl seinen Ort, je dunkler, je höhlengleicher, je besser, der Urbani-Keller etwa in Wiens erstem Bezirk (Am Hof) oder der dortige Rathaus-Keller, die Bräustuben in Salzburg, dort auch das Hotel Roter Krebs, der Goldene Adler und das Café Maximilian in Innsbruck, wo sich der *Brenner*-Kreis traf und Trakl erstmals Ludwig von Ficker begegnete; im Café Frauenhuber in Wien saß er mit Karl Kraus, und im Lanser Gasthof Traube bei Igls oberhalb von Innsbruck träumte er von seiner baldigen Verwendung als Militärapotheker in Albanien.

Der Unbehauste im Gasthaus, der Einsame unter Freunden, die ihm wichtig blieben und die zu ihm hielten, auch wenn sie nicht allen seinen Bitten um materielle Unterstützung nachkommen konnten.

An jedem Ort aber stand die Sache der Kunst auf dem

Spiel: In einer Stehbierhalle am Marktgraben in Innsbruck, so überliefert Karl Röck, soll Trakl Ende Juni 1912 Goethes *Wahlverwandtschaften* als zu oberflächlich verworfen haben. Der Kunst, auch der Lyrik, habe er, der Dostojewski-Leser, das Wort des Evangeliums entgegengehalten.[1] Ein Jahr, bevor er mit seinen *Gedichten* an die literarische Öffentlichkeit treten sollte, zweifelte er an der Möglichkeit wirklicher Mitteilung durch die Lyrik. Und doch kannte er im Grunde keine andere Arbeit als jene am Wort, das Korrigieren, Auswählen und Ordnen seiner Gedichte.

Ein im eigentlichen Sinne Wien- oder Innsbruck- oder Berlin-Gedicht hat Trakl – soweit bekannt – nicht verfasst. Die Salzburg-Gedichte beherrschen seinen poetischen Raum. Anif und Schloss Hohenburg bei Igls treten im Werk als poetische Nebenorte in Erscheinung. Briefliche Stimmungsschilderungen aus den Städten oder Landschaften, die er bewohnte, beschränken sich – soweit überhaupt vorhanden – auf das Mindeste. Überhaupt fehlen von Trakls Hand ausführliche Briefe, so als habe er mit knappstmöglichen Mitteilungen große Räume überwinden wollen. Trakl hatte offenbar seine ganzen sprachlichen Energien für das Gedicht, die Dichtungen aufgespart. Und dennoch sind die wenigen brieflichen Zeugnisse – gerade wegen der Eigenart ihres Kommunizierens – eine wesentliche Quelle für die Annäherung an diese kaum auslotbare Persönlichkeit. Ihr innerer Kompass blieb zeitlebens auf Salzburg ausgerichtet.

Neben diese Perle in der Schale der Alpen gesellte sich poetisch (nicht brieflich!) nur Venedig. Was das lyrische Ich des gleichnamigen Gedichts »in Venedig« wahrnimmt, deutet darauf hin, dass es in der Lagunenstadt die Kapitale eines immerwährenden *fin de siècle* sieht. Hier in diesem stadtgewordenen bildschönen Verfall, im Zentrum der entmachteten politischen Macht, die durch die Macht der Kunst ersetzt worden ist, findet dieses melancholisch-moderne Ich, zugleich ästhetisch erregt und still gestellt, scheinbar zu sich selbst.

In Venedig

Stille in nächtigem Zimmer.
Silbern flackert der Leuchter
Vor dem singenden Odem
Des Einsamen;
Zaubrisches Rosengewölk.

Schwärzlicher Fliegenschwarm
Verdunkelt den steinernen Raum
Und es starrt von der Qual
Des goldenen Tags das Haupt
Des Heimatlosen.

Reglos nachtet das Meer.
Stern und schwärzliche Fahrt
Entschwand am Kanal.
Kind, dein kränkliches Lächeln
Folgte mir leise im Schlaf.[2]

Eine »unerklärliche Angst« überkam Trakl bereits vor Antritt der Reise.[3] Zunächst hatte er jedoch auf einem Kartengruß an Buschbeck beinahe übermütig verlauten lassen: »Lieber! Die Welt ist rund. Am Samstag falle ich nach Venedig hinunter. Immer weiter – zu den Sternen.« (HKA I, 523) Die Karte zeigte übrigens den Wiener Urbani-Keller, wo die Grußzeilen wohl auch geschrieben waren, katakombenähnliche oder verließhafte Bewirtungsräume, die in schwachen Gemütern klaustrophobische Anwandlungen hervorrufen, zumindest den

Wunsch nach Öffnung und Entgrenzung zur großen Außenwelt hin verstärken können.

Venedig erlebte Trakl dann im August 1913, also in der Hochsaison, mit Freunden (Adolf Loos mit seiner amerikanischen Frau Bessie, einer ehemaligen Tänzerin – ihr, der kommunikationsfreudigen Künstlerseele, wird Trakl ausgerechnet sein Gedicht *über* einen zur Kommunikation Unfähigen und daran Leidenden widmen, sein »Kaspar Hauser Lied« –, Peter Altenberg, Karl Kraus, das Ehepaar Ficker), mitten im sommerlichen Tourismus- und Badebetrieb also. Das »Venedig«-Gedicht destilliert daraus jedoch Einsamkeit pur. Hauptperson dieses Gedichts – es mit der Bezeichnung »magischer Lyrismus« zu kennzeichnen, wäre nicht verfehlt – ist der Heimatlose, der Einsame, aus dem in der dritten Strophe ein diskretes Ich wird. Dessen Atem singt, bringt gelinde Bewegung in das Bild der nächtlichen Stille. Venedig, dessen Schönheit offenbar peinigt, ist auf einen »steinernen Raum« reduziert.[4] Die dritte Strophe scheint den Raum zu weiten, aber nur zum Entschwinden hin. Der Kanal absorbiert alles. Doch dann erfolgt eine merkliche Wendung. Der Einsame, Heimatlose tritt als ein dativisches Objekt in Erscheinung, zudem ein Kind – oder die Erinnerung an ein solches, ein Verwandter Tadzios vielleicht (Trakls Lektüre von Thomas Manns *Tod in Venedig* ist zwar nicht belegt, aber auch keinesfalls auszuschließen!), dessen Kränklichkeit der Schlaf des Ichs ebenso aufnimmt wie zuvor der Kanal »Stern und schwärzliche Fahrt«; man kann diese Wendung durchaus als ernste Parodie auf Goethes »Meeresstille. Glückliche Fahrt« lesen.

Zur selben Zeit wohnen im Hotel des Bains auf dem Lido das Ehepaar S. Fischer mit Richard Beer-Hofmann und Arthur Schnitzler. Altenberg schien zwischen den beiden Reisegruppen hin und her gependelt zu sein. Dorthin wurde auch der schwer an Typhus erkrankte, nach Hauptmann benannte, musikalisch hochbegabte neunzehnjähige Sohn des Verlegers, Gerhart Fischer, gebracht, was die Fischers veranlasste, ihren Urlaub abzubrechen und nach Berlin zurückzukehren. In ihren Erinnerungen beschreibt die Schwesters Gerharts, Brigitte Fischer, die Überführung des todkranken Bruders zur Stazione di Venezia Santa Lucia: »Die Nachtfahrt nach Venedig in der schwankenden Gondel mit dem Todkranken dauerte, wie mir schien, unendlich. Blitzende Lichter inmitten der Schwärze des nächtlichen Meeres, das plätschernde Eintauchen des langen Ruders und die langgedehnten unheimlichen Rufe der Gondoliere, die Angst in den Gesichtern meiner Eltern, all das hat sich in mich eingegraben seit dieser gespenstischen Nacht.«[5] Vorstellbar ist, dass Altenberg seinen Wiener Freunden in der Loos-Kraus-Trakl-Gruppe von diesem Vorfall berichtet hat. Daher wäre gleichfalls nicht auszuschließen, dass das »kränkliche Lächeln« des »Kindes« in Trakls Gedicht im Zusammenhang damit steht. (Seltsam genug: Einer Klavierkomposition Fischers hatte im August 1914 Richard Dehmel einen Text als Totengedenken unterlegt, der mit den Worten beginnt: »Fremdlinge sind wir [...]«)[6]

Trakls »Einsamer« erfährt Venedig nicht als Labyrinth wie Thomas Manns Venedig-Opfer, Gustav von Aschenbach, oder Hofmannsthals Protagonist, Andreas von Ferschengelder[7], sondern als einen einzigen steinernen Raum in akuter Verdunkelungsgefahr durch ein Naturphänomen, den Fliegenschwarm, der auf Fäulnis und Verfall nur noch indirekt anspielt. Dieser Heimatlose schläft in Venedig mit dem erinnerten Bild kränklichen Lächelns; Ansteckungsgefahr war im übertragenen Sinn im Verzuge. Das Flackern, zage Singen, Verdunkeln und Entschwinden trägt zum Eindruck des Zwiehaften bei, das in einer Hinsicht eindeutig bleibt: Venedig kann als Verfallskultur, die ihre Heiterkeit, nicht aber ihre Sinnlichkeit eingebüßt hat, nur noch Ort des Aufbruchs zum

Ende sein, ein labyrinthisches Monument der Morbidität, wo man mitten in den Touristenströmen rettungslos vereinsamen kann.

Vergegenwärtigt man sich dazu das Foto, das Trakl im schwarzen Badeanzug am Lido zeigt, ein dem Meer abgewandter Mystagoge in eigener Sache, die Rechte locker auf dem Rücken, mit der Linken scheinbar dozierend, aber mit fest verschlossenem Mund, halb skeptisch, halb mürrisch dreinblickend, eine kräftige, wenn auch nicht athletische Gestalt, behäbig wirkend und doch nicht ohne gespannte Aufmerksamkeit, dann mag man dieses Bild als Illustration des einsamen Dichters am Strand sehen, eine Momentaufnahme, gewiss, aber seinen Dauerzustand beleuchtend. Diese Aufnahme zeigt keinen in Venedig Verirrten oder an der Serenissima-Kurtisane irre Gewordenen; auch nicht einen, der hierher »gefallen« sein könnte, wie er selbst sagte, sondern geerdet, gesammelt, konzentriert.

Diesem Gedicht stehen insgesamt neun mit explizit Salzburger Motiven gegenüber, die hier gesondert zu besprechen sind.[8] Leitmotivisch prangt über ihnen jene in Wien brieflich formulierte verklärende Erinnerung an Salzburg, die gleichzeitig die längste Stimmungsschilderung in Trakls Briefen darstellt. Diese Reminiszenz ist auch deswegen bedeutsam, weil er sie bereits wenige Wochen nach seiner Abreise aus Salzburg (Frühherbst 1908) an seine Schwester Maria richtete. Daraus geht hervor, dass er sich auf das Neue, auf Wien, gar nicht wirklich eingelassen hatte, mochte er auch zwei Jahre zuvor noch behauptet haben, dass ein Wien-Aufenthalt »schon lange« sein Wunsch gewesen sei. (HKA I, 471)

Ich denke, der Kapuzinerberg ist schon im flammenden Rot des Herbstes aufgegangen, und der Gaisberg hat sich in ein sanft' Gewand gekleidet, das zu seinen so sanften Linien am besten steht. Das Glockenspiel spielt die »letzte Rose« in den ernsten freundlichen Abend hinein, so süß-bewegt, daß der Himmel sich ins Unendliche wölbt! Und der Brunnen singt so melodisch hin über den Residenzplatz, und der Dom wirft majestätische Schatten. Und die Stille steigt und geht über Plätze und Straßen. Könnt' ich doch inmitten all' dieser Herrlichkeit bei euch weilen, mir wäre besser. Ich weiß nicht ob jemand den Zauber dieser Stadt so wie ich empfinden kann, ein Zauber, der einem das Herz traurig von übergroßem Glücke macht! Ich bin immer traurig, wenn ich glücklich bin! Ist das nicht merkwürdig! (HKA I, 472 f.)

Das Kontrastprogramm trägt den Namen Wien:

Die Wiener gefallen mir gar nicht. Es ist ein Volk, das eine Unsumme, dummer, alberner, und auch gemeiner Eigenschaften hinter einer unangenehmen Bonhomie verbirgt. Mir ist nichts widerlicher, als ein forciertes Betonen der Gemütlichkeit! Auf der Elektrischen biedert sich einem der Kondukteur an, im Gasthaus ebenso der Kellner u.s.w. Man wird allerorten in der schamlosesten Weise angestrudelt. Und der Endzweck all' dieser Attentate ist – das Trinkgeld! Die Erfahrung mußte ich schon machen, daß in Wien alles seine Trinkgeldtaxe hat. Der Teufel hole diese unverschämten Wanzen! (HKA I, 473)

Die Wiener – spricht hier der Westösterreicher, dem der Wiener Eigensinn und Hauptstadtdünkel nichts zu sagen hat, wie umgekehrt der Wiener Salzburg bestenfalls als randständig und den Vorarlberg schon zum Ausland rechnet? Oder erprobte der junge Trakl hier einmal mehr die Kunst des Gegensatzes – Verklärung kontra Polemik? Als er an Ostern 1909 dann wieder in der »Herrlichkeit« Salzburgs weilt, lautet sein telegrammsatzartiger Gruß an den Salzburger Freund in Wien: »Fröhliche Ostern aus einer freudigen Stadt von einem der es gerne wäre.« (HKA I, 473)

Wien gilt ihm noch im November 1913 als ausgesprochene »Dreckstadt«, was offenbar immer auch seine persönlichen Lebensverhältnisse spiegelte. Als er im Herst 1910 in der Josefstädter Straße logiert, und zwar in einem »Zimmerchen das die Größe eines Klosetts« hat, fürchtet er, »darin idiotisch zu werden«. Denn »Aussicht nehme ich auf einen finsteren, kleinen Lichthof – Wenn man zum Fenster hinaussieht, versteinert man vor Trostlosigkeit.« (HKA I, 481) Nicht, dass Innsbruck später besser weggekommen wäre. Im April 1912 schreibt er an Buschbeck:

Ich hätte mir nie gedacht daß ich diese für sich schon schwere Zeit in der brutalsten und gemeinsten Stadt würde verleben müssen, die auf dieser beladenen u. verfluchten Welt existiert. Und wenn ich dazudenke, daß mich ein fremder Wille vielleicht ein Jarhzent [sic!] hier leiden lassen wird, kann ich in einen Tränenkrampf trostlosester Hoffnungslosigkeit verfallen. (HKA I, 487)

Und danach fällt denn auch eine der bekanntesten Selbstaussagen Trakls: »Wozu die Plage. Ich werde endlich doch immer ein armer Kaspar Hauser bleiben« – gleichsam ausgesetzt im Dickicht der Städte und den Wäldern der dunklen Qualen.

Über diese Figur konnte er sich bei Jakob Wassermann eingehender informieren, dessen Roman *Caspar Hauser oder Die Trägheit des Herzens* vier Jahre zuvor erschienen war. Im »Kaspar Hauser Lied« Trakls gewinnt vor allem die völlige Vereinsamung dieses in die Wälder des Schweigens Ausgesetzten poetische Gestalt. (HKA I, 64) Und es ist im Zusammenhang mit dem Kaspar-Hauser-Motiv[9], dass Trakl die Rede vom Un-

geborenen in sein Werk einbringt: »Silbern sank des Ungebornen Haupt hin« (HKA I, 64), so schließt das Gedicht, nachdem es die Auslöschung dieses Ungeliebten, Ausgestoßenen
angedeutet hat. Damit behauptet das Gedicht, dass es Einsame gebe, die ein ungeborenes Leben führten oder die nur
deswegen lebten, um ihre eigene Geburt rückgängig zu machen. Diese Vorstellung, in einem asozialen, aber ästhetischen
Raum vor sich hin zu leben, in Gefühlsdingen dem Trägheits-
gesetz, also schierer emotionaler Immobilität zu unterliegen,
sprachlich in einem quasi autistischen Zustand mit einem bestimmten Vorrat an Sprachbildern auskommen zu müssen,
das ist in der Tat der Befund, der aus den Briefen Trakls um
1912 spricht. Eines der Charakteristika der Trakl'schen Dichtungen besteht ja gerade in der Tatsache, dass sie mit einem
bestimmten Bestand an Grundwörtern und Motiven auskommt, diese aber syntaktisch, konnotativ und lautmalerisch
so variiert und nuanciert, dass sie selbst nach wiederholtem
Gebrauch noch anziehend wirken.

Trakls Ton- und Stimmungslage gegenüber Innsbruck änderte sich nicht: »Ich glaube nicht, daß ich hier jemanden treffen könnte, der mir gefiele, und die Stadt und Umgebung wird
mich, ich bin dessen sicher, immer abstoßen.« (HKA I, 488)
Hier hegt er sogar Hoffnungen darauf, »eher in Wien aufzu-
scheinen«. Und in Innsbruck entsteht auch die Überlegung,
eher eine Phantasie wohl, nach Borneo zu gehen. Was er
spürte, war ein »Gewitter, das sich in mir ansammelt« und
das sich entladen würde: »Meinetwegen und von Herzen auch
durch Krankheit und Melancholie«, so schreibt er am 24. April
1912, abermals an Buschbeck. Auch Innsbruck-Mühlau und
Schloss Hohenburg würdigt er brieflich mit keinem Wort. Es
ist beinahe, als fühlte er sich überall um die Schönheit Salzburgs betrogen.

Es fügt sich ins Bild, dass Trakl die Mehrzahl der Gedichte mit Salzburger Motiven aus Wiener oder Innsbrucker Perspektive schrieb, weniger als Erinnerungen denn als Vergegenwärtigungen. Die Gegenwartsform in den Salzburg-Gedichten[10] fällt besonders auf. Sie signalisiert die unbedingte Präsenz dieser Eindrücke und Bilder. Ausgeprägt wirkt die Wiederholungsstruktur in einigen dieser Gedichte, so in Gestalt des umschließenden Reims (in »Die schöne Stadt«), des Reimens mit dem jeweils gleichen Wort, wobei eine nuancierte Variante darin bestehen mag, dass ein Wort verbale und substantivische Gestalt annehmen kann (»Alte Plätze sonnig schweigen« und »Unter schwüler Buchen Schweigen«, HKA I, 23). Wiederholungen dieser Art verstärken den Eindruck des Präsentischen noch, auch des Habhaft-Werdens eines Eindrucks. Besonders auffallend tritt das Wiederholungsprinzip in der zweiten Fassung des Gedichts »Die drei Teiche in Hellbrunn« in Erscheinung, wogegen die erste Fassung nur den zweimaligen Aufruf »Geh fort!« in der ersten Strophe wiederholt. Auch in der zweiten, von Trakl offenbar als gültig betrachteten Fassung konzentriert sich die Wiederholung auf die nahezu satzzeichenlose erste, dem ersten Teich geltende Strophe, jedoch in deutlich komplexerer Form:

Hinwandelnd an den schwarzen Mauern
Des Abends, silbern tönt die Leier
Des Orpheus fort im dunklen Weiher
Der Frühling aber tropft in Schauern
Aus dem Gezweig in wilden Schauern
Des Nachtwinds silbern tönt die Leier
Des Orpheus fort im dunklen Weiher
Hinsterbend an ergrünten Mauern. (HKA I, 178)

89

Was geschieht hier? Eine paradoxe Verwandlung, und zwar jene vom Hinwandeln an »schwarzen«, also auf Totes verweisenden »Mauern des Abends« zum Hinsterben an »ergrünten«, also Leben bezeichnenden Mauern. Die orphische Leier mag diese Verwandlung bewirkt haben; sie aber erklingt *im* »dunklen Weiher«. Es wiederholen sich Reimstruktur, Hauptwörter, das silberne Tönen und der Name des Orpheus. Allein die »Schauer« sehen sich zu »wilden Schauern« intensiviert. Der erste Verweis auf die »Mauern« wird näher qualifiziert: Der »Abend« gilt als Barriere. Der zweite Verweis spricht von ihrem »Grünen«, aber um den Preis des Absterbens der orphischen Leier und ihres Klanges. Der Tod des Orphischen in diesem Gedicht suspendiert aber auch das Prinzip Verwandlung, dem die meisten Gedichte Trakls ohnehin mit tiefer Skepsis begegnen.

Dieses Gedicht tritt entpersonalisiert in Erscheinung. Das Ich schaut und hört dieser Szene allenfalls im Verborgenen zu. Listig geradezu, dass Trakl der drittletzten Zeile ein Komma zwischen »Nachtwinds« und »silbern« verweigert und damit die Eingangskonstruktion nicht in ihrer Zeichengebung wiederholt.

Warum diese poetische Struktur? Was will sie vermitteln? Die Frage vermutlich, ob das wiederholte Wort gleich bleibt oder sich durch die Wiederholung verändert. Tönt die Leier auf gleiche Weise »silbern« beim zweiten Mal? Ist der wiederholte »dunkle Weiher« gleich dunkel, und bleibt er als Weiher mit sich identisch? Oder geht es um die sich buchstäblich »im Dunkeln« abspielende orphische Verwandlung?

Der zuvor angesprochene Umstand, dass Trakl neben Salzburg nur Venedig ein Stadtgedicht gewidmet hat, erweist sich im Falle des Gedichts »Am Mönchsberg« als besonders beziehungsreich. Denn Trakl schrieb dieses Gedicht nach seiner Rückkehr aus Venedig im Herbst 1913, wobei er dessen erste Fassung dem Architekten Adolf Loos widmete, der ihm die Venedig-Reise ermöglicht hatte. Die zweite Fassung, am 1. November 1913 in der Zeitschrift *Brenner* erschienen, spart diese Widmung aus. Die Unterschiede zwischen beiden Fassungen liegen in der Hauptsache im Kristallisieren des Ausdrucks, was sich etwa in der ersten Zeile der dritten Strophe zeigt. Aus: »Weich umschmeichelt ein spärliches Grün das Knie des Fremdlings« (HKA I, 381) wird: »Also rührt ein spärliches Grün das Knie des Fremdlings«. (HKA I, 94) Aus der Fortsetzung: »[Weich umschmeichelt] Ein milder Gott die sehr ermüdete Stirn« wird: »Das versteinerte Haupt«. Eindrücklich diese Veränderung – aus: »Sanfter ein Krankes nun und lauschend im Wahnsinn« wird: »Sanfter ein Krankes nun die wilde Klage des Bruders.« Kein Verb sorgt für Sinn-Orientierung; der Gegensatz will unvermittelt wirken – hier das »sanfte Kranke«, dort entweder der »Wahnsinn« oder die »wilde Klage«, die mit den »wilden Schauern« des Frühlings verwandt scheint.

Der eigentliche Vergleich jedoch sollte demnach zwischen den Gedichten »Am Mönchsberg« und »In Venedig« erfolgen. Hier die von Trakl veröffentlichte (zweite) Fassung von »Am Mönchsberg«:

Wo im Schatten herbstlicher Ulmen der verfallene Pfad
    herabsinkt,
Ferne den Hütten von Laub, schlafenden Hirten,
Immer folgt dem Wandrer die dunkle Gestalt der Kühle

Über knöchernen Steg, die hyazinthene Stimme des
    Knaben,
Leise sagend die vergessene Legende des Walds,
Sanfter ein Krankes nun die wilde Klage des Bruders.

Also rührt ein spärliches Grün das Knie des Fremdlings,
Das versteinerte Haupt;
Näher rauscht der blaue Quell die Klage der Frauen.
    (HKA I, 94)

Anders als im »Venedig«-Gedicht bestimmt das Draußen die
Motivik dieser an Prosa erinnernden Poesie. Doch scheint
auch diese rätselhafte Natur ein Innenleben zu haben. Wer
immer hier »wohnt«, bleibt auf Wanderschaft, ist unterwegs,
geht ein in den Mythos der Natur – das jedoch auf morbiden
Wegen.

Die Atmosphäre, die herbstliche »Kühle« hat Form angenommen, sei es als »Schatten herbstlicher Ulmen«, sei es als
»dunkle Gestalt«. Der »Mönchsberg« mit seinem »verfallenen Pfad« wirkt entrückt, obgleich topografisch zentral in das
städtische Gefüge einbezogen, nämlich »Ferne den Hütten
von Laub«. Der Verweis auf die »schlafenden Hirten« suggeriert eine (schein)bukolische Szenerie, doch die »Hütten von
Laub« eröffnen eine weitere, zugegeben leicht spekulative
Deutung. Die Wendung könnte auf das Laubhüttenfest an-
spielen, mit dem laut drittem Buch Mose (23: 33–36) die Juden
das Ende der vierzigjährigen Wanderschaft durch die Wüste
feiern. Eine solche Anspielung würde bei dem protestantisch
bibelbewussten Dichter keineswegs überraschen. Die Verbindung von der christlich konnotierten Bezeichnung für diesen
Salzburger Berg mit jüdischem Brauchtum, wenn denn von
einer solchen auszugehen wäre, markierte im Werk Trakls
eine Besonderheit. Im Gedicht jedoch gelangt die Wanderschaft des »Fremdlings« – anders als jene in den mosaischen
Schriften – nicht an ein Ende; denn er wird verfolgt, getrieben
von der Atmosphäre der Jahreszeit und des Ortes. Der Verweis auf das Laubhüttenfest kann und will nicht behaupten,
dass damit offenbar milieubedingte anti-jüdische Ressenti-

ments bei Trakl »entschuldigt« seien.[11] Doch lässt sich immerhin behaupten, dass er zumindest dieses Motiv der jüdischen Geschichte poetisch zu reflektieren verstand.

Der »verfallene Pfad« findet sein Gegenstück im »knöchernen Steg«, der aufgrund seiner Festigkeit offenbar Trittsicherheit gewährt. Das bedeutet, der Weg des Wanderers ist von unterschiedlicher Qualität: Manche seiner Abschnitte sind beunruhigend, weil »hinabsinkend«, andere wiederum erlauben festere Schritte.

Die hyazinthene Stimme des Knaben – mit dieser Wendung klingt der griechische Mythos an. Denn der schöne Hyazinthos, Geliebter des Westwinds Zephyros und Apollos, wurde absichtlich oder versehentlich (die Überlieferung variiert) durch Apollos Diskuswurf getötet. Aus dem Blut ließ Apollo aus Trauer eine Blume sprießen, die Hyazinthe, deren Blütenblätter den Klageruf »Ah« formten. Trakl blieb dieses Motiv wichtig. Noch in dem Gedicht »An den Knaben Elis« aus der Sammlung *Sebastian im Traum* findet sich der Vergleich: »Dein Leib ist eine Hyazinthe.« (HKA I, 84)

Demnach hat nicht nur der »Wald« seine durch das leise Sagen wieder in Erinnerung gebrachte (nicht gerufene!) »vergessene Legende«, sondern auch die »Stimme des Knaben«, die durch ihre adjektivisch angezeigte mythische Herkunft bereits auf Klage eingestimmt ist. Eine zusätzliche Bedeutungsvariante kommt der »hyazinthenen Stimme des Knaben« zu, wenn man bedenkt, dass die erste Oper des Salzburger »Knaben« Wolfgang Amadé Mozart (KV 38) von 1767 genau diesem Stoff gegolten hatte: *Apollo und Hyacinth*, wobei fraglich ist, ob Trakl, der Mozarts Musik eher fernstand, davon Kenntnis hatte.

Sanfter ein Krankes nun die wilde Klage des Bruders – eine syntaktisch schwierige Wendung aufgrund ihrer Ellipsenhaftigkeit. Im Sinne einer Reihung dessen, was dem Wanderer folgt, könnte auch dieses Kranke dazugehören; doch scheint es abgesetzt, mehr auf sich gestellt als die übrigen Phänomene, die den Wanderer verfolgen. Die erste Fassung des Gedichts lautet an dieser Stelle eine Spur deutlicher: »Sanfter ein Krankes nun und lauschend im Wahnsinn« – vom vorigen durch ein Semikolon getrennt nach »Legende des Walds«. (HKA I, 381) Die »wilde Klage des Bruders« konkretisiert und intensiviert, was die erste Fassung eher allgemein gehalten hat (»im Wahnsinn«). Die »wilde Klage« verstärkt und dramatisiert ihrerseits das Klagemoment der »hyazinthenen Stimme« und bildet einen drastischen Gegensatz zur Wendung »Sanfter ein Krankes«.

Die beiden Fassungen der Schlussterzine weichen noch erheblicher voneinander ab. Nochmals die zweite Fassung: »Also rührt ein spärliches Grün das Knie des Fremdlings, / Das versteinerte Haupt; / Näher rauscht der blaue Quell die Klage der Frauen.« Dagegen die erste: »Weich umschmeichelt ein spärliches Grün das Knie des Fremdlings, / Ein milder Gott die sehr ermüdete Stirn, / Tastet silbern der Schritt in die Stille zurück.« Allein die Wendung »ein spärliches Grün das Knie des Fremdlings« haben beide Fassungen gemein, und damit die Annäherung von Farbwert und Körperteil mit seinem für das Gehen des Wanderers entscheidenden Scharniergelenk. Wie dieses Grün umschmeichelt auch ein »milder Gott« einen Teil des Körpers, die »Stirn« nämlich, die zeigt, was sie nicht zeigen kann: Ermüdung. Der Weg zurück, sei es in die Stadt, den Wald oder gar in den Mönchsberg hinein, führt in die Stille zurück. Doch gerade diese Stille leugnet die zweite Fassung. Sie beginnt mit einer scheinlogischen Konsequenz, beziehungsweise mit einem »Also«, das eine rein poetische Logizität zum Ausdruck bringt. Dem »knöchernen Steg« entspricht nun das »versteinerte Haupt«. Und durch den »blauen Quell« scheint die »Klage der Frauen«, die abschließende Modifizierung der sich in der »hyazinthenen Stimme« verbergenden mythischen Urklage. War sie ursprünglich dem »Knaben«, dann dem »Bruder« zugeschrieben – nicht ohne wahnhafte Anklänge (»wild«) scheint sie nun den »Frauen« überantwortet, was sie erneut der Natur nahebringt, ausgesprochen durch das Rauschen des Quells.

Aus dem »Einsamen« des »Venedig«-Gedichts ist der »Fremdling« geworden. Der »steinerne Raum« hat sich auf das Versteinern des »Hauptes« übertragen. Das »kranke Lächeln« scheint mit der Wendung »Sanfter ein Krankes« verbunden, allein der Raum, das Zimmer in Venedig, ist im »Mönchsberg«-Gedicht entgrenzt. Nur der Titel bietet einen authentischen Bezug zu Salzburg; das Gedicht selbst abstrahiert von der Stadt, anders als im Falle des »Venedig«-Gedichts, das den motivischen Bezug zum urbanen Objekt aufrechterhält, insbesondere in der dritten Strophe.

Weitere Salzburg-Gedichte im eigentlichen motivischen Sinne sind »Die schöne Stadt«, »St.-Peters-Friedhof«, »Musik im Mirabell« sowie »Vorstadt im Föhn«. Einen thematischen Eigenwert kann das spätere Gedicht »Anif« beanspruchen. Wesentlich freilich ist der bereits erwähnte Befund, dass der Großteil der Salzburg-Gedichte andernorts entstanden ist, als lyrische Erinnerungsikonen sozusagen, die freilich das Fremde, das Fremdsein im Heimatort, die Todesmotivik gemeinsam haben. Das Schöne der Stadt bedroht (»Aus den braun erhellten Kirchen / Schaun des Todes reine Bilder, / Großer Fürsten schöne Schilder. / Kronen schimmern in den Kirchen.« HKA I, 23). Dieses Bedrohliche hat jedoch etwas Natürliches, wobei die Künstlichkeit (des Neptunbrunnens) und die unverhoffte Gefahr, die von der Natur ausgeht, sich auf eine geradezu selbstverständlich wirkende Weise ergänzen (»Rösser tauchen aus dem Brunnen. / Blütenkrallen drohn aus Bäumen«). (Ebd.) Noch werden im Blau »Orgelklänge«

vernommen und nicht die »Klage der Frauen«; und noch stehen den Todesbildern »helle Instrumente« gegenüber. Trakls Salzburg-Gedichte mobilisieren alle Sinne (»Heimlich haucht an blumigen Fenstern / Duft von Weihrauch, Teer und Flieder. / Silbern flimmern müde Lider«), weil auch die Stadt selbst wie (teil)mobilisiert wirkt: »Zitternd flattern Glockenklänge, / Marschtakt hallt und Wacherufen. / Fremde lauschen auf den Stufen.«

Anders als im späteren Gedicht »Am Mönchsberg« kommt »Die schöne Stadt« ohne auffällige Variationen oder Experimente mit dem Satzbau aus. Die Syntax scheint fest gefügt. Alles hat in der übersichtlichen Satzstruktur seinen Platz – ganz wie auch jedes Objekt im übersichtlichen Gefüge der Stadt. Das Wagnis verlagert sich ganz auf die Art der lyrischen Bilder, den in den Strophen erwirkten Zusammenhang des oft Zusammenhanglosen.

Die sprachlich dichteste und intensivste poetische Salzburg-Reflexion bietet das Gedicht »St.-Peters-Friedhof«, in Wien 1909 entstanden und am 10. Juli jenes Jahres im *Salzburger Volksblatt* erschienen:

Ringsum ist Felseneinsamkeit.
Des Todes bleiche Blumen schauern
Auf Gräbern, die im Dunkel trauern –
Doch diese Trauer hat kein Leid.

Der Himmel lächelt still herab
In diesen traumverschlossenen Garten,
Wo stille Pilger seiner warten.
Es wacht das Kreuz auf jedem Grab.

Die Kirche ragt wie ein Gebet
Vor einem Bilde ewiger Gnaden,
Manch Licht brennt unter den Arkaden,
Das stumm für arme Seelen fleht –

Indes die Bäume blüh'n zur Nacht,
Daß sich des Todes Antlitz hülle
In ihrer Schönheit schimmernde Fülle,
Die Tote tiefer träumen macht. (HKA I, 179)

Bereits in der ersten Zeile wertet Trakl einen zentralen To-
pos der Romantik um: Aus der »Waldeinsamkeit« lässt er die
»Felseneinsamkeit« entstehen. Wie in Ludwig Tiecks gleich-
namigem Gedicht kennt auch diese Einsamkeit »kein Leid«,
wohl aber »Trauer«, die maßvoll bleibt.[12]

Trakls Gedicht nimmt den St.-Peters-Friedhof als ein her-
metisches Gebiet wahr, als »traumverschlossenen Garten«.
Des »Todes reine Bilder«, von denen in »Die schöne Stadt« die
Rede war, verdichten sich auf diesem Friedhof zu einem Gesicht oder »Antlitz« des Todes, umgeben von Nachtblütlern,
wenn man so will, wobei die Schönheit *dieses* Erscheinungs-
bildes des Todes den Totenschlaf bilderreich intensiviert.

Es war neben der ersten Fassung von »Die drei Teiche in
Hellbrunn« das zweite Gedicht Trakls, welches das *Salzburger
Volksblatt* im Frühjahr/Sommer 1909 abgedruckt hatte. Bedenkt man, dass sich die Redaktion dieser Zeitung gegenüber
dem Trakl'schen Wohnhaus am Waagplatz befand, erscheint
dieser Umstand, als habe der junge Dichter sich buchstäblich »zu Hause« durch die Veröffentlichung dieser Gedichte
über zwei seiner Lieblingsorte öffentlich in Erinnerung rufen
wollen.

Im Falle des Gedichts »St.-Peters-Friedhof« genügte Trakl
eine Fassung. Jene Gedichte, die er später als Teil eines größe-

ren Ganzen veröffentlichte oder neu zu veröffentlichen beabsichtigte, unterzog er zumeist einer Teilrevision. Das sind nicht nur »Fassungen« im formalen Sinn; sie zeugen vielmehr von Versuchen des Dichters, poetisch bei bestimmten Eindrücken nachzufassen, sich ihrer anders – mal präzisierend, mal Eindeutigkeit aufhebend – zu vergewissern: »Der Brunnen singt« – »Ein Brunnen singt« (»Farbiger Herbst« – zweite Fassung »Musik im Mirabell«). »In dunklen Feuern glüht der Raum, / Darin die Schatten, wie Gespenster.« Daraus wird: »Ein Feuerschein glüht auf im Raum / Und malet trübe Angstgespenster.« (HKA I, 237 u. 18) Auffallend ist, wie grundsätzlich Trakl oft gerade die Schlussstrophen verändert:

Opaliger Dunst webt über das Glas,
Eine Wolke von welken, gebleichten Düften,
Im Brunnen leuchtet wie grünes Glas
Die Mondessichel in frierenden Lüften.

Ein weißer Fremdling tritt ins Haus,
Ein Hund stürzt durch verfallene Gänge.
Die Magd löscht eine Lampe aus,
Das Ohr hört nachts Sonatenklänge.

(HKA I, 237 u. 18)

Es ist, als komme Trakl mit demselben Material, das er in den ersten Strophen entwickelt hat, jeweils woanders an. Zwar haben beide Schlussstrophen etwas Thesenhaftes, doch deutet nichts in ihrer ersten Fassung auf die vier distinktiv verschiedenen, mit vier Verben ausgestatteten finalen Wendungen. Sie wirken einmal mehr zusammenhanglos. Ist der »weiße Fremdling« eines der »Angstgespenster«? Um welche Art »Haus« handelt es sich? Liegt es in der Nähe des Mirabellgartens? Erklingen von dort »Sonatenklänge«? Um welche Art »Sonate« kann es sich hier handeln – eine klassische oder moderne? »Das Ohr« – alles Persönliche hat sich aus diesem Gedicht verabschiedet, und doch wirkt die Art der Wahrnehmung ausgesprochen subjektiv, partiell, eklektisch; daher auch die als Vereinzelungen gemeinten Feststellungen in Versform, die nur durch eine betont einfache Reimstruktur verbunden sind. »Das Ohr« – es scheint, als ende das Gedicht auf einem Sinnesorgan, das auf sich selbst gestellt ist, unverbunden, isoliert vom Rest des Körpers, mit dem singenden Brunnen des Anfangs korrespondierend, wodurch das ansonsten von visuellen Eindrücken bestimmte Gedicht den Gehörsinn privilegiert.

Auch in diesem Gedicht wirkt das Unheimliche wie selbstverständlich. Und doch findet sich hier eine Stelle, die als schwerlich geheuerer Vorverweis auf Trakls wohl Ende 1913 oder in der ersten Hälfte des Jahres 1914 entstandenes Selbstporträt gelesen werden kann: »Ein Faun mit toten Augen schaut / Nach Schatten, die ins Dunkel gleiten.« In einem späteren Kapitel (»Zum Tode dichten«) soll darauf ausführlich eingegangen werden. Hier – im Kontext der Salzburg-Dichtungen im engeren Sinne – bleiben die beiden sechsstrophigen Gedichte »Vorstadt im Föhn« sowie »Anif« zu bedenken. Wie den übrigen Salzburg-Gedichten auch sowie der Mehrzahl der nach 1909 entstandenen Dichtungen fehlt ein (lyrisches) Ich. Alles Subjektive konzentriert sich im Blick auf die (Vor-)Stadt und ihre Dinge und spricht sich in der jeweiligen Farbgebung sowie der atmosphärischen Tönung aus. Das scheinbar Unpersönliche wäre demnach ein latent Subjektives, das sich in dem viel berufenen »Trakl-Ton« ausspricht. Bemerkenswert ist, dass sich Trakl dieser Zusammenhänge bewusst war, wie aus einem Brief an Buschbeck hervorgeht, mit dem er offenbar eine erste (nicht überlieferte) Fassung des Gedichts »Vorstadt im Föhn« durchgesprochen hatte[13]:

Anbei das umgearbeitete Gedicht. Es ist umso viel besser als das ursprüngliche als es nun unpersönlich ist, und zum Bersten voll von Bewegung und Gesichten.

Ich bin überzeugt, daß es Dir in dieser universellen Form und Art mehr sagen und bedeuten wird, denn in der begrenzt persönlichen des ersten Entwurfes.

Du magst mir glauben, daß es mir nicht leicht fällt und niemals leicht fallen wird, mich bedingungslos dem Darzustellenden unterzuordnen und ich werde mich immer und immer wieder berichtigen müssen, um der Wahrheit zu geben, was der Wahrheit ist. (HKA I, 485 f.)

Diese Bewegung zum Unpersönlichen hin, die man in der literarischen Moderne meist eher mit der Phase der Ding-Dichtungen Rilkes in Verbindung bringt oder mit T. S. Eliot und seiner These von den »objective correlatives«, der am Prinzip des Phänomens ausgerichteten Bemühung, »objektive Beziehungen« zwischen Erfahrungen und Dingen herzustellen, sie hat ihren Ursprung in Hermann Bahrs Versuch »Die neue Psychologie« von 1890. Darin forderte er die »Unpersönlichkeit des Kunstwerks, in welchem, hinter welchem, durch welches der Künstler verschwinden soll«.[14] Trakl bemühte sich demnach auch in »Vorstadt im Föhn« um einen allgemeingültigen Ausdruck für einen sehr persönlichen Eindruck. Er spricht von nichts Geringerem als dem Anspruch, eine »universelle Form und Art« im Gedicht zu finden, »Universalpoesie«, um Friedrich Schlegels Wort zu zitieren, aber bezogen auf eine ausgesprochen spezielle Situation und Lokalität, den Schlachthof inmitten barocker Stadtschönheit. Der Kontrast könnte herber, drastischer nicht sein. Aber gerade dieser spektakuläre Kontrast sichert dem Gedicht Welthaltigkeit.

Der zweite Teil des Briefzitats liefert gleichsam eine schaffenspsychologische Fußnote zu diesem strengen Gebot der

Entpersönlichung in der (Sprach-)Kunst. Er gesteht die Mühe ein, die ihm diese Korrekturen bereiten. Das sollte uns Lesern, gerade auch den deutenden Philologen unter ihnen, zu denken geben. Denn es ist eines, Fassungen zu zitieren und nebeneinander zu stellen; ein anderes ist es, die Plage, die Sprachmühen, die, ja, Schmerzen zu spüren, die sich in ihnen verbergen. Auffallend ist in diesem Zusammenhang Trakls Paraphrase des Bibelwortes aus Matthäus 22, Vers 21, das er auf die »Wahrheit« bezieht – jene der »Wirklichkeit« und ihrer poetischen Entsprechung. Die Anspielung (»Gebt dem Kaiser, was des Kaisers, und Gott, was Gottes ist«) bezieht sich auf die Gleichnisreden von Jesus vor den Pharisäern, deren Abgesandte schmeichlerisch bis heuchlerisch zu Jesus sagen: »[…] wir wissen, daß du wahrhaftig bist und den Weg Gottes in Wahrheit lehrst […].« Indem sich Trakl diese im protestantisch-lutherischen Verständnis zentrale Stelle in der Gleichnissprache von Jesus für ein poetologisches Argument zu eigen macht, sakralisiert er sein Anliegen geradezu. Nun zum Gedicht selbst; es war das erste, das in der Zeitschrift *Der Brenner* erscheinen konnte:

Vorstadt im Föhn

Am Abend liegt die Stätte öd und braun,
Die Luft von gräulichem Gestank durchzogen.
Das Donnern eines Zugs vom Brückenbogen –
Und Spatzen flattern über Busch und Zaun.

Geduckte Hütten, Pfade wirr verstreut,
In Gärten Durcheinander und Bewegung,
Bisweilen schwillt Geheul aus dumpfer Regung,
In einer Kinderschar fliegt rot ein Kleid.

Am Kehricht pfeift verliebt ein Rattenchor.
In Körben tragen Frauen Eingeweide,
Ein ekelhafter Zug voll Schmutz und Räude,
Kommen sie aus der Dämmerung hervor.

Und ein Kanal speit plötzlich feistes Blut
Vom Schlachthaus in den stillen Fluß hinunter.
Die Föhne färben karge Stauden bunter
Und langsam kriecht die Röte durch die Flut.

Ein Flüstern, das in trübem Schlaf ertrinkt.
Gebilde gaukeln auf aus Wassergräben,
Vielleicht Erinnerung an ein früheres Leben,
Die mit den warmen Winden steigt und sinkt.

Aus Wolken tauchen schimmernde Alleen,
Erfüllt von schönen Wägen, kühnen Reitern.
Dann sieht man auch ein Schiff auf Klippen scheitern
Und manchmal rosenfarbene Moscheen. (HKA I, 51)

Die Bewegung des Gedichts entspricht einem *per aspera ad astra*, einem Weg vom Ekelhaften ins Schöne, von der blutigen Wirklichkeit in die »rosenfarbene« Verklärung als gesteigertem Schein. In ihr spiegelt sich noch etwas von der Blutröte, die durch die Fluten des sonst grünlichen Flusses »kriecht«. Was in diesem Gedicht an Baudelaire erinnert, aber auch an das Gespenstische eines E. A. Poe, erhält sich doch die Kontur des Eigenen, Unverwechselbaren, das sich rein stilistisch in der für Trakl so charakteristisch werdenden adverbialen Verwendung von Farbadjektiven ausdrückt (»In einer Kinderschar fliegt rot ein Kleid«).

Trakl betonte, das Gedicht sei nun »zum Bersten voll von Bewegung und Gesichten«, Sinnestäuschungen also, Trugbildern, Vorspiegelungen. Die Bewegungsmomente ergeben sich durch den Föhn selbst, das Steigen und Sinken der »warmen Winde«, das Speien von Blut (der Stadtkörper scheint infiziert) und das Ineinanderfließen von Wasser und Blutröte. Bewegung ist im Flattern der Spatzen und im Zug der Ratten. (Im Gedicht »Die Ratten« lesen wir entsprechend: »Da tauchen leise herauf die Ratten / Und huschen pfeifend hier und dort / Und ein gräulicher Dunsthauch wittert / Ihnen nach aus dem Abort, / Den geisterhaft der Mondschein durchzittert.« HKA I, 52)

Durch motivische Verschränkungen dieser Art vermitteln die Gedichte den sehr bestimmten Eindruck, dass sie keineswegs vereinzelte Phänomene reflektieren, sondern dass sie einen Gesamtzusammenhang bilden. Und dieser Zusammenhang, dieses Gesamtbild sieht sich durchsetzt von Spuren des Grauens, auch wenn sie im vorliegenden Fall zu einer *fata morgana* führen. Trakl, der im Zeichen eines christlich-kanonischen Wortes sein Schaffen, zumindest die Neufassung von »Vorstadt im Föhn« zu legitimieren versuchte (»um [poetisch, d. Verf.] der Wahrheit zu geben, was der Wahrheit ist«), endet das Gedicht mit einer Vision von »Moscheen«, in seinem Werk ohne Beispiel. Der Wolkenhimmel als ein anderes Land und ein anderes Meer lenkt den Blick ab von der Ästhetik des Ekelhaften. Die »Gesichte« zeigen sich verstärkt in der vorletzten Strophe (»Gebilde gaukeln auf aus Wassergräben«) – als Phantasmagorie einer anderen Existenz.

Diese eigens auf Salzburg bezogenen Gedichte geben nicht zu erkennen, dass ihr Verfasser »aufbrechen« wollte und hoffte, andere Gegenden zu erkunden. Entgrenzungen – sie ereigneten sich in Visionen wie in jener Schlussstrophe von »Vorstadt im Föhn«. Meist kreisen diese Gedichte eher in sich. Das schöne Grauen und grauenvoll Schöne scheinen sich selbst zu genügen. Sosehr es auch in diesen Gedichten rumort, sie ruhen in sich, scheinbar selbstgenügsam, detailgenau und surreal zugleich, in sich geschlossen und doch allen Phantasien offen. Diese Gedichte, »Vorstadt im Föhn« gewiss, gleichen Nährböden für geistig-emotionale Miasmen. Beim Lesen und Hören dieser Gedichte herrscht akute Ansteckungsgefahr, die vor allem darin besteht, dass der kritische Widerstand gegen diese Art des Dichtens langsam erlahmt, noch verstärkt durch die hypnotische Wirkung, die von diesen Gedichten ausgeht. Es wäre zu plump, davon auszugehen, Trakl habe mit solchen Gedichten Selbsthypnose betrieben. Denn das setzte seitens des Dichters ein Ausmaß an Intentionalität und subtiler Reflektiertheit des poetischen Prozesses voraus, das sich in dieser Form bei Trakl nicht nachweisen lässt. Und doch ist hier etwas am Werk, das aufzuspüren lohnt, etwa im letzten dieser Salzburger Motivgedichte, »Anif«:

Erinnerung: Möven, gleitend über den dunklen Himmel
Männlicher Schwermut.
Stille wohnst du im Schatten der herbstlichen Esche,
Versunken in des Hügels gerechtes Maß;

Immer gehst du den grünen Fluß hinab,
Wenn es Abend geworden,
Tönende Liebe; friedlich begegnet das dunkle Wild,

Ein rosiger Mensch. Trunken von bläulicher Witterung
Rührt die Stirne das sterbende Laub
Und denkt das ernste Antlitz der Mutter;
O, wie alles ins Dunkel hinsinkt;

Die gestrengen Zimmer und das alte Gerät
Der Väter.
Dieses erschüttert die Brust des Fremdlings.
O, ihr Zeichen und Sterne.

Groß ist die Schuld des Geborenen. Weh, ihr goldenen
    Schauer
Des Todes,
Da die Seele kühlere Blüten träumt.

Immer schreit im kahlen Gezweig der nächtliche Vogel
Über des Mondenen Schritt,
Tönt ein eisiger Wind an den Mauern des Dorfs. (HKA I, 114)

Wiederum teils in Wien, teils in Innsbruck im Herbst/Winter 1913 entstanden und dann von Trakl für die Sammlung *Sebastian im Traum* vorgesehen, die dann erst postum erscheinen sollte (1915), spricht dieses Gedicht mit seinem ersten Wort die Entstehungsbedingung deutlicher als die übrigen Gedichte aus: Alles geht von der »Erinnerung« aus; alles kehrt zu ihr zurück.

Trakls mnemopoetisches, also gedächtnisorientiertes Verfahren zeigt sich hier exemplarisch: Es ist eine Erinnerung, die kein Präteritum kennt, nicht einmal ein im strengen Sinne historisches Präsens, eher eine akute Gegenwart des Erinnerten. Die Erinnerungswerte werden vom »Dunkel« beherrscht. Auffallend, dass die Schwermut um ihre Weiblichkeit gebracht wird durch das demonstrativ gesetzte »Männlich«: Der Mann reklamiert eine feminin konnotierte Qualität, die Melancholie. Auffallend auch das Folgende: Die »Mutter« mit ihrem »ernsten Antlitz« erscheint im konkretisierenden Singular, die gesichtslosen »Väter« dagegen im das Ahnenhafte betonenden Plural; aus der »tönenden Liebe« wird das Tönen

eines »eisigen Windes«; der Tod und die »Schuld des Geborenen« durchdringen diese Erinnerungsbilder. Die ungewöhn-
lichste Wendung dieses Gedichts lautet: »Über des Mondenen Schritt«. Einer, der im Mondlicht geht, der Fremdling
wohl, mondet, wird zu dem, was ihn dunkel beleuchtet.

»Tönt ein eisiger Wind an den Mauern des Dorfs« – sie
klingen nach einer Variation von Hölderlins Zeilen aus
»Hälfte des Lebens«: »Die Mauern stehn / Sprachlos und
kalt, / Im Winde klirren die Fahnen.« Auch die vorigen Zeilen
weisen Hölderlin'sche Anklänge auf, freilich ohne Ich-Bezug:
»Weh, ihr goldenen Schauer / Des Todes, / Da die Seele kühlere Blüten träumt« im Vergleich zu Hölderlins Wendung,
wiederum aus »Hälfte des Lebens«, und wie bei Trakl *vor* der
zitierten Schlusspassage: »Weh mir, wo nehm' ich, wenn / Es
Winter ist, die Blumen, und wo / Den Sonnenschein, / Und
Schatten der Erde?«[15]

Aber es »klirrt« eben in Trakls Gedichten nicht, weder hier
noch irgendwo sonst in seinem Werk. Er beharrt auf dem
»Tönen«, und sei es noch so dissonant gemeint. Das voll-
tönende Lauten der Vokale bis hin zu seinem evokativen
»O«, zwar nie mit einem Längungs-H versehen, aber so lange
dehnbar in der Rezitation, wie man dies vermag, ohne ins
Parodistische abzuleiten, dieses vollmundige Tönen in seinen Gedichten scheint dem Schrillen und Beschleunigten in
seiner Zeit Paroli bieten zu wollen.

Die Entgrenzungsversuche Trakls wurden so immer wieder zu erinnernden Eingrenzungen seiner frühen landschaft-
lichen und atmosphärischen Prägungen. Seine Ortswechsel
bestanden aus poetischen Verwandlungen des *einen* Ortes,
Salzburgs, ganz so wie Franz Kafka immer Prager blieb,
Charles Baudelaire Pariser und Charles Dickens Londoner.
Doch im erlebten wie erinnerten Salzburg herrschte die Gefahr des Eindunkelns, auch des Verdunkelns der »wahren Ver-

hältnisse«, wobei das Dunkel nicht nur bedrohte; es schützte vor dem Exponiertwerden, auch des Eigensten vor sich selbst, und den Anderen ohnehin.

Es bedarf wenig psychologischen Spürsinns, um die Ur- und Abgründe dieses Dunkels zu ahnen. Und auszuschließen ist nicht, dass dieses zentrale Motiv der Trakl'schen Dichtungen auf frühkindliche Erlebnisse zurückgeht. Ein längeres, exkurshaftes Zitat aus Robert Walsers bereits erwähntem Roman *Die Geschwister Tanner* (1907) sagt mehr über diese Praxis, als theoretische Reflexionen dies vermöchten:

Die Eltern prägen den Kindern die fürchterliche Angst vor dem Dunkel ein und schicken dann zur Strafe die Unartigen in stille, schwarze Kammern. Da greift nun das Kind im Dunkel, im dicken Dunkel und stößt nur auf Dunkel. Des Kindes Angst und das Dunkel kommen ganz gut miteinander aus, aber nicht das Kind mit der Angst. Das Kind hat soviel Talent, Angst zu haben, daß die Angst immer größer wird. Sie bemächtigt sich des kleinen Kindes, denn sie ist etwas so Großes, Dickes, Schweratmendes; das Kind würde zum Beispiel gern schreien wollen, aber es wagt es nicht. Dieses Nichtwagen vergrößert noch seine Angst; denn etwas Furchtbares muß da sein, wenn man nicht einmal vor Angst Angstschreie ausstoßen darf. Das Kind glaubt, jemand horche im Dunkel. Wie schwermütig einen das macht, sich solch ein armes Kind vorzustellen. Wie die armen Öhrchen sich anstrengen, ein Geräusch zu erhorchen: nur den tausendsten Teil eines Geräuschleins. Nichts hören ist viel angstvoller als etwas hören, wenn man schon einmal im Dunkel steht und hinhorcht. Überhaupt schon: hinhorchen und beinahe das eigene Horchen hören. Das Kind hört nicht auf, zu hören. Manchmal horcht es, und manchmal hört es nur, denn das Kind weiß zu unterscheiden in seiner namenlosen Angst. [...]

Horchen ist Sache des Kindes, das in eine dunkle Kammer
eingesperrt wird, zur Strafe für Untaten. Denke man sich
jetzt, daß jemand herankäme, leise, fürchterlich leise. [...]
Derjenige, der das denkt, stirbt mit dem Kinde vor Schreck.[16]

Wenn auch die Erziehungspraxis im Hause Trakl anders gewesen sein dürfte (der Vater wird als gütig und nachsichtig
geschildert, die Mutter eher als gleichgültig bis abweisend –
»versteinert« im späteren Wortsinne des Dichters –, mit sich
selbst und ihren Sammlungen beschäftigt), das Dunkel des
(ersten) Hauses, der Gassen, der Atmosphäre blieb Trakl augenscheinlich präsent wie auch die Differziertheit in den sinnlichen Wahrnehmungen, durchaus auch die des Hörens. Im
Werk Rilkes finden sich ähnliche Stellen, die das Dunkel thematisieren, vor allem im Prosawerk der frühen Zeit, und noch
im *Malte Laurids Brigge*. In den *Geschichten vom lieben Gott*
etwa lesen wir: »Es wird zuerst ein kleines Dunkel um dich
sein und dann ein großes Dunkel, welches Kindheit heißt.«
Doch anders als bei Rilke (und Robert Walser) gibt es bei
Trakl keinen Aufstieg aus dem Dunkel. Wie die »Schuld des
Geborenen« bleibt die poetische Welt Trakls in dieser Dunkelheit gefangen. So erwies sich für Trakl die Kindheit, aber
auch Salzburg selbst als Fußangel bei den Versuchen, sich
zu entgrenzen. Was in diesen Gedichten an Heimat wahrgenommen wird, könnte zweideutiger nicht sein. Heimat steht
hier für die dauernde Fremdheitserfahrung des verhängnis-
voll Vertrauten. Zwar ist es möglich, »im Schatten der herbstlichen Esche« still zu »wohnen« und versunken zu sein »in
des Hügels gerechtes Maß«; zwar kann man in dieser Heimat
zum »rosigen Menschen« werden, der sich dort in »rosenfarbene Moscheen« hineingeträumt hat. Aber das scheinbar Ge-
rechte der Heimat kann letztlich den als Fremden dort Irrenden nur »erschüttern«. Er kann sich nicht einmal mehr als ein

»Ich« bezeichnen; denn die Heimat anonymisiert ihn zum namenlosen »Menschen«.

Trakls Begegnung mit Orten konnte traumatische Formen annehmen. Wo fände sich sonst ein so verstörenderer, auf einen bestimmten Ort bezogener Satz in Briefen von Schriftstellern als dieser, den er am 4. Januar 1913 in Innsbruck schreibt: »Ich bin wie ein Toter an Hall vorbeigefahren, an einer schwarzen Stadt, die durch mich durchgestürzt ist, wie ein Inferno durch einen Verfluchten.« (HKA I, 499) Wenig später, Mitte Februar 1913, übertrug er diese Stimmung auch auf Salzburg:

[…] ich habe jetzt keine leichten Tage daheim und lebe so zwischen Fieber und Ohnmacht in sonnigen Zimmern dahin, wo es unsäglich kalt ist. Seltsame Schauer von Verwandlung, körperlich bis zur Unerträglichkeit empfunden, Gesichte von Dunkelheiten, bis zur Gewißheit verstorben zu sein, Verzückungen bis zu steinerner Erstarrtheit; und Weiterträumen trauriger Träume. Wie dunkel ist diese vermorschte Stadt voll Kirchen und Bildern des Todes. (HKA I, 503)

Dazwischen eine allem Anschein nach unausgesetzte Arbeit an Gedichten, die diesen Zustand im »Schauer der Verwandlung« poetisch umsetzen, als lyrische »Delirien«, gesungen »Am Rande eines alten Wassers«, Dichtungen, die sich im Nachlass finden werden.

Der Arbeit an Gedichten wegen gerät Trakl ins Reisen, gibt sichere Stellen auf: Ortswechsel und verschiedene Fassungen von Gedichten scheinen einander zu bedingen. Das Schreiben an der »Helian«-Dichtung geht vor; wohl hauptsächlich ihretwegen beantragt er einen vierwöchigen Aufschub, als er am 1. Dezember 1912 eine Stelle im Wiener Arbeitsministerium antreten sollte.

Ein halbes Jahr lang hatte er zuvor unter Beweis gestellt, dass er einem regelmäßigen Dienst nachkommen konnte, und das an einem Ort, in Innsbruck nämlich, vom 1. April bis Ende September 1912 als Landwehrmedikamentenakzessist in der Apotheke des Garnisonsspitals Nr. 10, womit er seine Anwartschaft auf Verwendung beim Militär erfolgreich reaktiviert hatte. Doch der Dienst verschärfte seine Platzangst, das Gefühl, eingeengt zu sein, sich nicht mehr frei bewegen zu können. Das Gedicht »Trompeten« entsteht in dieser Zeit. In der ersten Fassung steht die Zeile: »Marschtakt stürzt durch Staub und Stahlschauer.« (HKA I, 493) Über dessen letzte Zeile schreibt er an Buschbeck, sie sei eine »Kritik des Wahnsinns, der sich selbst übertönt«. In der Erstfassung lautet sie: »Scharlachfarben, Lachen, Wahnsinn, Trompeten.« (HKA I, 493) Zu dieser Zeile fügt sich der Ausruf, geschrieben in Innsbruck im November 1912: »Ich sitze im Dienst; Arbeit, Arbeit – keine Zeit – es lebe der Krieg!« (HKA I, 492)

Sein poetischer Begleiter heißt nun mehr und mehr Hölderlin, dessen Unstetheit sich in seiner eigenen spiegelt. So fügt es sich ins Bild, dass Trakl am letzten Tag des Jahres 1912 seinen Dienst im Wiener Arbeitsministerium antritt, für ganze zwei Stunden, woraufhin er am Neujahrstag 1913 sein Entlassungsgesuch verfasst.

Der Ort, wo seine Gedichte aufleben können und er sich selbst zeitweise geborgen fühlt, ist eine Zeitschrift, *Der Brenner*. An ihren Herausgeber, Ludwig von Ficker, schreibt Trakl am 23. Februar 1913: »Immer tiefer empfinde ich was der Brenner für mich bedeutet, Heimat und Zuflucht im Kreis edler Menschlichkeit.« Und er fährt fort: »Heimgesucht von unsäglichen Erschütterungen, von denen ich nicht weiß ob sie mich zerstören oder vollenden wollen, zweifelnd an allem meinem Beginnen und im Angesicht einer lächerlich ungewissen Zukunft, fühle ich tiefer, als ich es sagen kann, das

Glück Ihrer Großmut und Güte, das verzeihende Verständnis Ihrer Freundschaft.« (HKA I, 504) Gegen diesen Publikationsort spielt er nun sogar Salzburg aus, wo sich gegen ihn »in jüngster Zeit ein unerklärlicher Haß« mehre »und in den kleinsten Geschehnissen des täglichen Lebens in fratzenhafte Erscheinung tritt«. Er gesteht: »Der Aufenthalt ist mir hier bis zum Überdruß verleidet, ohne daß ich Kraft zu dem Entschluß aufbringe, fortzugehen.« (Ebd.) Der ihm verbliebene Rest an Sesshaftigkeit entstammte demnach bloßer Lethargie. Der gleichaltrige, Amerika-erfahrene kurzzeitige Freund und Förderer Trakls, Robert Müller, literarischer Aktivist im Dienst des Expressionismus, spekulierte in einem Brief an Buschbeck vom 21. August 1913, Trakl werde »vielleicht später Lazarettgehilfe auf einem Lloyddampfer [sic!] nach Südamerika«, was »ihm gewiß sehr gut täte«, da er nicht gesund sei, und zwar »aus Schlamperei«.

Zur Selbstentgrenzung, Trakl spürte es offenbar, brauchte er die größere Stadt, das Ausbrechen aus der Provinz. Gleichzeitig schien er ohne »das Land«, ohne Salzburg, ohne das Umland von Innsbruck nicht leben zu können. Denn die größere Stadt tritt bei ihm, wenn auch betont vereinzelt, nur in Form bitterer Großstadtkritik in Erscheinung; so im Gedicht »An die Verstummten«, das sich auf Erfahrungen in Wien und Innsbruck bezieht und im November/Dezember 1913 entstanden ist. Was hierin zur Sprache kommt, ist so gravierend, dass sich an verbindende Reime nicht mehr denken lässt. Das Irrenhaus Großstadt mit seinen Laboratorien hatte das Bindend-Verbindliche, aber auch das Überraschende, vom Grauen ein Wortpaar lang Ablenkende des Reims aufgebraucht. Reime stellen Zufälle her, notierte in unseren Tagen Kurt Drawert.[17] In diesem Gedicht jedoch hat der Zufall keinen Platz mehr. Die Bilder haben ihre unerbittliche Konsequenz, die keine Abweichungen oder Abschweifungen erlaubt:

O, der Wahnsinn der großen Stadt, da am Abend
An schwarzer Mauer verkrüppelte Bäume starren,
Aus silberner Maske der Geist des Bösen schaut;
Licht mit magnetischer Geißel die steinerne Nacht verdrängt.
O, das versunkene Läuten der Abendglocken.

Hure, die in eisigen Schauern ein totes Kindlein gebärt.
Rasend peitscht Gottes Zorn die Stirne des Besessenen,
Purpurne Seuche, Hunger, der grüne Augen zerbricht.
O, das gräßliche Lachen des Golds.

Aber stille blutet in dunkler Höhle stummere Menschheit,
Fügt aus harten Metallen das erlösende Haupt.
(HKA I, 124)

So ungeheuer sind die wahnhaften Vorgänge und Sprachbilder, dass sie in der ersten Strophe auch in den Hauptsatzgefügen das Zeitwort an den Rand drängen. Das »O« bringt
es dreimal zum Verschwinden und ersetzt es durch einen vokalischen Anlaut der Ohnmacht. Die Lebensverhältnisse sind
zerbrochen, nicht aber die Bilder, die sogar Seuchen Farbe
verleihen. Das Verstummte kann nur noch »still bluten«, verbluten nämlich, und das in »dunkler Höhle«, wohin sich gewöhnlich schussverletztes Wild zurückzieht, um zu verenden.
Die Stadt mit ihrer Dauerbeleuchtung, den damals auf-
kommenden Leuchtreklamen bringt die Nacht um ihre Dunkelheit. Selten hatte Trakl so explizite Bilder für seine Stadt-
kritik gefunden wie in diesem Vers: »Licht mit magnetischer
Geißel die steinerne Nacht verdrängt.« Das Böse hat sich ge-
tarnt, tritt auf mit »silberner Maske«; Spirituelles, das »Läuten der Abendglocken« ist angesichts der Profanität der Stadt
»versunken«. Das geißelnde Licht, der peitschende Zorn Gottes, das sind alttestamentarische Bilder, verbunden mit einer

radikalen Umkehrung des Muttergottesbildes: Aus Maria ist eine Hure geworden, die in kalter Winternacht nur noch Totes in diese Welt bringen kann. Der Mammon lacht sein »gräßliches Lachen« dazu. Sinnlose Bereicherung, aber auch zivilisatorische Errungenschaften (wie die Beleuchtung) stehen völliger Verelendung gegenüber. Die »Menschheit« hat sich in die Höhlen der Produktion verkrochen, ist dabei »stummer« geworden (der widersinnige Komparativ ohne Vergleichsbezug steht für die intensivierte Widersinnigkeit der Situation). Sie produziert, fertigt, fügt zusammen – aber was? Aus »harten Metallen«, dem Stahl, ein Monument dessen, was einmal Erlösung war, einen Christuskopf aus dem Rohmaterial der Zeit. Auch sprachklanglich fällt der extreme Gegensatz auf zwischen dem harten metallischen Klang und dem melodisch zu sprechenden »erlösen«. Was sich hier »fügt« oder zusammensetzt, ist das Inkongruente, das miteinander Unvereinbare, ebendas, was sich im großstädtischen Tag-für-Tag an Unvereinbarkeiten ereignet.

Ein politischer Trakl?

Die Frage nach dem politischen Trakl gehört zu den zahlreich offenen in seinem Leben. Um sie auch nur annähernd beantworten zu können, empfiehlt es sich, ihr einen deutlich erweiterten Begriff von Politik zugrunde zu legen. Denn in politischer und sozialphilosophischer Hinsicht geriet Trakl im Umfeld des *Brenner* in ein skurriles, von gegensätzlichen Auffassungen geprägtes Klima. Innsbrucks Intellektuellenszene vor dem Ersten Weltkrieg stellte nämlich eine Art Mikrokultur oder Biotop der europäischen Geistesströmungen dar. Trakls zeitweiliger Freund Karl Röck hatte etwas Richtiges gesehen, als er behauptete, Innsbruck sei damals eine

Art »raumentlegene Vorstadt mehrerer Weltstädte« gewesen.[18] Und die Zeitschrift *Der Brenner* erwies sich mitten in dieser Mikrokultur oder sozialpolitischen Biosphäre durchaus als ein Brennspiegel der Zeittendenzen.[19] Das Spektrum reichte von Sezession bis Sozialdarwinismus und Biologismus, von Philo- und Antijudaismus, fernöstlicher Mystik bis zu nordischem, germanozentrischem Ästhetentum und regionaler, in diesem Fall Tiroler Literatur. Entsprechend fehlte es nicht an bunten Vögeln und Käuzen in diesem Kreis; man denke nur an Carl Dallago und Karl Röck. Letzterer etwa bescheinigte der Frau Dallagos, sie sei eine »schöne heroisch blonde Germanin«.[20] Zu den ironischsten Momenten in der Freundschaft zwischen Trakl und Röck dürfte der Tag gehört haben, es war der 30. September 1912, an dem Trakl ihn mit einer Ausgabe von Detlev von Liliencrons urkomischer Dichtung *Poggfred* beschenkte.[21] Wie der Untertitel verrät, handelte es sich um ein »kunterbuntes Epos in neunundzwanzig Kantussen« und damit um eine Dichtung, die man nicht mit Trakls Geschmack in Verbindung bringen würde. Doch muss er sie genau gekannt haben, sonst hätte er seinen Freund Röck nicht so treffsicher beschenken können. Der erste »Kantus« beginnt mit einem Blick vom »Aussichtsturm«: »Dies ist ein Epos mit und ohne Held, / Ihr könnts von vorne lesen und von hinten, / Auch aus der Mitte, wenn es euch gefällt.« Von einer »gräßlichen Länge« des Epos ist die Rede, die gar »opiumgleich« sei. In Liliencrons *Poggfred* geht es so chaotisch zu wie in Röcks Kopf; das wollte Trakl mit seinem Buchgeschenk offenbar zum Ausdruck bringen. Es tummeln sich darin die Widersprüche und bizarren Gegensätze, es ist ein Ort der Extreme, wo ein jedes ungemein wichtig erscheint und in der Summe doch belanglos bleibt. *Poggfred* gehört zu den witzigsten Satiren auf den Zeitgeist und die Strömungen der sogenannten Moderne.

Man fragt sich: Wo war Trakl nur hineingeraten, als er den Kreis der Brennerianer betrat? Sprachen ihn diese zum Teil verqueren, überspannten, salopp gesagt, schrägen Auffassungen wirklich an? Oder ging es ihm um eine Welt verlässlicher Freundschaften, namentlich jene zu Ludwig von Ficker, für die er offenbar einiges in Kauf zu nehmen bereit war? Oder lag es einfach an der nahezu uneingeschränkten Publikationsmöglichkeit, die *Der Brenner* Trakl bot? Es war wohl von allem etwas, wobei Trakl sich auch in diesem Kreis durchaus sperrig, widerborstig und dann doch wieder versöhnlich zeigte. Betont streitbar war Trakl zum Beispiel, wenn es um Goethe ging, gegen den er wütete, womit er vermutlich den Hoheitsanspruch der Weimarer Klassik – und damit der deutschen Kultur – treffen wollte.

Manche Ansichten der Brennerianer schienen Trakl interessiert zu haben; so auch diese wiederum von Röck vorgetragene: Die Sexualität köpfe seelisch, indem sie das Haupt zum Geschlechtsteil mache. Die Erotik finde im »Antlitz des Weibes« bereits alle Regionen ihres Leibes wieder. Der Leib sei ein »gewaltiges, mystisches und vergrößertes« Antlitz. Trakl habe den Gedanken als »sehr packend« empfunden.[22] Auch das Thema Nacktsportbewegung und die mystische Freikörperkultur auf dem Monte Verita wurde im *Brenner*-Kreis verhandelt. Röck zufolge habe sich Trakl darüber empört (anders als etwa Kafka!):

Er [Trakl, d. Verf.] äußerte sich sehr abfällig über diese Bewegung. Er erblickte in ihr nur eine schamlose und seichte Entsexualisierung, die ins helle grelle Tageslicht bringt (und damit entzaubert), was nur im Verborgenen und Halbdunkel seine Kraft bewahrt. Er stellte diese Art Entsumpfung eines so wichtigen und fruchtbaren menschlichen Gefühlsfeldes auf die gleiche Stufe wie jenen Antialkoholismus, der auch

den Wein, den doch Christus bei der Brotbrechung den
Seinen als sein Blut zu trinken gab, als durchaus schädlich
ausrotten will; daher verabscheute er die Amerikaner, die
ihm an ihrer technischen Hybris und in ihrem geschäfts-
und geldmachenden Diesseitschristentum als die lächer-
lichste, heilloseste und ungeistigste Nation der Welt erschienen.[23]

Freund Röck hatte es jedoch hartnäckig mit der Nacktheit. Sie
schien ihm ein gewisses Freiheitsgefühl zu vermitteln – wenn
auch nur in der Phantasie. So verquast sich das liest, so eindeutig sexuell konnotiert diese mystisch verbrämte Hymne
auf das Nackte ins Politisch-Rassistische umschlagen konnte,
sie sei zitiert, um dieses problematische Umfeld, in das Trakl
geriet, zu illustrieren. Gleichzeitig aber ist festzuhalten, dass
sich Trakl selbst von diesem Gedankengut fernzuhalten verstand. Noch einmal Röck:

Ich hatte [...] damals noch eine starke Hinneigung für solche
nordische, ich möchte sagen schwedische Reinheit. Einmal
von der Kunst der echten Moderne her: etwa Sinding.[24] Es
war mir Griegsche Welt? und ich liebte Fidus[25] – Landschaft
und seine Mädchengestalten. Und die »Mystik« der Sezession zielte ja darnach, die nackte Menschengestalt ins wirkliche Sein zu bringen. Die »sezessionistischen« Linien lebten
ja wesentlich von den Linien des nackten menschlichen Leibes, des männlichen wie des weiblichen. Landschaften mit
nackten Menschengestalten gehörten mir zur Verwirklichung
jenes dritten, jenes irdischen Diesseitsreiches und seines Kul-
tus in Reigen und Tänzen, auf grünen Wiesen. – Auch meinte
ich, daß die allmähliche Sittewerdung der unschuldigen, der
asexualen, rein »ästhetischen« Nacktheit auch eine so furcht-
bare Seelenerkrankung wie meinen Augenfetischismus, unter

dessen Zwängen und Qualen ich (trotz gründlich gepflogener Weidung der Fleischeslust) immer noch litt, zur Ausheilung bringen müßte.[26]

Der Brenner war kein George-Ersatzkreis, das Café Maximilian als Hauptsitz des Kreises kein erlauchter Gral, auch wenn Fickers Hohenburg bei Igls eine Art Arkadien in den Alpen darstellen mochte. Was wiederum die Freunde an Trakl faszinierte, war, wenn wir Röck glauben dürfen, dessen »Dämonie«, die ihnen in Gesprächen mit ihm und seinen Gedichten begegnete. Hinter den Vermerk von »Trakls Dämonie« beziehungsweise von Trakl als dem »kariatydischen Dämon Salzburgs« hatte Röck übrigens das Stichwort »barocke Monarchie« in Klammern gesetzt.[27] Was war damit gemeint? Hatte sich Trakl als Verfechter barock-monarchischer Gedanken erwiesen, als Verteidiger des Gottesgnadentums? Oder erschien Röck diese Dämonie als Ausdruck eines barocken Herrschergestus? Am Montag, den 10. August 1914 trug Röck Folgendes in sein Tagebuch ein:

Nm [= nachmittags] im Max [= Café Maximilian in Innsbruck] mit Trakl; dann vorm Rathaus ihm bekannt, daß ich für Kriegsdauer nicht mehr mit ihm umgehen kann; ertrage seine Russophilie nicht jetzt; er liebevoll.[28]

Röck vertrat zur damaligen Zeit einen unverhüllt rassistisch geprägten deutsch-österreichischen Nationalismus. »Juden« und »Neger« hielt er zunehmend für verdächtig. Sogar einen »jüdischen Einschlag bei Ludwig von Ficker« wollte er »entdeckt« haben[29], was ihm denn auch gleich die Erklärung dafür lieferte, weshalb Ficker und die Seinen Karl Kraus solchermaßen favorisierten, ja vergötterten, woran sich Röck störte. Auf seine rassistischen Einlassungen soll Trakl jedoch »ungemein zurückhaltend« reagiert haben. Enttäuscht vermerkt Röck, dass seinem Freund »Rassenverschiedenheiten« geradezu »nebensächlich« vorkamen.[30]

Röck träumte von einer »Vereinigung von Deutschland und Österreich, einem deutschen (gemeinsam gothischen) Katholizismus mit dem (Papst) Bischof in Salzburg«, wie er im Tagebuch unter dem Datum des 9. September 1914 vermerkt. So verstiegen sich dies liest: Dieses Notat wirft ein Schlaglicht auf jene politische Atmosphäre, der sich Trakl gerade im unmittelbaren Vorfeld des Ersten Weltkriegs ausgesetzt sah.

Trakls »Russophilie«, sie mochte sich während seines Aufenthalts in Berlin im Frühjahr 1914 noch verstärkt haben, da in den Künstlerkreisen dieser damaligen Weltmetropole Russen zahlreich vertreten waren; diese starke Neigung zu allem Russischen lag durchaus im intellektuellen Trend der Zeit. Von Rilke und Thomas Mann bis zum Künstlerkreis des »Blauen Reiter« und den jungen Prager Dichtern reichte das russische Sympathisanten-Spektrum. Johannes Urzidil, knapp zehn Jahre jünger als Trakl, erinnert sich an die Zeit vor dem Kriegsausbruch: »Wir verehrten die Russen, Ibsen und die großen Franzosen, den frühen Hauptmann, Picasso und Munch.«[31]

Dieser pro-russischen Einstellung, wir kennen sie bereits aus Trakls frühen Äußerungen zum russischen Roman, entsprach der kompromisslose Anti-Amerikanismus, wie er in Röcks Tagebuch dokumentiert ist. Jener Eintrag zu Trakls Kritik an der amerikanischen, also westlichen Zivilisation belegt jedoch, dass auch Trakl in Sachen Politik verallgemeinernd, vergröbernd, klischeehaft argumentierte. Das ist gleichfalls der Tenor von Karl Borromäus Heinrichs Bericht über seine erste Begegnung mit Trakl. Monologisierend habe dieser von einer Reise erzählt, auf der er in Rosenheim übersteuerten, aber schlechten Rotwein gekauft habe (»für ein Heidengeld«), woraufhin er »den Deutschen« pauschal »Krämergeist« vorgeworfen habe.[32] Doch von alledem kein Wort und keine Spur im dichterischen Werk.

Röck behauptete in seinen Tagebuchnotizen, Trakl sei im Laufe der Zeit immer mehr »Bekenner« geworden; gegen Goethe habe er gewütet und Dostojewski befürwortet. Trakls Auftreten in der Innsbrucker Stehbierhalle sei »wüst-elementar, slavisch-christlich – wie christlich pervertierte heilige blonde Bestie übermenschlich anmutend« gewesen, wie er sich, ein überaus weicher, aber drachen-, lindwurmhafter Gemüts-Gewaltmensch, gleichsam in metaphysischer vierter Dimension ergeht.[33]

Etwas von Liliencrons *Poggfred* in der nördlichen Mitte Tirols und seinem »Kunterbunt« hatte sich doch auf Trakl übertragen, das Zusammenbringen des Disparaten nämlich, des Kruden und Subtilen, des Widerlichen und Schönen, des Grausamen und Sakralen, wie ein letztes Zitat aus Röcks Tagebuch vom Sommer 1913 belegen kann:

Es wird aber an diesem Tage gewesen sein, daß er – auf dem Wege vom Isserwirt in Lans [oberhalb von Innsbruck, d. Verf.] hinüber zur Hohenburg – auf einmal mit kindlich hoher Stimme leise (ich sagte bei mir – »hysterisch«) kreischend aufschrie, als eine Kröte vor uns in der Dämmerung plump über den Feldweg hüpfte (hopste). Sein Abscheu oder Grauen oder seine Furcht vor dem Tier ließ mich zutiefst gleichsam dessen Krüppelhaftigkeit empfinden oder nachfühlen als war es ein Mensch, der nur in hockender Stellung durch flache Sprünge sich fortbewegen könnte, dabei jedesmal auf den Bauch fallend. Er aber sprach von den schönen Augen, den Sternenaugen der Kröte.
Es mag auch sein, daß Trakl mir damals beim Isserwirt erzählte von dem Kalbskopf, welchen dort Bauern an einem

festlichen Sonntag bei einem »Glückstopf« als »Best« gewinnen konnten; dies löste bei ihm einen Anfall heiligen (andere würden sagen hysterischen) Abscheus oder Grauens aus
und – auf den blutigen Kopf hinweisend – sagte er zu den
Bauern. »Unser Herr Jesus!« Ob welcher fürchterlichen, ihrer
sachlichen Gefühlsfestigkeit natürlich unfaßbaren, daher
ihnen nur lästerlich erscheinenden Rede sie ihn dann wohl
hinauswerfen wollten.[34]

Dem »Verworfenen« drohte der Hinauswurf: Trakl einmal
»liebevoll«, dann wieder ein nicht gesellschaftsfähiger Ber-
serker, politisch allenfalls sporadisch interessiert, in Glaubensfragen jedoch fanatisierbar, der Bürgersohn Salzburgs,
den Innsbrucker Freunde für den Dämon jener Stadt zu halten begannen: Man bleibt gut beraten, das Charakterbild dieses Dichters nicht abzuschließen. Denn zu vieles in seinem
kurzen Leben verweigert sich der Biografie und darstellender
Schlüssigkeit.

IV

Gedichte, 1913

Zeitkolorit 1913 – welch' ein Jahr im Vorfeld der Katastrophe. Im Sommer jenes Jahres lieferte der Kurt Wolff Verlag in Leipzig Trakls Gedichtband aus, der einzige, der zu seinen Lebzeiten erscheinen sollte. Diesem Jahr als dem »Sommer des Jahrhunderts« ist inzwischen sogar eine Biografie zuteil geworden.[1] Durch sie wissen wir, dass der Stoff, aus dem Ecstasy besteht, damals patentiert wurde; dass Prada in Mailand die erste Boutique eröffnete; dass der vierunddreißigjährige Josef Dschugaschwili, der Ende Januar zum ersten Mal in Wien mit dem Namen Stalin unterschreibt, an einem Tag im Februar 1913 wie Kaiser Franz Joseph und Hitler im Park von Schönbrunn spaziert. Anno 1913 veröffentlicht Marcel Proust den ersten Band seines Kolossalromans *Auf der Suche nach der verlorenen Zeit*; und in Konstantinopel stürzen die nationalistischen Jungtürken die liberalste Regierung, die das Osmanische Reich bis dahin hatte, um eine radikale Turkisierung einzuleiten. Auf dem Balkan kann man eine Ahnung davon gewinnen, was ein Jahr später als Verheerung des alten Europa seinen blutigen Anfang nehmen wird. In Berlin durchleben Else Lasker-Schüler und Gottfried Benn eine gefühlsdramatische Affäre; in Wien entzweien sich Sigmund Freud und Carl Gustav Jung; und Oskar Kokoschka malt wieder und wieder »seine« (und Walter Gropius') Alma Mahler, während Franz Kafka, soeben zum Vizesekretär in der Prager Arbeiter-Unfall-Versicherungsanstalt befördert, an Ostern und

Pfingsten die Prokuristin Felice Bauer in Berlin briefreich umwirbt. Und Ernst Ludwig Kirchner vollendet in Berlin seine Straßenszenen mit betont farbenfroh dargestellten Prostituierten.

Und Trakl? Ende 1912, Anfang 1913, die Arbeit am »Helian«-Gedicht zieht sich hin, es erscheint dann am 1. Februar 1913 im *Brenner* und als Einzeldruck auf Bütten, ist seine Hauptarbeit: ordnen, Ordnung bringen in die Vielzahl der Gedichte. Sortieren, verwerfen, neu einfügen, und zwar in ein Konvolut, das als Manuskript dem Albert Langen Verlag in München zugeleitet werden soll. Dort ist Karl Borromäus Heinrich (noch) als Lektor tätig. Mit Trakl hatte er erst im Dezember 1912 in Innsbruck als einer der Mitarbeiter des *Brenner* Freundschaft geschlossen und schien sogleich von dessen poetischer Substanz überzeugt gewesen zu sein. In einem Brief an Buschbeck, dem er rät, Trakls Gedichte dem Münchner Verlag anzubieten – freilich ohne sich auf ihn, Heinrich, zu berufen, da sich sein Verhältnis zu Langen in jener Zeit verschlechterte –, spricht er vom »Recht der Gedichte« Trakls auf eine »würdige Veröffentlichung«. (HKA II, 685)

»Dämmerung und Verfall« sollte der Band heißen. Ludwig von Ficker erwog eine Veröffentlichung im *Brenner*-Verlag. Nur mit Mühe fanden sich annähernd genügend Subskribenten für diesen Band, aber auch nur weil Ficker im *Brenner* und Kraus in der *Fackel* entsprechende aufrufhafte Anzeigen schalteten.

Ordnung ins eigene Schaffen bringen, wenn schon an Ordnung im Leben nicht (mehr) zu denken war. »Sobald ich die Gedichte geordnet haben werde, werde ich sie Dir senden«, schreibt Trakl Anfang November 1912 an Buschbeck. Und sogleich folgt die Teilaufhebung seines Ordnungsbemühens: »Ich überlasse es Dir, Änderungen in der Auswahl und Ordnung zu treffen, bitte Dich aber, mich davon verständigen zu wollen.« (HKA I, 492) Einen Monat später klingt Trakl in Fragen des Ordnens des ihm Wichtigsten, der Gedichte, nicht schlüssiger. Wiederum heißt der Adressat seiner Bedenken Buschbeck:

> Das Manuskript ist heute an Dich abgegangen. Ich habe zwei Tage daran gearbeitet, und es Dir ohne es nach einem besonderen Gesichtspunkt zu ordnen überschickt. [Es folgen Anweisungen zu Einzelkorrekturen der Gedichte »Unterwegs« und »Die drei Teiche in Hellbrunn«.]
> Falls Du eine andere Anordnung der Gedichte für angezeigt halten solltest, bitte ich Dich sie nur nicht chronologisch vorzunehmen. [...]
> Vielleicht kann man die »Drei Teiche in Hellbrunn« ausschalten. Wäre es nicht besser? Vielleicht auch »Verfall«.
> (HKA I, 496 f.)

Die Anordnung der Gedichte wird zu einem Durchspielen von Möglichkeiten, gebündelt zu einem großen Vielleicht. In einer weiteren Botschaft steht denn auch der neuerliche Vorschlag: »[...] ›Dezembersonett‹ vielleicht an Stelle der ›Drei Teiche in Hellbrunn‹«. (HKA I, 498) Es ist, als habe sich Trakl von den aus ihm herausgesetzten Gedichten distanziert, als falle deren Abfolge nicht mehr in sein Ressort, als beträfe ihn deren Interaktion in einem auf bestimmte Weise strukturierten Band nicht mehr. Dass er sogar erwägt, das eine Titelgedicht der Sammlung »Dämmerung und Verfall«, nämlich »Verfall«, wieder herauszunehmen, spricht für sich. Heinrichs zitierte Bemerkung, die Gedichte Trakls hätten ein »Recht«, ein Eigenrecht auf Selbstanordnung, traf somit genauer, als der Freund wissen konnte. Nur eines stand für Trakl fest: Eine chronologische Anordnung der Dichtungen kam nicht in Frage; denn ein Dichter, dessen wichtigste lyrische Zeitform das Präsens gewesen ist, bedarf keiner zeitlichen Abfolgen. Und dennoch ist es bezeichnend, dass er nur im Zusammenhang mit dem Problem des Ordnens eine der komplexesten grammatikalischen Zeitformen benötigt, derer er sich sonst nicht bediente: das zweite Futurum, die vollendete Zukunft oder das *futurum exactum*, das eine in der Zukunft abgeschlossene Handlung bezeichnet: »Sobald ich die Gedichte geordnet haben werde« – das schreibt jemand, der ahnt, dass es dazu im gültigen Sinne nicht wird kommen können.

Der Verlag Albert Langen lehnte Trakls Manuskript im März 1913 ab, doch eröffnete sich für ihn – durch die Vermittlung von Karl Kraus – bereits einen Monat später die Möglichkeit, die Herausgabe des Bandes »Dämmerung und Verfall«, nun aber unter dem schlichten Titel *Gedichte*, im Kurt Wolff Verlag Leipzig vertraglich zu sichern. Der Schriftverkehr mit dem Wolff-Verlag, namentlich mit dessen jungem Lektor Franz Werfel, zeigt wiederum einen entschlossenen Georg Trakl, auch wenn man vermutet hat, dass Ludwig von Ficker ihm die Feder führte – vor allem bei seinem Brief vom 27. April 1913 an den Wolff-Verlag. Denn dieser hatte, wohl auf Drängen Werfels und dessen Lekoratskollegen Max Brod, vorgeschlagen, eine Auswahl der Gedichte in der neuen Verlagsreihe »Der jüngste Tag« zu veröffentlichen; sie wurde zu einem Hauptorgan des Expressionismus. Die Reihe hatte programmatischen Charakter, wie Werfel in seinem Prospekt verdeutlichte: »Der neue Dichter wird unbedingt sein, von vorn anfangen, für ihn gibt es keine Reminiszenz, denn er, wie kein anderer, wird fühlen, wie wesenlos die Retrospektive auf die Literatur ist.«[2] Das könnte freilich mit begründen, weshalb Trakl sich nicht mit dieser Reihe identifizieren wollte; denn für ihn war ja gerade die poetisch produktive »Reminiszenz« wichtig gewesen, die Weiterführung des Symbolismus, die Verbindung von Hölderlin und Dekadenzliteratur.

Das »Von-vorn-Anfangen« stand seiner Art lyrischen Schaffens ja diametral entgegen. Denn sein Dichten orientierte sich an der Tradition und am Anderssein sowie am Hervorbringen des Anderen als einem notwendig entfremdet Eigenen. Werfel glaubte dagegen – wohl nicht zu Unrecht –, den Gedichten Trakls auf diese Weise eine größere Verbreitung sichern zu können. Trakl konterte barsch und kompromisslos: »Damit bin ich selbstverständlich in keiner Weise einverstanden und ich verbitte mir, daß vor Erscheinen des Gesamtbandes meiner Gedichte, der allein Gegenstand unserer Vereinbarungen war, irgend eine Teilausgabe erscheint [...].« (HKA I, 512) Er nennt seine Entscheidung »unumstößlich« und geht sogar so weit, die Annahme des ihm bereits angewiesenen, für damalige Verhältnisse nicht unbeträchtlichen Honorars von 150 Kronen zu verweigern. Für einen inzwischen unter notorischer Geldknappheit leidenden Dichter bedeutete dies einen besonders mutigen Schritt.

In diesen ersten Monaten des Jahres 1913 hatte Trakl jedoch noch ein weiteres Mal seine Entschlossenheit unter Beweis gestellt. Als Karl Schoßleitner in Wien einen »Salzburger Autorenabend« veranstalten wollte, bat Trakl seinen Freund Buschbeck, dem Veranstalter mitzuteilen, »daß es mir sehr unerwünscht wäre, wenn Gedichte von mir vorgelesen würden. Er möge meinen Wunsch verschwiegen zu werden respektieren.« (HKA I, 505) Hinzu kommt die von Trakl »plötzlich« geäußerte Absicht, seine offenbar von Robert Müller vermittelte Mitarbeit an der Anthologie *Die Pforte*, Lyrik des »Jungen Wien«[3], zurückzuziehen. Damit brachte er Robert Müller und seinen Bekannten Ludwig Ullmann, Mitherausgeber der Zeitschrift *Der Ruf*, der auch für die Anthologie verantwortlich zeichnete, gegen sich auf. Der in diesem Zusammenhang stehende Brief von Robert Müller an Trakls Freund Buschbeck vom 4. September 1913 wirft ein bezeichnendes

Licht auf den Literaturbetrieb der Zeit und belegt das antisemitische Ressentiment des späteren Autors der *Tropen*:

> [Ludwig] Ullmann hat mir erzählt, daß Trakl plötzlich die
> Absicht geäußert hat, seine Gedichte aus der Saturn Antho-
> logie zurückzuziehen; ich hoffe, er ist einsichtsvoll genug,
> mich nicht zu blamieren und auf der Ausführung dieser Ab-
> sicht nicht zu bestehen. Ich habe mich für ihn, obwohl die
> Anthologie nur für junge Wiener bestimmt war, speciell ein-
> gesetzt, ja, mich für das Ganze überhaupt nur interessiert,
> um Trakl und [Theodor] Däubler unterzubringen. [...] Wie
> kann ein Mensch nur so wenig Rückgrat haben und sich von
> dem buckligen Juden, dem Kraus, kommandieren lassen?
> Ullmann ist von Trakl tief verletzt. Das geht zu weit. Man
> kann literarisch über Ullmann denken, wie man will, darüber
> wirst Du mit mir einig sein, daß unter der ganzen Krausplattn
> kein Einziger so anständig ist wie Ullmann. Gerade Ullmann
> hat sich seit je um Trakl angenommen und ihn stets als
> Mensch und Künstler vor meinen Einwürfen verteidigt. Das
> will ich dem Kraus nicht vergessen, so ein Krüppel an Leib
> und Seele.
> Wenn Trakl nicht im Ruf [Zeitschrift, d. Verf.] schreiben
> will, weil Kraus ihm das verboten hat, nun, dann werde ich
> das aus persönlichen und artistischen Gründen bedauern. Ich
> fühle mich dadurch, kannst Du ihm sagen, persönlich, als
> redaktör [sic!] beleidigt. (HKA II, 706 f.)

Müllers Brief belegt nicht nur dessen – wie bei Karl Röck –
antijüdisch motivierten Hass gegen Karl Kraus, sondern auch
die Tatsache, dass Trakl inzwischen als Protegé von Kraus
in Wiener Kreisen wahrgenommen wurde. Gleichfalls aufschlussreich ist, dass Kraus offenbar Trakl deswegen vor einer
Mitarbeit in dieser Anthologie abriet, weil er befürchtet ha-

ben mochte, Trakl würde auf diese Weise zum bloßen Wiener Autor gestempelt. Trakls Parteinahme für Kraus und damit gegen dessen antisemitischen Verunglimpfer wurde öffentlich dadurch manifest, dass er sein Gedicht »Psalm« diesem magistralen Sprachwunder widmete, der Kritik und Kreativität wie kaum ein anderer seiner Zeitgenossen zu verbinden wusste. Eine noch deutlichere Sprache spricht die einzeilige Ergebenheitsadresse, die Trakl im November 1912 Kraus zukommen ließ: »Ich danke Ihnen einen Augenblick schmerzlichster Helle. In tiefster Verehrung [...].« (HKA I, 492)

Schmerzlichste Helle – was war damit gemeint? Kritische Einsicht in sein eigenes Schaffen? Klarheit über sich selbst, die immer »schmerzt«?

Es handelte sich wohl auch um jene Schmerzen, die das tief gespaltene Verhältnis zum Religiösen in ihm verursachte. Denn mit der »Helle« mag auch die Kraus'sche schonungslose Art der Aufklärung über Glaubensfragen gemeint gewesen sein.

Gedichte oder Romanzen mit Raben und Ratten

Wenn Raben ihre Flugrichtung ändern, Aas witternd, und – einem Leichenzug ähnelnd – krächzend davonflattern, und das »in Lüften, die von Wollust zittern«, dann besteht Gewissheit, sich in einem Trakl-Gedicht zu befinden. Die Farben sind in Schwarz und Braun gehalten, was sich auch auf die Lautebene überträgt. Die Stille ist braun, und die Stimmung könnte dunkler nicht eingefärbt sein. Dieses Auftaktgedicht »Die Raben« lässt keinen Zweifel aufkommen, wovon die folgenden Gedichte handeln werden und was sie aussparen: Sie wissen von keinem Ich, gehen aber mit Tödlichem schwanger. Dächte man dabei an van Goghs Gemälde *Krähen über einem*

Weizenfeld (1890), man müsste sich dieses abgeerntet und umgepflügt vorstellen. Der »Acker« im Trakl'schen Gedicht ist »verzückt« ob der »braunen Stille« (HKA I, 11); menschliche Gefühlsregungen übertragen sich auf die menschenlos gewordene Natur. Die Reime bleiben unspektakulär und melancholische Anwandlungen (noch) unter Kontrolle.

Der Blick zum Himmel ergänzt jenen in die Abgründe, meist am Ende der Gedichte: »Vom lauen Himmel Spatzen stürzen / In grüne Löcher voll Verwesung« (»Im roten Laubwerk voll Gitarren«, HKA I, 17) und: »Am Himmel ahnet man Bewegung, / Ein Heer von wilden Vögeln wandern / Nach jenen Ländern, schönen, andern. / Es steigt und sinkt des Rohres Regung.« (»Melancholie des Abends«, HKA I, 19)

In Trakls *Gedichte* von 1913 treten die Ratten als die Raben unter den Säugern in Erscheinung. Ihr Pfeifen, Schreien und Keifen kontrastiert mit dem Glockenton und den Farbtönen, bedingt aber mit ihnen gleichberechtigt jede Rede von Romanze und Idylle. Das Huschen ihrer Bewegung korrespondiert mit jenem der Schatten. Das geisterhaft Gespenstische in diesen Gedichten findet in der Ratte ihre feiste Verkörperung.

Was Trakl in den frühen Gedichten mit dem »Gesang zur Nacht« eher versuchsweise erprobt hatte, gewann in dieser Sammlung wirkliche Gestalt: das lange Gedicht, mit dessen Tradition man Trakl gemeinhin nicht verbindet.[4] Doch Dichtungen wie die noch der Ballade verpflichtete »Die junge Magd«, vor allem aber »De profundis«, »Psalm« und insbesondere »Helian« zeigen deutlich die Tendenz zum episch sich entfaltenden Gedicht. Dabei erzählt »Die junge Magd« geradezu eine Geschichte, jene nämlich einer vermutlich von einem »Knecht« missbrauchten Frau, die versucht, ihrer Arbeit nachzugehen, sich aber mehr und mehr in Angstphantasien und Fieberträumen verfängt und sich zusehends auflöst, bis zuletzt »ihr Haar in kahlen Zweigen« weht. (HKA I, 15) Sie gleicht in ihrem verzweifelten Zustand einer lebenden Toten (»Glührot schwingt der Knecht den Hammer / Und sie schaut wie tot hinüber«), deren Mund einer »Wunde gleicht«. Es bedarf wenig Phantasie, sich vorzustellen, was damit gemeint ist: Zu deutlich sind die sexuellen Anspielungen in diesem Gedicht. Poetisch gesehen fällt das Gedicht dadurch auf, dass es wagt, durchgängig die jeweils erste und dritte Strophe wortidentisch zu reimen. Die außerordentliche Wirkung dieses schlichten Kunstgriffs, der einem zunächst eher wie ein Fehlgriff aus Verlegenheit vorkommen kann, erschließt sich beim Rezitieren: »Silbern schaut ihr Blick im Spiegel / Fremd sie an im Zwielichtscheine / Und verdämmert fahl im Spiegel / Und ihr graut vor seiner Reine.« (HKA I, 12) Die Wiederholung des Reimworts zwingt zu einer Pause, einer Verhaltenheit. Es ist, als überrasche sich das Wort dadurch selbst, dass es noch einmal auftaucht, jedoch in leicht modifizierten Kontexten wie zum Beispiel in der darauffolgenden Strophe: »Traumhaft singt ein Knecht im Dunkel / Und sie starrt von Schmerz geschüttelt. / Röte träufelt durch das Dunkel. / Jäh am Tor der Südwind rüttelt.« Das wiederholte Reimwort scheint die jeweilige strophische Sequenz zu verankern und damit zu verhindern, dass sie vollends ins Fließen gerät.

Anders die übrigen langen Gedichte dieser Sammlung. Zunächst einmal üben sie Reimverzicht und verlagern sich auf rhythmische Kadenzierungen, die auch vom Metrum abstrahieren. Überdies verweigern sie sich dem krypto-balladesken lyrischen Erzählmodus und konzentrieren sich auf das Hervorbringen poetischer Bilder. »De profundis«, zunächst als »Psalm« konzipiert, orientierte sich an Rimbauds Gedicht »Enfance«, das Trakl in K. L. Ammers Übersetzung kannte, und zwar an dessen thetischen »Il y a«-Fügungen.[5]

Dabei übernahm Trakl diese Struktur, nicht aber die jeweiligen Inhalte des »Il y a«, bei Rimbaud etwa eine Uhr, die nicht schlägt, oder eine Kathedrale, die sinkt, und ein See, der steigt. Bei Trakl liest man: »Es ist ein Stoppelfeld, in das ein schwarzer Regen fällt.« (HKA I, 46) Ähnlich verfährt Trakl dann auch im Karl Kraus gewidmeten Gedicht »Psalm« mit Sequenzen wie: »Es ist ein Licht, das der Wind ausgelöscht hat.« (HKA I, 55)

Auffällig ist jedoch noch etwas anderes an Trakls »De profundis«:

Es ist ein Stoppelfeld, in das ein schwarzer Regen fällt.
Es ist ein brauner Baum, der einsam dasteht.
Es ist ein Zischelwind, der leere Hütten umkreist.
Wie traurig dieser Abend.

Am Weiler vorbei
Sammelt die sanfte Waise noch spärliche Ähren ein.
Ihre Augen weiden rund und goldig in der Dämmerung
Und ihr Schoß harrt des himmlischen Bräutigams.

Bei der Heimkehr
Fanden die Hirten den süßen Leib
Verwest im Dornenbusch.

Ein Schatten bin ich ferne finsteren Dörfern.
Gottes Schweigen
Trank ich aus dem Brunnen des Hains.

Auf meine Stirne tritt kaltes Metall
Spinnen suchen mein Herz.
Es ist ein Licht, das in meinem Mund erlöscht.

Nachts fand ich mich auf einer Heide,
Starrend von Unrat und Staub der Sterne.
Im Haselgebüsch
Klangen wieder kristallne Engel. (HKA I, 46)

»Bei der Heimkehr / Fanden die Hirten den süßen Leib / Verwest im Dornenbusch« hieß in der ersten Fassung, die an dieser Stelle keine strophische Trennung vorgesehen hatte: »Hunde zerfleischten den süßen Leib«. (HKA II, 96) Die tote Waise spricht nun als ein Ich. Erst im Tod hat sie somit eine personale Identität gewonnen. Sie *erlebt* ihr Totsein und stellt damit die herkömmliche Vorstellung auf den Kopf, man könne von sich nicht sagen, tot zu sein.

Die »Es ist«- oder »Es sind«-Struktur prägt dann vor allem den »Psalm«, dessen Anfang als Variation des Pslams 130 lesbar ist[6]:

Es ist ein Licht, das der Wind ausgelöscht hat.
Es ist ein Heidekrug, den am Nachmittag ein Betrunkener
    verläßt.
Es ist ein Weinberg, verbrannt und schwarz mit Löchern voll
    Spinnen.
Es ist ein Raum, den sie mit Milch getüncht haben.
Der Wahnsinnige ist gestorben. Es ist eine Insel der
    Südsee,   (5)
Den Sonnengott zu empfangen. Man rührt die Trommeln.
Die Männer führen kriegerische Tänze auf.
Die Frauen wiegen die Hüften in Schlinggewächsen und
    Feuerblumen,
Wenn das Meer singt. O unser verlorenes Paradies.

Die Nymphen haben die goldenen Wälder verlassen.   (10)
Man begräbt den Fremden. Dann hebt ein Flimmerregen an.

Der Sohn des Pan erscheint in Gestalt eines Erdarbeiters,
Der den Mittag am glühenden Asphalt verschläft.
Es sind kleine Mädchen in einem Hof in Kleidchen voll
herzzerreißender Armut!
Es sind Zimmer, erfüllt von Akkorden und Sonaten.   (15)
Es sind Schatten, die sich vor einem erblindeten Spiegel
umarmen.
An den Fenstern des Spitals wärmen sich Genesende.
Ein weißer Dampfer am Kanal trägt blutige Seuchen herauf.

Die fremde Schwester erscheint wieder in jemands bösen
Träumen.
Ruhend im Haselgebüsch spielt sie mit seinen Sternen.   (20)
Der Student, vielleicht ein Doppelgänger, schaut ihr lange
vom Fenster nach.
Hinter ihm steht sein toter Bruder, oder er geht die alte
Wendeltreppe herab.
Im Dunkel brauner Kastanien verblaßt die Gestalt des jungen
Novizen.
Der Garten ist im Abend. Im Kreuzgang flattern die
Fledermäuse umher.
Die Kinder des Hausmeisters hören zu spielen auf und
suchen das Gold des Himmels.   (25)
Endakkorde eines Quartetts. Die kleine Blinde läuft zitternd
durch die Allee,
Und später tastet ihr Schatten an kalten Mauern hin,
umgeben von Märchen und heiligen Legenden.

Es ist ein leeres Boot, das am Abend den schwarzen Kanal
heruntertreibt.
In der Düsternis des alten Asyls verfallen menschliche
Ruinen.
Die toten Waisen liegen an der Gartenmauer.   (30)

Aus grauen Zimmern treten Engel mit kotgefleckten Flügeln.
Würmer tropfen von ihren vergilbten Lidern.
Der Platz vor der Kirche ist finster und schweigsam, wie in
    den Tagen der Kindheit.
Auf silbernen Sohlen gleiten frühere Leben vorbei
Und die Schatten der Verdammten steigen zu den
    seufzenden Wassern nieder.   (35)
In seinem Grab spielt der weiße Magier mit seinen
    Schlangen.

Schweigsam über der Schädelstätte öffnen sich Gottes
    goldene Augen.

(HKA I, 55 f.)

Wer »Psalm« sagt, meint einen lyrischen Text religiösen Inhalts als Teil der jüdisch-christlichen Liturgie. Im Griechischen bedeutet ψαλμός (psalmós) schlicht Saitenspiel. Gespielt wird hier mit Feststellungen, behaupteten Tatsachen in Form von gereihten oder parallelen Satzgefügen. Sie sind betont einfach, damit alle Aufmerksamkeit den durch die Verse hervorgerufenen Bildern gelten kann. Diese Sätze, meist entspricht ein Satz einer Verszeile, gleichen ihrerseits Saiten, die, gesprochen oder gelesen, zum Schwingen gebracht werden wollen. Religiöse Motive verweisen auf die Naturreligion (den »Sonnengott« in Vers 6 sowie den »Sohn des Pan« in Vers 12) und auf verfremdete christliche Motive wie die »Engel mit kotgefleckten Flügeln« (Vers 31) und die sich über Golgatha öffnenden »goldenen Augen« Gottes.

Die Bewegung der ersten Strophe gleicht der einer Steigerung: Der vertrauten Welt, symbolisiert durch das Wirtshaus (den »Heidekrug«) und den »Weinberg«, erwächst die imaginierte Welt Polynesiens. Für diesen Verwandlungsprozess gibt es zwei Katalysatoren: das Tünchen des Raumes mit

Milch (Vers 4), also sein Fruchtbarmachen, und der Tod des »Wahnsinnigen«, eines »Fremden«, der im Wahn den einzigen Sinn sah. Seine Wahnbilder ruft der »Psalm« daraufhin auf. Sie gleichen Bildern Paul Gauguins.

Carl Moll hatte im Frühjahr 1907 in der Wiener Galerie Miethke Gauguins Bilderwelt in die Wiener Moderne bleibend eingeführt.[7] Wiederum ist nicht im Einzelnen nachweisbar, ob Trakl davon unmittelbare Kunde hatte und was er von diesem Polynesien-Kult damals aufnehmen konnte. Doch lassen diese Verse vermuten, dass er sich in dieser Richtung beeinflussen lassen wollte. Sie kam seinem, wie gesehen, eher illusionären Entgrenzungsbedürfnis entgegen, auch wenn das Gedicht deutlich ausspricht, worum es sich hierbei handelte: um die Sehnsucht nach einem »verlorenen« paradiesischen Urzustand.

Im zweiten Teil des »Psalm« fällt das Wechselspiel von Innen- und Außenraum besonders auf: Von den verklärten »goldenen Wäldern«, die der Mythos in Gestalt der »Nymphen« verlässt, bewegt sich das Gedicht in die Welt städtischer Zivilisation. Dort tritt Pan als »Erdarbeiter« in Erscheinung, dessen »Stunde« er zum – wenn auch mythologisch verbrämten – Vertreter der schlafenden Welt der Arbeiter wird. Zusammen mit Verweisen auf das »Metall« ist diese Stelle in Trakls Dichtung und neben dem Verweis auf das Schlachthaus in »Vorstadt im Föhn« die markanteste, die auf die industrielle Arbeitswelt verweist.

Die Verengung des offenen Raumes geschieht im »Hof« (Vers 14); danach befinden wir uns in von Musik erfüllten Innenräumen, in einem Spital mit einem bei Trakl seltenen Verweis auf »Genesende«. Doch kaum ist er ausgesprochen, sieht er sich korrigiert durch drohende Seuchengefahr. (Vers 18)

Auch die folgende Strophe bleibt von Wechselbeziehungen zwischen Räumen geprägt. Naturbereiche (»im Haselgebüsch«, unter Kastanien, im Garten) und sakrale Bezirke gehen ineinander über; belebt werden sie von Schatten und Schemen, einander fremd gewordenen Geschwistern, von denen der Bruder bereits tot ist, aber hinter dem Augenzeugen des (Nicht-)Geschehens »steht«. (Vers 24) Das Spielen gewinnt hier an Bedeutung, und zwar als Einmischung (die »fremde Schwester« spielt mit den Sternen des Träumenden) und – ganz im Sinne der Bedeutung »Saitenspiel« für »Psalm« – als Musizieren. Aus den »Sonaten« ist ein »Quartett« geworden, das jetzt, da die Kinder aufhören zu spielen, verklingt. Aufgehoben scheint diese Strophe im Verweis auf die »Märchen und heiligen Legenden«; wiederum spielt damit das Sakrale in die lyrische Erzählung dieser Episode. Dieses Spielen nimmt die letzte Strophe an herausgehobener Stelle wieder auf: »In seinem Grab spielt der weiße Magier mit seinen Schlangen.« (Vers 38) Man könnte in diesem »weißen Magier« einen Schamanen sehen, wofür auch die anfänglichen (aber später nicht mehr wiederaufgenommenen!) Bezüge auf die polynesischen Kulturen sprechen und auf den verstorbenen »Wahnsinnigen«.[8] Der für Schamanen charakteristische ekstatische Zustand wirkt jedoch deutlich reduziert, auf das »Spielen« eben – nicht jedoch auf Saiten, sondern auf ihrer Verlebendigung, den »Schlangen«. Als quasi schamanisch wäre an dieser Stelle auch das Vordringen des (tot-lebendigen) Magiers ins Unbewusste zu bezeichnen, symbolisiert durch das richtungslos auf dem »schwarzen Kanal« treibende »leere Boot« oder durch die Schattenwelt, die hier erneut in Erscheinung tritt. Es ist eine Todeswelt, die von ferne an Dante erinnert und auf Celans »Todesfuge« vorausweist (»Ein Mann wohnt im Haus der spielt mit den Schlangen [...]«). Drastischer und subtiler zugleich ließe sich schwerlich über den Verfall sprechen als in der Zeile: »In der Düsternis des alten Asyls verfallen menschliche Ruinen.«

(Vers 31) Das Gegenbild dazu, als Transzendenzverweis deutbar, der alle sakralen Anspielungen des »Psalm« bündelt und in ein neues Bild verwandelt, hat Trakl eigens abgesetzt: »Schweigsam über der Schädelstätte öffnen sich Gottes goldene Augen.« Erwogen hatte Trakl auch die Version: »Immer über der Schädelstätte tanzen magnetene (oder ›grinsende‹) Monde.« (HKA II, 107) Das »Magnetene« mag als Vorgriff auf das »aus harten Metallen« gefügte »erlösende Haupt« gelesen werden, welches das noch zu bedenkende Gedicht »An die Verstummten« in der Sammlung *Sebastian im Traum* beschließt. (HKA I, 124) Allein der Umstand, dass Trakl das »Magnetene« als Möglichkeit erwogen hat, belegt, wie stark er selbst den suggestiv-hypnotischen Zug in diesen Gedichten empfunden haben dürfte.

Bleibt die Frage nach der Widmung des »Psalm«. Ist der »weiße Magier« mit dem Bewidmeten, Karl Kraus, verwandt? Die Verweise auf das Licht in diesem Gedicht fallen buchstäblich ins Auge. In der heimischen Welt (dem Gedichtanfang) wirkt es wie ausgelöscht, aber es strahlt über der Südsee, bleibt präsent in der Stunde des schlafenden Arbeiters Pan, ist verborgen als »Gold des Himmels«, nach dem die »Kinder« suchen, bricht aber am Ende durch alle »Düsternis« als »Gottes goldene Augen«. Man erinnert sich an Trakls erstes Briefwort nach seiner Begegnung mit Kraus. Er habe ihm, Trakl, »einen Augenblick schmerzlichster Helle« geschenkt (HKA I, 492), einen Moment der Aufklärung, des jähen Aufklarens. Kraus als »weißer Magier« der Sprache zu vergöttern – die Frage stellen heißt, ihre Antwort auf sich beruhen zu lassen im – wie bei Trakl so oft – Unentscheidbaren.

Trakls *Gedichte* zeugen vom Wirken der Toten und des Todes. Es handelt sich um Dichtungen in der »Stunde unseres Absterbens« (»Amen«, HKA I, 58). Die »Nähe des Todes« ist nicht nur Titel eines Gedichts (HKA I, 57) sondern Bedingung dieser Sprachkunstwerke, die ihrerseits die Macht des Todes nicht nur konstatieren, sondern lyrisch potenzieren. Der Tod »versöhnt« die Stube als den Ort, durch den »Verwestes« gleitet (HKA I, 58), quasi mit ihr selbst. (»Im Dorf«, HKA I, 63) Anders als Hans Castorp am Ende seines Schneetraumes in Thomas Manns 1912 begonnenem Roman *Der Zauberberg* können Trakl und sein immer verborgener agierendes lyrisches Ich gar nicht anders, als dem Tod die Alleinherrschaft über die Gedanken einzuräumen. Am Tode hängt und zum Tode drängt in diesen Gedichten buchstäblich alles. Seine Embleme sind omnipräsent – vom »Antlitz der Toten«, das sich »am Fenster regt«, bis zum »Pferdeschädel«, das »vom morschen Tor« starrt. (»Menschliches Elend« / »Im Dorf«, HKA I, 62 f.)

Entfaltet *Der Zauberberg* ein Verfallspanorama, das jedoch durchsetzt ist von glaubhaften Bekundungen wirklichen Lebenswillens, zeugen Trakls Gedichte von einer beispiellosen Verfallsradikalität. Gemeint sei damit ein Verfall, der bis an die Wurzeln der Gesellschaft und der Individualität reicht, ja das regelrechte Verrotten dieser Wurzeln *zeigt*. In diesen *Gedichten* verfolgte Trakl mit äußerster Konsequenz eine Poetik der – abermals paradox gesagt – bejahten Negativität, die alle farbmetaphorischen und sprachklanglichen Register zog, die ihm bis dahin zu Gebote standen. Im Kapitel über seine letzte zu Lebzeiten erarbeitete, aber erst postum erschienene Sammlung *Sebastian im Traum* wird dann zu fragen sein, inwieweit sie eine weitere Intensivierung oder gar Steigerung dieser poetischen Negativität mit ihrer lyrischen Sogwirkung darstellte.

Für Trakl endete das Jahr 1913 mit einer für ihn ungewohnten Form von Publizität, nämlich mit seiner ersten und einzigen öffentlichen Lesung. Es handelte sich um eine von der Zeitschrift *Der Brenner* am 10. Dezember 1913 im Innsbrucker

Musikvereinssaal in der Museumstraße ausgerichtete Veranstaltung. Trakls Lesung war umrahmt von Prosadarbietungen eines gewissen Robert Michel, doch sie litt unter seiner betont leisen Vortragsart. Nicht, dass Trakl seine Stimme versagt hätte, vielmehr versagte er seinen eigenen acht vorgetragenen Gedichten – sie werden zu den bleibenden Höhepunkten seines lyrischen Werks gehören (»Die junge Magd«, »Sebastian im Traum«, »Abendmuse«, »Elis«, »Sonja«, »Afra«, »Kaspar Hauser Lied«, »Helian«) – ihre wirkungsvolle stimmliche Umsetzung. Seine »Vorlese-Art« passe »besser für einen intimen Zirkel als für einen größeren Saal und die zuweilen übergroße Gedämpftheit des Vortrages« ließ manches »untergehen«, meinten die *Innsbrucker illustrierten Neuesten Nachrichten* vier Tage später. Offenbar aber hatte er diese Gedichte untergehen lassen und zeigen *wollen*, wie es ist, wenn ein Gedicht stimmlich verendet. Oder es war schlicht die Befangenheit und Nervosität, die seine Stimme so leise werden ließ. Am 13. Dezember hatte der *Allgemeine Tiroler Anzeiger* auffallend verständig über Trakls Darbietung in einem Artikel geurteilt, der sich zu einer kleinen Charakterstudie über Dichter und Werk auswuchs, etwas an zeitgenössischem Material über Trakl so Seltenes, dass es nicht oft genug zitiert werden kann:

[Aus der Vorlesung Trakls sprach] die überzeugende Kraft einer eigenartigen Persönlichkeit des Geistes. Der Dichter las leider zu schwach, wie von Verborgenheiten heraus, aus Vergangenheiten oder Zukünften, und erst später konnte man in den monotonen gebethaften Zwischenprachen [später wiedergegeben als »Insichsprechen«] dieses schon äußerlich ganz eigenartigen Menschen Worte und Sätze, dann Bilder und Rhythmen erkennen, die seine futuristische Dichtung bilden. Alles wird Bild und Gleichnis in ihm, tauscht sich in seiner Seele zu andern Ausdrucksmöglichkeiten um, die dann den Menschen von heute noch nicht liegen, aber doch so überzeugend gebracht werden, daß man ihre Möglichkeit glaubt. Allerdings, wann dieses Dichters Zeit gekommen sein wird? – Denn ein Dichter ist dieser stille, alles in sich umtauschende Mensch gewiß, davon überzeugt jedes seiner Gedichte, die Offenbarungen gleich wirken. Aber das Publikum, das von heute und morgen, versteht ihn noch lange nicht, und die Klaköre [sic!], die gar so laut taten, am allerwenigsten. (HKA II, 720)

Trakl, ein Dichter, der wie aus einem Versteck agiert, zwischen den Zeiten *und* Sprachen, litaneihaft seine Gedichte vortragend, geradezu *in sich* sprechend, Sprachbilder verwendend, die diesen Kritiker sogar futuristisch anmuteten, ein Lyriker also aus dem Gestern für Übermorgen – und nicht zu vergessen diese Einschätzung von Trakls poetischem Verfahren: »Alles […] tauscht sich in seiner Seele zu anderen Ausdrucksmöglichkeiten um« – umtauschen und nicht verwandeln – Dichtung wird hier einmal nicht verstanden als Metamorphose, sondern als Tauschhandel oder Konversion: den Wert der Wirklichkeit in bare poetische Münze umgewechselt. Auch hundert Jahre nach dieser knappen Charakterisierung von Person und Werk Trakls scheint sie wenig an Treffsicherheit eingebüßt zu haben.

V

Poetische Farbwelten oder
Schwierigkeiten mit dem (lyrischen) Ich[1]

Um das Kapitel exkurshaft zu beginnen: Im November 1913 fällt ein Stichwort, das an Trakls psychologisch-poetische Disposition erinnert, aber im Werk Thomas Manns Karriere machen wird: »Sympathie mit dem Tode«. Erstmals tritt es zu jenem Zeitpunkt in einem Brief an seinen Bruder Heinrich in Erscheinung, in dem er einen seelischen Krisenzustand schildert. Tief eingeboren sei ihm, Thomas, eine »wachsende Sympathie mit dem Tode: mein ganzes Interesse galt immer dem Verfall, und das ist es wohl eigentlich, was mich hindert, mich für Fortschritt zu interessieren.«[2] Hätte das zu diesem Zeitpunkt nicht auch der zwölf Jahre jüngere Georg Trakl bekennen können?

In den *Betrachtungen eines Unpolitischen* bezeichnet Thomas Mann fünf Jahre später dann genauer, was es mit dieser Todessympathie auf sich hat. Er gebraucht den Ausdruck nun synonym mit Verneinung des Fortschritts, Opposition gegen das Demokratische – für ihn zu dieser Zeit noch gleichbedeutend mit kunstfeindlicher Politik und dem Ende der Musik.[3]

Was aber besagt diese »Sympathie mit dem Tode«? *Sympathein* ist als ein »Mitleiden« zu verstehen, das bei Thomas Mann nicht passiv gemeint ist, sondern als Aufforderung an sich selbst, produktiv zu bleiben oder es neu zu werden.[4] Solche Sympathie meint ein Sich-Einlassen auf den Tod, ein geradezu paradoxes Mit-dem-Tod-Empfinden. Der Dichter kommt gleichsam dem Tod zu Hilfe, setzt sich für ihn ein, weil er glaubt – offenen Auges das zivilisatorische Verhängnis im

Blick –, nicht länger gemeinsame Sache mit dem sogenannten Fortschritt machen zu können. Es ist dies die kulturkonservative Einstellung, die dem Avantgardismus abschwört, auch im ästhetischen Sinne, aber den »Konservativismus« durch eine Volte schillern lässt; denn laut Thomas Mann sei er »die erotische Ironie des Geistes«.[5]

Trakls »Sympathie mit dem Tode« dagegen ist die Ironie weitestgehend abhandengekommen; nicht dagegen die Erotik, eine zerquälte zwar im Stile Egons Schieles, ein Mitleiden mit den sich zu Tode Liebenden und Schreibenden. Thomas Manns »erotische Ironie des Geistes« hatte einen anderen bildkünstlerischen Namen: Ludwig von Hofmanns Gemälde *Die Quelle*, ein Bild, in das er sich nach eigener Aussage »verliebt« hatte, ein prä-impressionistisches, von der künstlerischen Qualität her gesehen eher fragliches Mythenbild mit drei um einen Felsenquell gruppierten nackten Jünglingen[6] – die profane Dreieinigkeit als Inspirationsquelle, die ihn bis ins kalifornische Exil begleiten sollte.

Man könnte behaupten, dass sich diese »Sympathie mit dem Tode« im Falle Trakls in einer konsistent düsteren poetischen Farbgebung ausgedrückt habe. Zu Recht werfen denn auch Untersuchungen zur Sprachbildlichkeit bei Trakl seit Jahrzehnten die Frage nach den Farbmetaphern in seinen Dichtungen auf. Was bedeutet braun, was blau in diesen Gedichten? Ist das Gelb Trakls wirklich gelb und das Rot unzweifelhaft rot? Ist Schwarz die Todesfarbe in Trakls Gedichten schlechthin?

In diesen wortfarblich orchestrierten poetischen Zonen Trakl'scher Gedichte erscheint eine Bemerkung von Henri Poincaré (1854–1912) ihrer Deutung hilfreich. In seiner wissenschaftsphilosophischen Studie *La valeur de la science* (1905) betonte er, dass wir über keine Mittel verfügten, um nachzuweisen, *wie* ein anderer wahrnimmt und *ob* er wahrnimmt.[7] Was objektiv und intersubjektiv ist, bleibt stets Gegenstand eines spezifisch sprachlichen Kommunizierens, wozu auch die Dichtung gehört. Der polnische Wissenschaftstheoretiker Ludwik Fleck zitiert in einem Beitrag über die »Theorie des Erkennens« von 1937 den von ihm geschätzten Poincaré in einer Weise, die das Zitierte unmittelbar für die Erörterung der poetischen Farbqualitäten Trakls sinnfällig macht:

Nehmen wir an, sagt Poincaré, daß der Mohn und die Kirsche bei mir den Eindruck A erwecken, bei jemand anderem jedoch den Eindruck B, das Laub erzeugt bei mir den Eindruck B und beim anderen A. Es ist klar, daß wir nichts darüber wissen, welche Eindrücke es sind, wenn ich den Eindruck A rot nenne und B grün, während der andere den ersten grün nennt und den zweiten rot. Ich kann feststellen, daß für ihn der Mohn und die Kirsche die gleiche – auch wenn ich nicht weiß, welche – Farbe haben, wenn er, um sie zu bezeichnen, in beiden Fällen denselben Ausdruck benutzt. Das, was kommunizierbar ist, was der intersubjektiven Erkenntnis zugänglich ist, sind nicht Qualitäten, sondern Verhältnisse und strukturelle Eigenschaften der Gegenstände.[8]

Was bedeutet das, auf das Farbproblem bei Trakl übertragen? Konkretisieren wir diese Frage: Was etwa ist gemeint mit der auffälligen Farbgebung am Anfang seines Gedichts »Kaspar Hauser Lied«: »Er wahrlich liebte die Sonne, die purpurn den Hügel hinabstieg, / Die Wege des Walds, den singenden Schwarzvogel / Und die Freude des Grüns.« (HKA I, 95) Mit Poincaré gesprochen bedeutet das: Das Purpur der Sonne ist ein Benennungsphänomen und keine verbindliche Festlegung von Farbqualitäten. »Grün« und »Freude« stehen in einem bestimmten Verhältnis zueinander, ohne eine Allgemeinverbindlichkeit der Aussage beanspruchen zu können. Das Problem ist gerade im vorliegenden Beispiel besonders akut, da es in Bezug zur Kaspar-Hauser-Figur steht, die aufgrund ihrer Entwicklung in völliger sozialer Isolation über kein kommunizierfähiges Vokabular verfügt, sondern nur über eigene »urnatürliche« Prägungen und Vorstellungen.

Ein zweiter theoretischer Ansatz bietet sich an, angelehnt an neuere Erörterungen der Ekphrasis.[9] Die (erzählerisch-lyrische) Beschreibung eines imaginierten Kunstwerks oder die wortsprachliche Darstellung eines tatsächlichen Kunstwerks mit der spezifischen Problematik, etwas verbalisieren zu müssen, das seinerseits keine Worte kennt[10], wäre im Falle der piktoralen Struktur vieler Trakl-Gedichte umzukehren: Das Gedicht lässt ein Bild entstehen, dessen poetische Farbwertigkeit das auffälligste Merkmal ist. Trakl versetzt den Leser und Hörer solcher bild- und farbenkräftiger Gedichte in die Lage, einen wortmalenden Prozess zu begleiten.[11] Trakls Dichtungen bestünden somit auch aus Texten, die ihrerseits nach den Maßgaben der literarischen Beschreibung von Bildwerken, der Ekphrasis, zu interpretieren wären, da sie oft selbst Bilder sind.

Als ein für Trakl maßgebliches Stadt-Bild wurde zuvor bereits Salzburg identifiziert, und zwar als ein poetisch-symbolischer Bezugsraum, in dem sich lyrische Bezüge zum Gewesenen und scheinbar noch Seienden herstellen ließen. Das Verschwinden dieses Raumes dürfte Trakl mehr als manches andere gefürchtet haben, daher beschwor er ihn mit einem geradezu zwanghaften Willen zu poetisch-melancholischer Vorstellung. Aus ihr gewann er ein betörendes Poeticum aus Farben, Tönen und Schatten, denen er eine eigene Choreografie und innere Sprachdramatik abgewann.

Heideggers Trakl-Denkwort und Farbpoetik
bei Gottfried Keller und Oswald Spengler

Dieser Dichter beanspruchte für sich eine »schöne Welt, voll unendlichen Wohllauts«[12]; aber doch nur um sich mit Schuberts vertontem Schiller-Lied zu fragen, wo sie denn in Wirklichkeit geblieben sei. Gedicht um Gedicht versuchte er, diese morbide Traumwelt zu beschwören, ihr prekär Sprachschönes zu wahren, es verdichtend zu steigern, poetisch Gedicht um Gedicht zu überbieten. Diese Gedichte lesen sich, als wollten sie nichts mehr, als dem Schwinden des Schrecklich-Schönen Einhalt gebieten. Man könnte auch behaupten, dass Trakl in einer Welt der Hässlichkeiten das Schöne als Ausnahmezustand perpetuieren wollte, um Giorgio Agambens Wort zu gebrauchen – wohlgemerkt: das *Sprach*schöne in seiner ganzen Ambivalenz.

Das Unverwechselbare des Trakl-Klanges, dieser verführerische, von Rimbaud inspirierte Tanz der Vokale[13], dieser trügerische Zauber des Verfalls, das sind sprachästhetische Phänomene, die nur unzureichend mit der Kategorie expressionistisch, wenn sie denn überhaupt eine probate ist, beschrieben werden können. Denn so suggestiv Trakls Lautintervalle auch sind, so bezwingend ihre sprachlich-bildlichen Modulationen, ihr Kern zeugt von einer problematischen Seinsverfangenheit, die an poetische Selbstverstrickung grenzte. Man kann es nicht oft genug wiederholen: Dieser suchtkranke Dichter verfasste eine Lyrik, die ihrerseits bestimmte Gemüter süchtig macht und wohl auch machen sollte, und die sich dabei auf den Wahn als ein ästhetisches Phänomen besinnt. Nur als wahnhaftes Poeticum schien Trakl sein Dasein gerechtfertigt.

Das Nervöse, Hektische, Beschleunigte, diese so typischen Akzidenzien seiner Zeit, sucht man in diesem dichterischen

Werk vergebens. Denn Trakls Lyrik ist in erster Linie entschleunigte Bewegung, gelegentlich beinahe anti-kinetisch, angstvoll, aber anti-nervös und doch von sprachdramatischem Eigenwert und ästhetischem Eigen-Sinn. Sie versteht sich als ein *pro memoria* des Schönen in einer dezidiert unschön werdenden Zeit. Dieses Schöne bezeichnet jedoch ein Problemfeld der eigenen Art: Es verklärt und verstört, erreicht ungeahnte sprachklangliche wie sprachbildliche Intensitätsgrade (»Rubingeäder kroch ins Laub«, HKA I, 273) und wirkt gleichzeitig wie ein Mittel, die Einsicht in die eigene Verworfenheit (»O des verfluchten Geschlechts«, HKA I, 149) vorläufig zu bannen.

Die Sinnesorgane sind es, die in diesem Dichter ins Träumen geraten und auf diese Weise – zumindest für eine gewisse Zeit – ein »Bei-sich-Sein« dieses durch und durch poetischen, aber wissenschaftsbewussten Ichs bewirken können. Die dabei entstandenen Gedichte scheinen wie auf »Sinnesschwellen« (Bernd Waldenfels) geschrieben oder in diese eingeschrieben.

Mit diesem Befund einher geht, dass Trakl Sprachbilder hervorbringt, die davon zeugen, wie ein letztes Licht auf die einfachen Dinge des Lebens geworfen wird.[14] Im goldenen Blühen des »Baums der Gnaden«, so im Gedicht »Ein Winterabend«, kann denn auch zuletzt »Brot und Wein« in »reiner Helle« erglänzen. (HKA I, 102) Das Gedicht als Epiphanie und quasi sakrales Moment, das jedoch stets am Rande zum Verworfen- und Verfluchtsein aufscheint: Trakl behandelt Gedichte als sprechende Textkörper, sinnlich aufgeladen, einmal vom Gold durchglänzt, dann wieder schwarz durchädert. »Der Glanz des Goldes«, schreibt Heidegger in seiner an begrifflich-assoziativer Originalität nicht zu übertreffenden Deutung von Trakls Gedicht »Ein Winterabend« im Rahmen seines philosophischen Versuchs »Die Sprache«, dieses

Glänzen »birgt alles Anwesende in das Unverborgene seines Erscheinens«.[15] Entsprechendes ließe sich für das Schwarze sagen, das zum Beispiel in »Verwandlung des Bösen« den entscheidenden Farbeindruck darstellt: Das Absorbierende des Schwarz bezeichnet für alles Anwesende den Modus seines Verschwindens. Derrida hat in seinem Text *De l'esprit. Heidegger et la question* diese Trakl-Erörterung und aus ihr gewonnene Sprachdeutung ausführlich gewürdigt, und zwar als einen der gehaltreichsten Texte Heideggers: »[...] subtil, surdéterminé, plus intraduisible que jamais. Et bien entendu des plus problématiques.«[16] Problematisch inwiefern? Insofern vielleicht, als Heidegger in Trakls Dichtung nicht das »Es« zu Wort kommen lässt und am Werke sieht. Und dass er auch nicht wie der frühe Nietzsche im »Es« ein gesetztes Subjekt erkannte, in dem sich das Geschehen als ein Wirken vollzieht, wie etwa in Wendungen von der Art »es blitzt«. Heideggers geradezu anti-psychologisch von Trakls Dichten abgeleitete These »Die Sprache spricht« wäre mithin verwandt mit der Eröffnung des Romans *Der Erwählte* von Thomas Mann, wo die Sprache zum Erzähler erklärt wird. Damit wäre jedoch auch gesagt, dass die so auffälligen Farbtöne in Trakls Dichtung, über die Heidegger und auch Derrida nichts sagen, reine Sprachintervalle erzeugen und damit eine allenfalls ambivalente Sinnlichkeit.

Das Gold, das Schwarz, das Braun kann in Trakls Dichtungen wie andere Farben auch nahezu jede Verbindung eingehen. Was er damit vor allem bei der Verwendung des Gold bewirkt, hat wiederum Gottfried Keller bereits 1855 in seinem kleinen Essay »Das goldene Grün bei Goethe und Schiller« ausgesprochen: »Pflanze und Sonne, Grün und Gold, leben und weben durcheinander, und dies Durcheinander ist es, was [...] den sinnlichen beabsichtigten Reiz hervorbringt; denn man malt nicht nur direkt, sondern auch indirekt und ist vorzüglich bei der Malerei, welche durch das Gehör gesehen werden muß, darauf angewiesen.«[17] Suggestive Verwirrung der sinnlichen Eindrücke, das scheint in der Tat auch Teil des poetischen Verfahrens von Trakl gewesen zu sein. Ob blaue oder goldene Stille, ob ein grünes, im Weiher singendes Kristall oder das rote Gold des Herzens, immer hat es dieser Dichter darauf angelegt, Farbintervalle in seine Sprachpartituren einzufügen, die das Außergewöhnliche zum Regelfall machen. »Das Gold tropft von den Büschen trüb und matt« (HKA I, 53) – vergleichsweise selten versetzt Trakl das Gold in Bewegung, und wenn, dann in Form von Erinnerung: »Verflossen ist das Gold der Tage« (HKA I, 21); zumeist gewinnt er aus ihm den Eindruck von Statischem, das aus sich heraus glänzt und alles von ihm Berührte dramatisch, paradox gesagt: verdunkelnd erhellt.

Trakls poetische Behandlung der Farbe stellt in ihrer Ausgeprägtheit selbst im expressionistischen Kontext eine Besonderheit dar. Um ihre Bedeutung zu veranschaulichen, lohnt ein Blick auf Oswald Spenglers großen, um 1912 begonnenen kulturmorphologischen Versuch *Der Untergang des Abendlandes*, in dem er eine typologische Koloristik entworfen hat, die meines Wissens noch nicht mit Trakls poetischem Farbansatz in Beziehung gebracht worden ist. Goldbraun galt ihm als Farbe des »Faustisch-Unbewußten«, das Braun als die »eigentliche Farbe der Seele«.[18] Im Braun sah Spengler überdies eine »historische Farbe«, die paradoxerweise einen Bildraum koloriere, der jedoch in die Zukunft weise. Das besondere an der Farbe Braun sei nun laut Spengler, dass ihre reine Ausprägung außerhalb der Möglichkeiten der Natur liege; denn Braun »fehlt dem Regenbogen«. Sie ergebe sich aber aus den traditionellen Vordergrundfarben Gelb und Rot, Spengler nennt sie die »antiken Töne«, durch deren Mischung das Braun seine Tiefendimension gewinne.[19] Was Spengler hier entwirft, kann als Analogie zu Trakls lyrischer Farbkosmologie oder poetischer Koloristik gelesen werden, die durch ihre sprachklanglichen Mischungsverhältnisse das Gedicht zu einem synästhetischen Ereignis machte.

»Purpurn zerbrach der Gesegneten Mund. Die runden Augen / Spiegeln das dunkle Gold des Frühlingsnachmittags, / Saum und Schwärze des Walds, Abendängste im Grün«, heißt es im »Stundenlied«. (HKA I, 80) »Purpurn« auch das verfärbte Herbstlaub und dazu »Musik und Tanz in schattigen Kellern«: Trakl reichert seine Verse solchermaßen an, dass der hörende Leser oder lesende Hörer vergisst, ob in diesen Gedichten zudem noch gereimt wird oder nicht. Diese Texte haben etwas Überbordendes, Überreiches, Spätestbarockes, was freilich alles im Zeichen der Verwesung steht. Diese Sprache spreche, so Heidegger, als »Geläut der Stille«[20]; eine überaus treffende Wendung, um zu charakterisieren, was Trakl mit seinen Stilbildern in Worten erreicht: Sie entlocken der Stille, die sich über das Dasein senkt, eine letzte (Er-)Regung, die mit den sprachlichen Färbungen noch einmal Klang werden kann.

Wie Trakls Sprache entsprechen?

Auch im Laufe dieser Studie drängen sich immer wieder die Fragen auf: Wie soll man interpretierend dieser Trakl'schen Sprache entsprechen?[21] Was fordert sie an biografischer Erklärung? Wie viel davon erträgt sie überhaupt? Wir haben bereits versucht, Trakl unter den Vorzeichen seiner geradezu zwanghaften Imaginativität zu deuten und im Wechselspiel von Verdrängung und rausch- bis wahnhafter Steigerung seines Vorstellungspotenzials einen wesentlichen Schaffensimpuls zu sehen.[22] Zu betonen ist jedoch, dass es sich bei Trakl primär um ein obsessives Verhältnis zur Sprache und ihren Möglichkeiten gehandelt haben dürfte. Die Sprache wurde (auch) ihm eine Art Rauschmittel, ein Trance-Medium und eine Form von Autosuggestion, die ihn jedoch seiner Identität zu entfremden schien. Denn das Seltenste bei Trakl sind Ich-Gedichte. Was ihnen eignet, ist latente Subjektivität, etwa durch die Anrufung der im Nebenzimmer »eine Sonate von Schubert« spielenden Schwester, wie in seinem Gedicht »Unterwegs«. (HKA I, 81) Wie gesagt, Ich-Gedichte finden sich im Nachlass und eben bezeichnenderweise nur sehr vereinzelt in dem zu Lebzeiten veröffentlichten Werk. Statt eines Ichs verliert sich »ein Goldnes«, oder es tönt »ein Glockenspiel«. Trakl erwies sich als Meister des unbestimmten Artikels, der auf ein Undefinierbares, Allgemeines weist und gleichsam den Blick und den Schauenden neutralisiert.

Trakl, der sich selbst – wie eingangs erwähnt – auf das Klavierspiel verstand, bediente sich der Sprache wie einer Klaviatur; O-Vokale, Konsonanten schlägt er an wie seine Schwester die weißen oder schwarzen Tasten. Dieser Vergleich ist nicht weit, sondern ausgesprochen nah hergeholt, vom Nebenzimmer gewissermaßen, wie es Trakl ja auch – freilich in verlassenem Zustand – bedichtet hat:

Fenster, bunte Blumenbeeten,
Eine Orgel spielt herein.
Schatten tanzen an Tapeten.
Wunderlich ein toller Reihn.
[...]

Wessen Atem kommt mich kosen?
Schwalben irre Zeichen ziehn.
Leise fließt im Grenzenlosen
Dort das goldne Waldland hin. (HKA I, 25)

Der Klang verbildlicht sich, die Zeichen schwirren und scheinen zu klingen. Was in diesem »verlassenen Zimmer« schön ist, es mag das sein, was darin ein Mensch zurückgelassen hat an Erinnerung, Vorstellungen und Projektionen. »Vorm Fenster tönendes Grün und Rot«, dichtet Trakl wenig später (»Die Bauern«, HKA I, 33). Und die erste Fassung vom »Traum des Bösen« beginnt mit der Zeile: »Verhallend eines Gongs braungoldne Klänge«. (HKA I, 29) Man vergegenwärtige sich, dass zeitgleich zu diesen sprachmusikalischen Versuchen Alexander N. Skrjabin sein *Poème de l'extase* (op. 54, 1908) schuf und *Prometheus, Le Poème du Feu* (op. 60, 1911), Werke, die als Ton- und Farbenpartitur gedacht waren. Eine neue Tonleiter aus Obertönen konstruierte er, um auf diese Weise einen »mystischen Akkord« zu bilden. Seine Vision bestand darin, die auf dem Klavier angeschlagenen Töne in ihren farbigen Entsprechungen auf eine Leinwand zu projizieren – als bunte Schatten der Klänge.

Es ist diese manisch verdichtete Klang-Farb-Sprachwelt, die auch Trakl zu evozieren sucht: »Im roten Laubwerk voll Guitarren / Der Mädchen gelbe Haare wehen / Am Zaun, wo Sonnenblumen stehen. / Durch Wolken fährt ein goldner Karren.« (HKA I, 19) Immer wieder wissen diese Gedichte von Sonnenblumen an Zäunen (auch im Gedicht »Im Herbst«, HKA I, 31), dem blühenden (oder welkenden) Leuchten an einer Grenze, das wiederum vom übergeordneten Klangbild, hier dem »roten Laubwerk voll Guitarren«, aufgehoben wird. Noch in den nachgelassenen Fassungen »Leise« und »Melancholia« findet sich diese sprachbildliche Konstellation: »Am Zaune lehnen Astern, die verstarben / Und Sonnenblumen schwärzlich und verwittert«. (Zweite Fassung HKA I, 361)

Was ist das? Nachgetragener van Gogh oder vorweggenommener Gottfried Benn? In jedem Fall eine Zaun-Grenz-Erfahrung, die das Gefühl von Finalität evoziert, von »dunklen Augen« in den Blick genommen und doch immer auf ein transzendierendes musikalisches Moment hoffend, sei es auf »sanft den Herbst begleitende« Guitarrenklänge, sei es auf einen »wunderlichen Glockenklang«, der Reseden zu durchzittern versteht. Das eben ist der Punkt: Alles kann in dieser Lyrik Musik oder zu deren Gegenstand werden; alles kann eine Symbiose mit Farben eingehen. Diese Farben bilden gleichsam optisch-poetische Intervalle. In einem Goethe'schen Sinne sind sie in diesen Gedichten »Taten und Leiden« des Lichts, aber eben eines inneren Leuchtens, das Trakl sprachlich fasst. Goethe sah die Farben als ein optisches Sprechen der Natur zu den Sinnen, das Auge als ein Entwicklungsprodukt, das sich dem Licht verdanke.[23] Im Falle Trakls würde man wohl sagen: Diese poetischen Farben erfordern ein Traumorgan, um Wirkung zu zeigen; sie sind Manifestationen und Schmerzen dunkler Helle, die eben auch gehört sein wollen.

Die Frage nach dem Musikalischen in Trakls lyrischen Sequenzen lässt sich freilich nicht nur symbolisch-synästhetisch beantworten, sondern auch konkret. Hans-Georg Kemper spricht zu Recht von der Klanghörigkeit des Trakl'schen Expressionismus[24] und verweist auf Trakls Interesse an Schönberg und dessen »Inthronisation der Quarte« bei der Akkordbildung im Gegensatz zur herkömmlichen an der Terz orientierten Intervallstruktur in der Musik, ein Vorgang, der eben auch auf Skrijabin zutrifft. Dass sich auch Trakl eines »dissoziierenden Reihungsstils« befleißigte, ist offensichtlich. An einer Reimfügung im »Traum des Bösen« wird dies besonders offenbar: Trakl reimt dort »Klänge« auf »Stränge« (HKA I, 29), also auf ein Wort für Ansätze zu Reihen.

Ausklang, Einklang und ein Widerhall, der sich »schattengleich, wie welker Blätter Fall / Auf ein verlassnes Grab in Herbstesnacht« senkt (HKA I, 243), es ließe sich einwenden: Trakls Gedichte bewegen sich hart an der Grenze zum sprachklanglichen Zuviel. Von Reduktionismus im Sinne Schönbergs und seiner Moderne keine Spur; auch der Eindruck sprachlicher Konzentration oder gar Komprimierung stellt sich nicht oder nur selten ein. Eher empfindet man, es mit einem stark verspäteten Barockdichter zu tun zu haben, der jedoch, angeregt durch die magisch-verführerische Überfülle seines Materials, deliriert: »Verwesung traumgeschaffner Paradiese / Umweht dies trauervolle, müde Herz.« Die Wendung »träumerische Müdigkeit«, die Trakl bereits 1908 gebrauchte[25], trifft Ton- und Gemütslage so vieler Trakl-Gedichte genau. Dieser poetisch-visionären Anverwandlung des Barocken im Stadium seines Verfalls fehlt – bei allen sonstigen motivischen Wahlverwandtschaften – jene Leichtigkeit, die noch Verlaines poetische Rokoko-Anachronismen, die *Fêtes galantes*, auszeichnete.

Es gibt eben ein Dichten aus dem Geist gescheiterter Musikausübung. Und mit Trakls Versen im Ohr fühlt man sich an eine spezifisch romantische Musikauffassung erinnert, die Johann Wilhelm Ritter in seinen *Fragmenten aus dem Nachlasse eines jungen Physikers* entwickelt hatte. Darin heißt es unter anderem: »Töne sind Wesen, die einander verstehen, so wie wir den Ton. Jeder Accord schon mag ein Tonverständniß unter anderen seyn, und als bereits gebildete Einheit zu uns kommen.«[26] Auf Trakls musikhaltige Sprache übertragen, meinte das: Die Worte in seinen Versen verstehen einander, bevor wir das Wesen ihres Klanges begreifen. Ritters junger Physiker des Jahres 1810 hatte jedem Ton wie auch dem Licht »Bewußtseyn« zugeschrieben. Trakl dürfte dem Ton und Wort eher unterbewusste Valenzen zugeschrieben haben. Was sich ihm an Sprachklang aufdrängte, wirkt noch immer eher wie Resonanzen eines untergründigen Rumorens, das sich bis zu psychotischem Ästhetizismus steigern konnte.

Doch fällt im zu Lebzeiten veröffentlichten Werk Trakls immer wieder das betont Ebenmäßige der sprachlichen Fügungen auf, und das selbst dann, wenn von Verstörendem die Rede ist. Das von diesem Dichter so betont vorgeführte Sprachschöne gewinnt dadurch etwas Maskenhaftes, das in den letzten Entwürfen im Nachlass zwar auch noch vorhanden, aber im Aufbrechen begriffen ist. Was Trakl an Natur aufgreift, wirkt dabei keineswegs natürlich, sondern bleibt einbezogen in die poetische Maskenwelt, in der selbst Sonnenblumen wirken, als seien sie »gelöst in Schminken und Zyanenfarben«. (HKA I, 361) Und dann wiederum erscheint das Artifizielle nicht künstlich genug, um als steril verworfen werden zu können. Was in dieser Trakl'schen Natur wächst, ist das Surreale: »O, die silbernen Fische und die Früchte, die von verkrüppelten Bäumen fielen. Die Akkorde seiner Schritte erfüllten ihn mit Stolz und Menschenverachtung. Am Heimweg traf er ein unbewohntes Schloss. Verfallene Götter standen im Garten, hintrauernd am Abend.« (HKA I, 145)

Trakls »Naturtheater« und das Problem poetischer Farbgebung

Im Nachlass Trakls befand sich ein Gedicht mit dem Titel »Naturtheater«. Seine ersten beiden (die hier wichtigsten!) Strophen lauten:

Nun tret' ich durch die schlanke Pforte!
Verworrner Schritt in den Alleen
Verweht und leiser Hauch der Worte
Von Menschen, die vorübergehn.

Ich steh' vor einer grünen Bühne!
Fang an, fang wieder an, du Spiel
Verlorner Tage, ohn' Schuld und Sühne,
Gespensterhaft nur, fremd und kühl! (HKA I, 128)

Wie könnte man hierbei nicht an das »Naturtheater von Oklahoma« denken, an das letzte Kapitel von Kafkas Fragment *Der
Verschollene,* wenngleich darin eine Trakl eher fremd gewesene Maschinisierung und Bürokratisierung den Blick auf die
Natur buchstäblich verstellt.

In Kafkas Text künden bizarr dröhnende Posaunen das
Naturtheater an, wiederum den Trakl'schen »Trompeten«
verwandt; in diesem Gedicht belässt es Trakl bei einem gedämpften »leisen Hauch der Worte«. »Zur Melodie der frühen Tage« sieht sich dieses Ich dabei zu, wie es als Kind auf
dieser »Bühne« ging. Dieses Gedicht fällt auch deswegen besonders auf, weil es mit einem Zitat aus Eduard Mörikes elegischer Dichtung »An eine Äolsharfe« (1837) arbeitet. Trakls
Strophe lautet: »Ich steh' vor einer grünen Bühne! / Fang an,
fang wieder an, du Spiel / Verlorner Tage, ohn' Schuld und
Sühne, / Gespensterhaft nur, fremd und kühl!« (HKA I, 241)
Hier die entsprechende Stelle in Mörikes Gedicht: »Geheimnisvolles Saitenspiel, / Fang' an, / Fange wieder an / Deine
melodische Klage!«[27] In Trakls Gedicht spielt nicht der Wind
mit den Saiten einer Harfe; die »verlornen Tage« führen sich
selbst auf dieser Naturbühne auf. An anderer Stelle, im Gedicht »Dämmerung«, ist von der »zersprungnen Harfe« die
Rede, die nur noch »Mißtöne« hervorbringen kann. (HKA I,
218) »Verloren« sind sie, weil sie von moralischen Fragen (wie
jene in Dostojewskis Roman *Schuld und Sühne* – eine weitere
Anspielung!) nichts wissen. Die »melodische Klage« Mörikes
nimmt Trakls Gedicht in einer weiteren bezeichnenden Veränderung in der folgenden Strophe auf: Das sich als Kind er-

lebende Ich sieht dessen »leise, vergessene Klage« weinen, »fremd meinem Verstehen«.

Aber Trakls Strophen sind noch aus einem anderen Grund aufschlussreich. Eingangs wird die Grenze oder Schwelle überschritten, was jedoch dazu führt, dass der Schritt in einen Zustand von Verwirrung gerät. Was sich hier inszeniert sieht, ist das Gaukelspiel gewesener Unschuld, die es jedoch so nie gegeben hat. Der Schritt ins Trügerische kann nur zu »Gespenstischem« führen, zu Entfremdung und »Kühle«, also Distanz. Die »grüne Bühne« dieses Naturtheaters bietet kein Identifikationstheater, sondern allenfalls die Vorführung einer Selbst-Täuschung.

Trakl wagte in diesem Gedicht unverhohlen Subjektivität. Das lyrische Ich scheint Zutrauen zu sich selbst gefunden zu haben: »Ich steh' vor einer grünen Bühne!« (HKA I, 241) – hier steht ein Ich, sagt das Gedicht und fragt gleichzeitig, ob es auch anders könnte. Am Ende ist es dieses Ich, das sich selbst weinen macht; sein bisschen Mut geht auf in der Dunkelheit, auf welche die unfertigen Gebärden eines Anderen, notdürftig mit »Du« bezeichnet, weisen. Der Gestus der Klage übermannt dieses Ich; vom theatralischen Anflug bleibt keine Spur. Die Szenerie des Naturtheaters schwebt in Verdunkelungsgefahr.

Es wäre freilich verfehlt zu behaupten, dass in Trakls Gedichten nur dann Subjektivität erkennbar sei, wenn ein Ich, ein Du, ein Wesen in Erscheinung tritt. Ihre Subjektivität ist impliziter Art und liegt etwa in spezifischen Sprachklang- und Sichtweisen begründet, in der Art, wie das Wortkolorit auf der Sprachpalette seines Sagens angemischt wird und wie der Verfall der Kultur und ihrer Zeugnisse als ästhetisches Ereignis den Selbstzerfall und die Traumverfallenheit begleitet.

Der Hinweis zuvor auf den »nachgetragenen van Gogh« in Bezug auf Trakls poetische Farbgebung war nicht beiläufig gemeint. In einem Brief an seinen Bruder Theo vom Sommer 1888 äußerte sich van Gogh zum Verhältnis von Farben und Rauschmitteln und spricht von der »geistigen Anstrengung, die sechs Hauptfarben Rot, Blau, Gelb, Orange, Violett und Grün ins Gleichgewicht zu bringen«. Von »äußerster Anspannung aller geistigen Kräfte« ist fernerhin die Rede in diesem Brief, um die Verhältnisse dieser Farben zueinander zu »berechnen«. Die auch durch den Einsatz von Rauschmitteln geförderte Entspannung danach sei notwendig, wobei er sich freilich keinen »betrunkenen Maler vor der Leinwand vorstellen« könne.[28] Ernst H. Gombrich bemerkte, diese Stelle kommentierend, dass eben dieses »Rechnen und Jonglieren« vom Bildbetrachter nicht wirklich nachvollzogen werden könne. Und Rimbaud und Trakl? Liegt auch ihrer poetischen Farbenverwendung ein »poetisches Kalkül« zugrunde? Da es sich um Worte handelt, liegt die Vermutung näher, es ließe sich in deren Gedichten ein »Schlüssel« zu ihrer Farb-Wort-Poetik finden.

Es erscheint zwingend, hier noch einmal auf Nietzsche zu sprechen zu kommen, und zwar auf Stellen in dessen Werk, die Trakl gekannt haben kann. Im dritten Teil der philosophischen Dichtung *Also sprach Zarathustra* lesen wir: »Das tiefe Gelb und das heisse Roth: so will es mein Geschmack, – der mischt Blut zu allen Farben. Wer aber sein Haus weiss tüncht, der verräth mir eine weissgetünchte Seele.«[29] Im Werk sieht sich diese emphatische Farbanrufung umrahmt von der These, Denker seien (für bestimmte Farben) blind. Mit ins Bild gehört die in der *Morgenröthe* aufgestellte Behauptung, ein jeder Denker, griechisch-antiker Herkunft zumal, male »seine Welt und jedes Ding mit weniger Farben, als es giebt«.[30] Doch habe diese partielle Farbenblindheit später ein umso »reicheres Sehen und Unterscheiden« ermöglicht.[31]

Den anderen Teil der Umrahmung bildet der abschließende

Aphorismus in *Jenseits von Gut und Böse*. Trakl hätte ihn als vorverweisenden Kommentar seiner Dichtung lesen können:

> Ach, was seid ihr doch, ihr meine geschriebenen und gemalten Gedanken! [...] Welche Sachen schreiben und malen wir denn ab, wir Mandarinen mit chinesischem Pinsel, wir Verewiger der Dinge, welche sich schreiben lassen, was vermögen wir denn allein abzumalen? Ach, immer nur Das, was eben welk werden will und anfängt, sich zu verriechen! Ach, immer nur abziehende und erschöpfte Gewitter und gelbe späte Gefühle! Ach, immer nur Vögel, die sich müde flogen und verflogen [...] Wir verewigen, was nicht mehr lange leben und fliegen kann, müde und mürbe Dinge allein! Und nur euer Nachmittag ist es, ihr meine geschriebenen und gemalten Gedanken, für den allein ich Farben habe, viel Farben vielleicht, viel bunte Zärtlichkeiten mit fünfzig Gelbs und Brauns und Grüns und Roths [...][32]

Das Welke, Späte, Müde und Mürbe klingt wie ein Vorgriff auf Trakls poetische Stimmungen in ihrer besonderen Wortkolorierung; denn auch bei ihm werden das Gelb und vor allem das Braun Farben der Reife *und* des Verfalls sein.[33]

Einen Deutungsansatz bietet das Phänomen der Synästhesie, wobei wiederum zu unterscheiden ist, ob Trakl Erscheinungen synästhetisch wahrgenommen oder Sprachbilder mit synästhetischer Wirkung geschaffen hat.

Die Pianistin Hélène Grimaud hat in einem Gespräch dazu das Folgende geäußert: Ihr Wahrnehmen von Tönen als Farben sei »strikt an Tonarten gebunden. c-moll ist immer schwarz, d-moll blau, G-Dur grün und F-Dur immer rot.« Sie erinnert sich an ein Kindheitserlebnis: »[...] Ich übe gerade ein Bach-Präludium – und plötzlich sehe ich dieses sehr lebendige Rot-Orange. Wie ein Fleck, mit undefinierbaren Umrissen, der sich vor meinen Augen hin und her bewegt.«[34] Gerade beim frühen Klavier spielenden Trakl wäre ein solches synästhetisches Erlebnis vorstellbar, das sich dann zu seiner poetischen Farbmystik verdichtete. Erhard Buschbeck verweist in seiner frühen Würdigung des Freundes Georg Trakl darauf, dass ihm von Anbeginn die Farben, der Geruch und der Klang wesentlicher gewesen seien als Dinge.[35] Auch Trakls Beharren auf reihenden Hauptsatzgefügen in seinen Dichtungen im Wesentlichen bis 1912/13 verweist darauf, dass er seine sinnlichen Wahrnehmungen als prinzipiell gleichrangig erachtete, eine Grundvoraussetzung für synästhetische Erfahrungen.

Hilfreich für den Klärungsprozess zur Frage, was Trakls poetische Farbgebung bedeutet, erscheint auch eine Äußerung von Hermann Broch:

Die malerische Sprache nimmt [...] eine Mittelstellung zwischen der musikalischen und der des Wortes ein, denn in der Musik fällt die Schicht des Symbols und die der musikalischen Realität, die des »Meinenden« und die des »Gemeinten« offenbar in eins zusammen, während der Prozeß, welcher zu den Wort-Symbolen und gar den dichterischen führt, unzweifelhaft eine ganze Reihe anderer Medial-Schichten zu passieren hat, also nur als Symbol von Symbolen usw. zu verstehen ist [...].[36]

Das »Dichterische« wäre demnach das Ergebnis intermedialer Abläufe im Inneren des Sprachkünstlers, wobei Broch betont, auch der impressionistische Maler sei kein Mystiker, sondern »ein Techniker der Licht- und Farberscheinungen«.[37] Diese Bemerkung entspräche van Goghs Behauptung, er habe die Farben, ihr Verhältnis (und damit deren Wirkung auf den Betrachter) »berechnet«. Wäre dies auf Trakl übertragbar und er damit als ein Techniker sprachlicher Effekte anzusprechen?

Gleichermaßen begründet könnte man diesen Themen-komplex als einen Ausläufer der Diskurse über die Bedeutung der »Einbildungskraft« im Kunstschaffen auffassen.[38] Ein in diesem Zusammenhang besonders treffender Ausdruck ist das »bilderschaffende Vermögen«.[39] Über ein solches Vermö-gen verfügte Trakl mehr als hinreichend.

Unter dem Datum des 18. Januar 1827 vermerkte Johann Peter Eckermann über ein Gespräch mit Goethe und dessen Komposition der *Wanderjahre*, dieser habe sein Vorgehen mit dem Verfahren eines Malers verglichen: jede Novelle, je-des Stück in einer anderen charakteristischen Farbe. Aber es kommt wiederum auf die farbliche Abstimmung der Gesamt-komposition an – durchaus im van Gogh'schen Sinne. Bei Trakl kann dies so weit gehen, dass er in zwei Versen regel-rechte Farbmischungsverhältnisse herstellt: »Hinter dunklen Gebüschen spielen Kinder mit blau und roten Kugeln; / Man-che wechseln die Stirne und die Hände verwesen im brau-nen Laub.« (»Am Abend«, HKA I, 315) Aus Blau und Rot wird Braun, das dann zur dominanten Farbe des Gedichts wird.

Anders als bei Hofmannsthal oder Rilke verbietet sich je-doch bei Trakl, von einem regelrechten »Farbenthusiasmus« zu sprechen. Was diesen um die Jahrhundertwende aus-machte, illustriert Hofmannsthals Brieferzählung *Die Briefe des Zurückgekehrten* (1907), die er unter dem Titel *Die Far-ben. Aus den Briefen des Zurückgekehrten* im Jahre 1911 neu er-scheinen ließ. Das darin geschilderte »Erlebnis des Sehens« entzündet sich an Bildern van Goghs, dessen Farben über den Ich-Erzähler »Gewalt« haben.[40] Dieses Erlebnis – van Gogh oder die Gewalt der Farbe – liest sich bei Hofmannsthal so:

Diese Farbe, die ein Grau war und ein fahles Braun und eine Finsternis und ein Schaum, in der ein Abgrund war und ein Dahinstürzen, ein Tod und ein Leben, ein Grausen und eine

Wollust – warum wühlte sich hier vor meinen schauenden Augen, vor meiner entzückten Brust mein ganzes Leben mir entgegen, Vergangenheit, Zukunft, aufschäumend in unerschöpflicher Gegenwart, und warum war dieser ungeheure Augenblick, dies heilige Genießen meiner selbst und zugleich der Welt, die sich mir auftat, als wäre die Brust ihr aufgegangen, warum war dies Doppelte, dies Verschlungene, dies Außen und Innen, dies ineinanderschlagende Du an mein Schauen geknüpft? Warum, wenn nicht die Farben eine Sprache sind, in der das Wortlose, das Ewige, das Ungeheure sich hergibt, eine Sprache, erhabener als die Töne, weil sie wie eine Ewigkeitsflamme unmittelbar hervorschlägt aus dem stummen Dasein und uns die Seele erneuert. Mir ist Musik neben diesem wie das matte Leben des Mondes neben dem furchtbaren Leben der Sonne.[41]

Zitiert ist diese Stelle so ausführlich, weil auf diese Weise am sinnfälligsten deutlich wird, wo der Unterschied zu Trakl liegt. In Trakls Dichtungen kann von solchen Ekstasen im Verhältnis zu Farben keine Rede sein (unberücksichtigt soll hier bleiben, weshalb der zurückgekehrte Briefeschreiber Hofmannsthals für seine Reaktion auf die Gewalt der Farben van Goghs ausgerechnet solche auswählt, die für diesen Künstler eher untypisch sind!). Das »Entzücken« oder Aufschäumen der Zeiten in der Gegenwart der Farbkunst fehlt bei Trakl. Auch erwies er sich zum »heiligen Genießen« seines Selbst als unfähig. Aber der entscheidende Unterschied zwischen dem Hofmannsthal-Zitat und Trakls Disposition besteht in poetologischer Hinsicht darin, dass Trakl die Farbe in Worten sprechen lässt und sie gerade nicht für »wortlos« hält. Desgleichen findet sich bei Trakl keine Rangordnung: Farbe als das Höchste, dahinter abgeschlagen, die Musik (»wie das matte Leben des Mondes«) und die Worte. Trakl hält weder »Rot« noch »Blau«

für ein »armseliges Wort«, als welches der Zurückgekehrte bei Hofmannsthal den Kollektivbegriff »Farbe« bezeichnet. Auffälligerweise gebraucht Trakl das Wort »Farbe« erst gar nicht, sondern spezifiziert die Farben, charakterisiert sie aber nicht näher durch zusätzliche Adjektive.

Doch eine Gemeinsamkeit zwischen Trakls poetischer Verwendung von Farben und Hofmannsthals Text ergibt sich aus der Schlussfrage des Zurückgekehrten: »Und warum sollten nicht die Farben Brüder der Schmerzen sein, da diese wie jene uns ins Ewige ziehen?«[42] Eine solche Verwandtschaft darf bei Trakl angenommen werden. In *Sebastian im Traum* sollte sie noch prominenter in den Vordergrund rücken.

Ist es somit wirklich sinnvoll, bei Trakl von Farbmystik zu sprechen oder von einem »sachlichen Sagen«, wie es Rilke, angeregt auch durch die Begegnung mit der Kunst Paul Cézannes, entwickelt hat? Broch hatte in seinem Großessay *Hofmannsthal und seine Zeit* befunden, dass dieser zu einer Erkenntnis-Lyrik vorgestoßen sei, gerade weil ihm die »mystische Intuitiv-Einheit von Ich, Ausdruck und Ding mit einem Schlag verlorengegangen« sei.[43] Mystik sei dabei als Einheitserfahrung verstanden, welche die »erkenntnistheoretische Subjekt-Objekt-Dichotomie und die semiotische Kluft zwischen Wort und Ding« überwindet.[44] Ihr Aufbrechen charakterisiert die Moderne. Trakl sparte freilich die Auflösung einer Einheit von Ich und Welterfahrung dadurch aus, dass er das Ich nicht mehr in Erscheinung treten, sondern nur mittelbar durch die Art der subjektiven Farbzuweisungen an bestimmte Objekte »sprechen« lässt. Diese Farbensubjektivität bringt ihn tatsächlich im eingangs erwähnten Sinne Walter Muschgs in die Nähe des »Blauen Reiter« und der Bilderwelt Franz Marcs. »Mystisch« wirkt diese Poetik insofern, als in Trakls Gedichten der beschwörende, quasi »mystische« Ton gegenwärtig bleibt, aber mit betont sachlichen Feststellungen abwechselt. Sofern sich dieser Ton mit Farben verbindet, was durchaus nicht durchgängig der Fall ist, wäre daher bei solchen Beispielen (und nur bei ihnen!) die Rede vom Farbmystischen bei Trakl angebracht.

VI

Zum Tode dichten. Ein Selbstgemälde und »Begegnung mit Sterbenden«

Dichter, die bildkünstlerische Selbstporträts geschaffen haben, sind selten. Trakl gehörte zu den wenigen. Lesbar wäre dieses Bild im Sinne einer Bild-Anthropologie, wie sie Hans Belting entwickelt hat.[1] Einen besonders sprechenden Begriff hat Peter Sloterdijk für die Charakterisierung von »Selbstbildern« gefunden: Er nennt sie »autoplastisch«[2] und verweist damit auf die Selbstformung im und durch das Bild(en) der eigenen Ansicht vom Ich.

Der Weg zu Trakls Selbstporträt[3] besteht aus kurzen, aber intensiven Begegnungen mit zeitgenössischen Kunstwelten und Kunstrichtungen, ohne dass von einer wirklichen Auseinandersetzung Trakls mit der blühenden Kunstszene seiner Zeit die Rede sein kann. Dieser Weg sei hier ansatzweise nachgezeichnet.

Am 15. Oktober 1912 brachte die Innsbrucker Zeitschrift *Der Brenner*, deren Kreis sich Georg Trakl seit der Veröffentlichung seiner »Helian«-Dichtung am 1. Februar jenes Jahres wahlverwandtschaftlich verbunden wusste, eine Karikatur des Dichters (siehe Seite 164) von der Hand des Künstlers Max von Esterle (1870–1947). Arbeiten dieses Bildkünstlers waren im *Brenner* seit 1910 erschienen, unter anderem eine Zeichnung, die den lesenden Karl Kraus zeigte.

Trakl hatte wie bereits erwähnt aus seinem Missfallen über diese ihn vergleichsweise eher mild karikierende Arbeit keinen Hehl gemacht. Seinem Freund Erhard Buschbeck schreibt er Anfang 1912: »Du wirst in einem der ›Brenner‹hefte eine

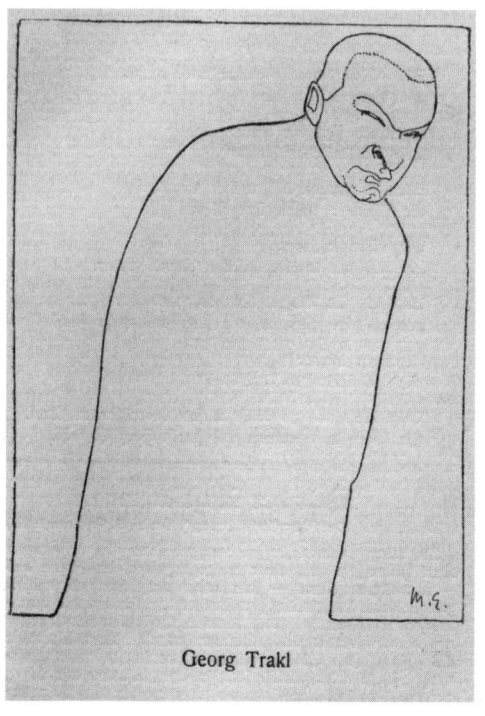

Georg Trakl

Karrikatur [sic!] finden, die leider an mir ganz vorbeigeraten
ist.« (HKA I, 492) Oder könnte es sein, dass sich Trakl nur allzu getroffen fühlte von dieser Zeichnung, die einen gedrunge-
nen, leicht nach vorn gebeugten Mann mit auffallend schwe-
rem Haupt und maskenhaften Zügen zeigt, die Augenpartie
geradezu zu einer Larve geworden, ein fremd wirkender Kata-
rakt von einem Menschen, der in Schieflage verharrend seinen Betrachter ignoriert oder kopflastig aus dem Rahmen, der
aus seinem Körperumriss entsteht und damit zum Bild gehört, zu fallen droht? Auffällig korrespondiert dieses Bild mit
einer Fotografie, die Trakl ein halbes Jahr später am Lido zeigt,
und zwar als eine eher schwerfällig wirkende Erscheinung.

Venezia Lido 1913
592
Georg Trakl

Doch Esterle, der von Trakls Missfallen an dieser Karikatur Kenntnis gehabt haben dürfte, nahm noch einmal an diesem Dichter bildkünstlerisch Maß und schuf ein *ex libris Georg Trakl* (siehe Seite 166), das gleichfalls im *Brenner*, und zwar in der Ausgabe vom 15. Juli 1913 erschien. Diese holzschnitthafte Zeichnung zeigt einen Menschen, der nahezu waagerecht sich über einen Tisch beugt; seine Hand stützt den Kopf weniger, als dass sie ihn in Verzweiflung birgt. Das gefurchte Gesicht wirkt von Leid gezeichnet. Es ist die Geste des Melancholikers.

Bemerkenswert nun ist, dass bei diesem *ex libris* kein Buch aufgeschlagen auf dem Tisch liegt, sondern die Linke des

Mannes; er scheint in seinen eigenen Handrücken vertieft, diesen »lesend« – zu vermuten steht: aus Verzweiflung. Diese Zeichnung nun gefiel Trakl, wie aus einem Brief an den Herausgeber des *Brenner*, Ludwig von Ficker, hervorgeht; sie habe ihm »sehr tiefe Freude« bereitet. (HKA I, 521)

Von Jacques Lacan ist das Wort überliefert: »Lyrik ist Wissen von Unbewusstem.«[4] Auf Trakl angewendet bedeutet das, die Bildlichkeit seiner Gedichte als piktorales Wissen im Grenzbereich von Bewusstem und Unbewusstem zu deuten. Trakls Verhältnis zu Bildern erschließt sich über die Art, wie er poetisch Bilder entwarf oder genauer gesagt: mit Worten bildlich gestaltete. Kaum ein Gedicht, das auf dieses Verfahren

166

verzichtete, das, wie schon erläutert, begleitet wurde vom exzessiven Gebrauch wortsprachlicher Farbwerte. Hinzu kommen die Traumbilder und Gesichte, die zu Nährstoffen seines Schaffens wurden. Es entstanden dabei poetische Bilder des Todes, weil er selbst in den landläufig schönsten Momenten solche Bilder sah. Eine Wendung aus dem Salzburg-Gedicht »Die schöne Stadt« steht für viele: »Aus den braun erhellten Kirchen / Schaun des Todes reine Bilder.« (HKA I, 23) Im Blick des Dichters ist das Schöne dem Tod anheimgegeben. Und diesen Blick thematisierte Trakl eigens, etwa in seinem Buschbeck gewidmeten Gedicht »Drei Blicke in einen Opal«. Dieses neunstrophige Gedicht sieht im Schmuckstein zunächst einen Rahmen für die optische Wahrnehmung. Bemerkenswert, dass Trakl den Opal wählte, der Substanz nach ein hydratisiertes Kieselgel ohne Kristallstruktur, dem Auge ein oft schillerndes Farbenspiel bietend, Opalisieren genannt. Das bedeutet: Das dreimal drei Strophen lang angeschaute Ding scheint diese Bilder selbst zu generieren; man könnte auch sagen: Es assistiert dem Dichter.

Trakl hat dieses Gedicht in seine Sammlung von 1913 aufgenommen, zu einer Zeit also, in der er selbst ausgesprochen bildbewusst war. Das Gedicht bezieht Bilder aufeinander, die poetisch am Rande des Todes, in Bereichen tödlicher Krankheiten aufgenommen worden sind. Als Bildausschnitte vom Dahinsterben wären diese neun Strophen zu bezeichnen.

Der erste Blick bringt folgende drei Bilder hervor:

1

Blick in Opal: ein Dorf umkränzt von dürrem Wein,
Der Stille grauer Wolken, gelber Felsenhügel
Und abendlicher Quellen Kühle: Zwillingsspiegel
Umrahmt von Schatten und von schleimigem Gestein.

Des Herbstes Weg und Kreuze gehen in Abend ein,
Singende Pilger und die blutbefleckten Linnen.
Des Einsamen Gestalt kehrt also sich nach innen
Und geht, ein bleicher Engel, durch den leeren Hain.

Aus Schwarzem bläst der Föhn. Mit Satyrn im Verein
Sind schlanke Weiblein; Mönche der Wollust bleiche
     Priester,
Ihr Wahnsinn schmückt mit Lilien sich schön und düster
Und hebt die Hände auf zu Gottes goldnem Schrein.
    (HKA I, 66)

Bedeutsam ist hier, dass das Gedicht auf den unbestimmten Artikel verzichtet: Nicht »Blick in einen Opal« wie noch in der Überschrift, sondern »Blick in Opal«. Damit kann auch ein in Opal gefasster Blick gemeint sein, was bedeutete: Der Blick wäre bereits im Stein enthalten. Die doppelte Umrahmung durch »Wein« und »Schatten« gilt einer vergleichsweise konventionellen Landschaft, die nur durch ihre »gelben Felsenhügel« auffällt. Auffällig auch der Hinweis auf das »schleimige Gestein«, was sowohl auf mit Schleim überzogene Steine hindeutet wie auch auf den Urzustand des Opals als einem Kieselgel vor seiner Hydratisierung.

Was das Auge noch sieht? Einen abendlichen, mit Lilien geschmückten Pilgerzug am Rande des Wahnsinns, also auf einem Irrweg durch einen sinnentleerten »Hain«, aber in Begleitung des Allerheiligsten. Der Pilgerzug erweist sich als Grenzgang zwischen Sakralem und Profanem.

Der nächste »Blick« enthüllt das Grauen hinter der Glaubensfassade:

2

Der ihn befeuchtet, rosig hängt ein Tropfen Tau
Im Rosmarin: hinfließt ein Hauch von Grabgerüchen,
Spitälern, wirr erfüllt von Fieberschrein und Flüchen.
Gebein steigt aus dem Erbbegräbnis morsch und grau.

In blauem Schleim und Schleiern tanzt des Greisen Frau,
Das schmutzstarrende Haar erfüllt von schwarzen Tränen,
Die Knaben träumen wirr in dürren Weidensträhnen
Und ihre Stirnen sind von Aussatz kahl und rauh.

Durchs Bogenfenster sinkt ein Abend lind und lau.
Ein Heiliger tritt aus seinen schwarzen Wundenmalen.
Die Purpurschnecken kriechen aus zerbrochenen Schalen
Und speien Blut in Dorngewinde starr und grau. (HKA I, 66 f.)

Trakl spielt hier nicht mit Kontrasten; er *setzt* sie im Sinne einer These. Der im Rosmarin rosig hängende Tautropfen, der bildliche Eindruck also, gegen das Olfaktorische, den »Hauch« des Todes und Sterbens, vermittelt durch eine weitere sinnliche Qualität: das Befeuchten. Gegeben ist aber auch ein Rückbezug auf den »Föhn«, der aus »Schwarzem«, also offenkundig Totem weht. Doch in der unverhofft warmen Luft, dem Föhn, verlebendigt sich das sonst nur Kälte ausströmende Tote.

In der zweiten Strophe kontrastiert ein Bild des Ekels mit dem des zum Schein Heiligen. Eine wichtige Funktion hat hier der explizite Verweis auf die Purpurschnecken, die als natürliche Wesen gelblichen Schleim absondern, der ihre Beute oder den Angreifer lähmt. Unter Lichteinwirkung verfärbt sich dieser erst blau, dann purpurfarben und scharlach- oder blutrot, was in etwa den poetischen Farbgebungen in dieser

Strophe entspricht. Was für den Opal gilt, trifft demnach auch für die Purpurschnecke zu: Man ist gut beraten, bei Trakl ein subtiles naturkundliches Wissen vorauszusetzen, das über das rein Pharmazeutische deutlich hinausging und genaue Kenntnis über die Verfallsstadien im Organischen einschloss. Zwar reichte diese Kenntnis nicht an jene heran, die zu der Zeit Gottfried Benn in die Lyrik einbrachte, aber sie war offenbar ausreichend, um bildkräftige lyrische Sequenzen zu schaffen, die subtiles Wissen gleichzeitig poetisch verbrämen und aktivieren.

Der dritte Blick richtet sich – paradox genug – auf das erloschene Augenlicht:

3

Die Blinden streuen in eiternde Wunden Weiherauch.
Rotgoldene Gewänder; Fackeln; Psalmensingen;
Und Mädchen, die wie Gift den Leib des Herrn umschlingen.
Gestalten schreiten wächsernstarr durch Glut und Rauch.

Aussätziger mitternächtigen Tanz führt an ein Gauch
Dürrknöchern. Garten wunderlicher Abenteuer;
Verzerrtes; Blumenfratzen, Lachen; Ungeheuer
Und rollendes Gestirn im schwarzen Dornenstrauch.

O Armut, Bettelsuppe, Brot und süßer Lauch;
Des Lebens Träumerei in Hütten vor den Wäldern.
Grau härtet sich der Himmel über gelben Feldern
Und eine Abendglocke singt nach einem alten Brauch.
    (HKA I, 67)

So intensiv die Bilder, so gesteigert poetisch sie wirken, es eignet ihnen etwas Protokollartiges. Darauf verweist auch die gehäufte Verwendung des Semikolons beim Aufzählen der Erscheinungen. Wir erfahren nicht, was das Bestreuen eiternder Wunden mit Weihrauch bewirkt – Heilung oder mehr Schmerzen. Was bedeutet es, wenn Mädchen »den Leib des Herrn wie Gift umschlingen«? Sind die süchtig nach diesem Leib? Wollen und werden sie von dieser Sucht getötet werden? Die christologischen Motive sind offenkundig – vom »Dorngewind« bis zu diesem »Leib«. Doch die Wunderkraft scheint gebrochen. Die Aussätzigen bleiben Aussätzige; sie werden nicht geheilt, auch wenn ein »Gauch«, ein Narr also, sie zum Tanz führt, der nur gespenstisch wirken kann.

Konsistent bleibt die Farbgebung, die das Geschehen umrahmt: grauer Himmel, gelbe Hügel oder Felder. Auch wenn sich dieses Grau verhärtet, bleibt die Kombination grau-gelb im Bereich abgestufter Kontraste, die abmildert, was an Gegensätzen zuvor das Gedicht und die drei Blicke prägte. Aufgehoben werden diese Blicke und Bilder in einem Klang, dem der Gewohnheit, dem Singen der Abendglocke.

Das piktorale Verfahren im lyrischen Schaffen Trakls soll hier noch an einem anderen Beispiel erläutert werden, das den Porträtcharakter mancher Gedichte ebenso belegt wie den Modus der lyrischen Farbgebung und die durch sie verbildlichte Todesverfallenheit. Die Rede ist von Trakls Sonett »Afra« in dessen zweiter Fassung, deren Handschrift sich übrigens im Besitz Heideggers befand.[5]

Ein Kind mit braunem Haar. Gebet und Amen
Verdunkeln still die abendliche Kühle
Und Afras Lächeln rot in gelbem Rahmen
Von Sonnenblumen, Angst und grauer Schwüle.

Gehüllt in blauen Mantel sah vor Zeiten
Der Mönch sie fromm gemalt an Kirchenfenstern;
Das will in Schmerzen freundlich noch geleiten,
Wenn ihre Sterne durch sein Blut gespenstern.

Herbstuntergang; und des Hollunders Schweigen.
Die Stirne rührt des Wassers blaue Regung,
Ein härnes Tuch gelegt auf eine Bahre.

Verfaulte Früchte fallen von den Zweigen;
Unsäglich ist der Vögel Flug, Begegnung
Mit Sterbenden; dem folgen dunkle Jahre. (HKA I, 108)

Die poetische Rede ist von der heiligen Afra, einer zypriotischen Königstochter, die – der Legende nach – von ihrer Mutter Hilaria in Rom der Liebesgöttin Venus geweiht wurde, woraufhin ihr träumte, Königin von Augsburg zu werden. Sie richtet dort ein Freudenhaus ein, wird aber von Bischof Narcissus bekehrt und schließt das Bordell, sehr zum Verdruss der Augsburger. Im Zuge der Christenverfolgung wird sie im Jahre 304 an einen Baumstamm gebunden und enthauptet. Die *Schedelsche Weltchronik* von 1493 zeigt die Szene vor der Enthauptung, genauer: Sie deutet die Tötung in eine Verbrennung am Scheiterbaum um. Diese Darstellung gilt denn auch als Vorlage für Kirchenfenster mit dem Afra-Motiv, worauf Trakls Gedicht anspielt. Der Verweis auf den Mönch kann mit dem Umstand zusammenhängen, dass ein unbekannter Mönch im 9. Jahrhundert die Bekehrungsgeschichte der Afra aufgezeichnet hat. Die heilige Hure, das Bordell als Totenhaus – Trakl war mit diesen Motiven von Dostojewski her vertraut, aber auch durch seine eigene Erfahrung in Salzburg und wohl auch in Wien. Im Gedicht nun vollzieht sich Afras Sakralisierung durch einen ästhetischen Akt, die Glasmalerei nämlich. Durch sie ergibt sich die Intensivierung der Farben Afras, ihres Mundes und ihrer Umrahmung infolge des natürlichen Lichts, das auf das Fensterbild einwirkt.

Afra wird gleich zu Beginn als ein »Kind« apostrophiert, als eine – paradox gesagt – unschuldige, zum Reinen hin sich entwickelnde Dirne. Selbst der Verweis auf die Schmerzen, die der malende, beschreibende oder nur noch kontemplativ betrachtende Mönch zu ertragen hat, ebenso wie die Sterne der Afra, die ihn durchgeistern, kann den Gesamteindruck einer in sich ruhenden Erinnerung an Afra in den Quartetten des Sonetts nicht beeinträchtigen. Der Umschlag oder Stimmungsumschwung erfolgt dann im ersten Terzett mit dessen erstem Wort: »Herbstuntergang«. Diese Jahreszeit erleidet Schiffbruch wie zu jener Zeit die Titanic: Untergang könnte evokativer nicht klingen.

In der Lyrik jener Jahre geht viel unter. Im »Weltende« etwa bei Jakob van Hoddis, dessen surreale Bilder (»Dem Bürger fliegt vom spitzen Kopf der Hut / […] Die Eisenbahnen fallen von den Brücken«) nur noch durch die Rettungsringe namens Endreim über Wasser gehalten werden. Diesem Untergangsszenarium – zu ihm gehörte auch dessen kulturtheoretische Fundierung, Spenglers Großessay *Der Untergang des Abendlands*, mit dessen Niederschrift er circa 1912 begann – präludierte seit 1900 eine Stimmung, die Psychopathologie und Kunst aufeinander bezog. Nicht mehr der Glaube an das Erhabene bedingte Kunst und ihre Rezeption, sondern das Wissen um Krankheit. Cesare Lombroso hatte die Vorgaben in *Genio e Follia* bereits 1864 formuliert. Die Ähnlichkeitsbeziehungen, die durch den Reim poetisch auch zwischen den unwahrscheinlichsten Zuständen oder Objekten hergestellt werden können, führen zu neuen unerwarteten Bildern; man könnte sie reimständig nennen. Friedrich A. Kittler kommentierte dies für den Zustand nach 1900 wie folgt: »Erst wenn der Reim in Labors und Irrenhäusern auftaucht, muss er vom bedruckten Papier verschwinden, sollen Dichter und Psychotiker nicht zusammenfallen.«[6]

Es ist von eigentümlicher Bedeutung, dass sich im Werk Trakls gerade dieses allmähliche Verschwinden des Reims zeigen lässt – und das im Werk eines Dichters, der bekanntlich zunächst exzessiv gereimt hatte. Das »Labor« im Sinne Kittlers waren für Trakl die Hinterzimmer der Apotheken, die Arznei-Magazine, das Wirts- und Kaffeehaus; und das »Irrenhaus« die Umwelt, die eigenen Lebensverhältnisse.

Was nun in Trakls »Afra«-Gedicht untergeht, ist die Legende selbst und der Glaube an sie. Afra kommt folgerichtig in den beiden Terzetten nicht mehr vor. Nicht Heiligen begegnet das lyrische Ich, das nicht aufzutreten wagt, sondern »Sterbenden«. Das Totentuch, der Vogelflug (Trakl teilt hier mit Rilke dessen Vorzugswort »unsäglich«), die »verfaulten Früchte«, Überbleibsel der eigentlichen Ernte, verstehen sich als Verweise auf eine Endzeit, die sich dunkel ankündigt. Gleich an zwei Stellen der Terzette unterbrechen besondere Wortfügungen (»Herbstuntergang« und »Begegnung / Mit Sterbenden«) den Rhythmus und verstärken dadurch noch die Besonderheit dieser lyrischen Momente.

Die farberzeugte Bildlichkeit, deutlich stärker in den beiden Quartetten, konzentriert sich auf die Farbe Blau, die Quartette und Terzette miteinander verbindet: der »blaue Mantel« (des Mönchs) und die »blaue Regung« (des Wassers). Doch auch dieses Blau wird vom Dunkel der kommenden Jahre absorbiert. Was bei Hölderlin noch »liebliche Bläue« heißen konnte, Trakl setzte sich im Entstehungsumkreis von »Afra« verstärkt mit diesem Dichter auseinander, kann keine weitere Qualifizierung erhoffen. Blau ist blau ist blau. »Dem folgen dunkle Jahre« – diese Wendung freilich darf als unmittelbarer Nachklang Hölderlins gelten, wenn auch in bezeichnender

Variation. Hölderlin schloss seine »Patmos«-Hymne mit dem Ausblick: »Dem folgt deutscher Gesang.« Gemeint war bei Hölderlin, dieser Gesang könne dem Pflegen des »festen Buchstabs« und dem »Wohl-Deuten« des Bestehenden folgen. Trakl sieht buchstäblich alles aus der »Begegnung mit Sterbenden«, mit dem Tod *folgen*. Es ist die *ultima consecutio poetae*. Wie so oft in Trakls späteren Gedichten tritt ein Ich nicht in Erscheinung. Und doch sind die kirchenfensterlich verbildlichte Afra, der sie malend überliefernde, sie bedenkende Mönch wie auch die Sterbenden Bilder dieses Ichs – nicht Abbilder oder Spiegelungen, sondern Widerbilder des Eigenen, das ihm so »unsäglich« wurde wie der »Flug der Vögel«.

Eine andere verfremdende Hölderlin-Anspielung zeigt sich in der zweiten Handschrift. Anstelle der Wendung »Verfaulte Früchte fallen von den Zweigen« heißt es dort: »Vergilbte Birnen faulen von den Zweigen« (HKA II, 184), was an den Anfang von »Hälfte des Lebens« erinnert: »Mit gelben Birnen hänget [...].« Für den dritten und vierten Vers des ersten Quartetts weist die zweite Fassung folgende Variante auf: »In schwärzlichgoldner Sonnenblumen Rahmen; / Und Angst und Grün und Afras rote Pfühle.« (HKA II, 183) Von den Farben her entspricht dieses Verspaar noch deutlicher jener der *Schedelschen Weltchronik*. Die »roten Pfühle« sind die Flammen, die um Afra lodern; grün ist der Stamm, an den sie gebunden ist und ihr Heiligenschein, doch Trakl sieht diese Hoffnung tragende Farbe mit Angst vermischt. Die erste Fassung, wohl im Sommer 1913 entstanden, vergleicht Afra gar mit einem »weichen Tier«, das auf »rotem Pfühle« versinke, und ihren roten Mund als »rätselvolles Siegel«. (HKA I, 385)

Trakl hatte sich offenbar selbst in eine solchermaßen intensive Bildlichkeit eingestimmt, als er 1913/14 sein Selbstbildnis schuf, er, der bis dahin kaum einen Pinsel in der Hand gehalten hatte. Eindeutig datieren lässt sich das Bild nicht, doch ist auszuschließen, dass es nach März 1914 entstanden sei.[7] Porträtfotos von Trakl gibt es bekanntlich zahlreiche, zumindest eines für jeden Altersabschnitt und die damit verbundene Entwicklungsstufe.[8] Trakls wichtigste Verbindung zu Bildkünstlern war – neben jener zu Max von Esterle – die kurze, intensive Freundschaft mit Oskar Kokoschka. Freund Buschbeck hatte Trakl bereits 1909 auf diesen Künstler hingewiesen, und zwar mit folgender Bemerkung: »Geht doch einmal in die Kunstschau [gemeint war die Internationale Kunstschau im Sommer 1909 in Wien, d. Verf.], schon damit ihr für Euere besoffenen Karten mehr zu künstlerischer Produktion angeregt werdet, in der Richtung Kokoschka!« (HKA II, 748)

Damals war nicht absehbar, dass Trakl eine Zeitlang täglicher Gast in Kokoschkas Atelier sein würde, als dieser nämlich auf dem Höhepunkt seiner Beziehung zu Alma Mahler, damals noch die Geliebte von Walter Gropius, sein Gemälde *Die Windsbraut* schuf. Im Atelier werden sich zwangsläufig auch Alma und Trakl begegnet sein, da Alma sich täglich dort aufhielt. Unklar ist, ob der Titel des Gemäldes sogar von Trakl stammt.

Ein Jahr später, im Juli 1914, entstand dann sein dithyrambisches Gedicht »Die Nacht«, dessen zweiter Teil lautet: »Golden lodern die Feuer / Der Völker rings. / Über schwärzliche Klippen / Stürzt todestrunken / Die erglühende Windsbraut, / Die blaue Woge / Des Gletschers / Und es dröhnt / Gewaltig die Glocke im Tal: / Flammen, Flüche / Und die dunklen / Spiele der Wollust, / Stürmt den Himmel / Ein versteinertes Haupt.« (HKA I, 160)

Unklar ist auch, ob Trakl Kenntnis von Kokoschkas Kreide-Zeichnung *Alma mit Kind und Tod* (1913) hatte.

Es zeigt Alma mit dem Fötus ihres gemeinsamen, im Oktober 1912 abgetriebenen Kindes; der Tod berührt mit den Fingerspitzen den Kopf der Mutter. Für Trakl wäre es ein schauriger Vorverweis gewesen auf die Situation, in der sich seine Schwester Grete im März 1914 in Berlin befand nach ihrer Fehlgeburt.

Was Trakls Verhältnis zu Kokoschka angeht, so findet sich in seinen Briefen noch ein weiterer Hinweis, als er nämlich in Innsbruck-Mühlau zum Jahresanfang 1913 taumelnd »durch lauter schöne Sonne« geht und seinem Freund Buschbeck schreibt: »Das Veronal hat mir einigen Schlaf vergönnt unter der Franziska Kokoschkas.« (HKA I, 499) Hinter dieser »Franziska« vermutet man eine Zeichnung des Künstlers oder ein Blatt, das er und die von Fickers, denen es gehörte, »Franziska« nannten. Es könnte sich dabei jedoch auch um ein Plakat handeln, mit dem für Frank Wedekinds Drama *Franziska. Ein modernes Mysterium* 1912 in Wien geworben wurde, und zwar vom Akademischen Verband für Literatur und Musik mit einer Kreidelitografie Kokoschkas.[9] Der mit Kokoschkas Kunst offenbar bis in den Schlaf hinein vertraute Trakl mochte auch Selbstporträts von Arnold Schönberg und Richard Gerstl gekannt haben; zumindest gehörten sie zu einer Selbstporträtkultur im Wien nach der Jahrhundertwende, die Staunenswertes zu verzeichnen hat. Gerstl sah sich 1904/05 als eine sich entblößende Lazarus-Figur vor tiefblauem Hintergrund mit leichtem Heiligenschein; Schönberg erprobte zwischen 1908 und 1910 Selbstporträts, die von trotziger Selbstbehauptung zeugen, aber auch von Zuständen bestürzender Trostlosigkeit. Das Selbstporträt von 1910 zeigt einen Scheintoten mit der Kopfform eines Primaten.

Trakl wird das Titelblatt der Zeitschrift *Der Ruf* gekannt haben, die sein Gedicht »Trompeten« veröffentlicht hatte, mit dem zerquälten Gesicht eines martialisch wirkenden Kriegers, ein »metallnes Haupt«, wenn man so will, jedoch – in der Sprache des Gedichts – unerlöst. Er hatte sich »eingesehen« in das porträtierende Schaffen seiner nächsten Umge-

bung in Wien und Innsbruck; einiges spricht dafür, dass diese intensive Internalisierung dann zu seinem eigenen Porträtversuch geführt haben mochte – einem Gegenbild zu Esterles Karikatur von ihm.

Dieses Selbstporträt, in Esterles Innsbrucker Atelier im Dezember 1913 entstanden, geriet ihm zu einer Ontografie, der Darstellung seines Seinszustandes, halb grausiges Antlitz, halb Maske; es ist das Porträt eines Heimgesuchten, der dem Tod entgegensieht, und aus dem der Tod den Betrachter anstarrt. Hier porträtiert sich ein lebender Toter oder tot Lebender. Man erinnere sich: Im Gedicht »Musik im Mirabell«, dem scheinbaren Musterfall eines durch und durch am Schönen (der Stadt Salzburg) orientierten Gedichts, findet sich das ominös klingende, aus dem betont »schönen« Rahmen fallende Verspaar »Ein Faun mit toten Augen schaut / Nach Schatten, die ins Dunkel gleiten.« (HKA I, 237) Es klingt wie ein Hinweis auf das, was Trakls Selbstporträt einlöst.

Im Umkreis des Porträts entstand auch seine im folgenden Kapitel zu besprechende Prosadichtung »Traum und Umnachtung«, in der es heißt: »Nachts brach sein Mund gleich einer roten Frucht auf und die Sterne erglänzten über seiner sprachlosen Trauer. [...]« (HKA I, 147)

Trakl zeigt sich dem Betrachter als Ausdruck reinen Entsetzens. Der Ansatz einer Mönchskutte ist erkennbar. Ein Zurbarán'scher Franziskus ohne Kapuze, nicht wortlos im Halbprofil staunend wie dieser, sondern frontalgesichtig, sprachlos das Grauen vor Augen, es konfrontierend im Wortsinne des Englischen *to face something*. Und doch: Die Frage bleibt, wie es Trakl künstlerisch möglich gewesen war, ein *solches* Porträt von sich zu schaffen, zeugt es doch von einer vergleichsweise geübten Hand und staunenswerter Maltechnik. Die wenigen anderen von ihm überlieferten Selbstbilder, karikierende Zeichnungen allesamt, deuten nicht auf eine auch nur ähnliche bildkünstlerische Fertigkeit. Doch hat Trakl im Atelier Kokoschkas Einblick in dessen Verfahren nehmen können; und die Nähe des Selbstporträts in Struktur, Ansatz und Intensität erinnert an Kokoschka. Daher ist nicht auszuschließen, dass sich Trakl, hoch sensibilisiert für künstlerische Formen, wie er war, tatsächlich einen Blick für maltechnische Praktiken angeeignet und in diesem Moment des Selbstbild-schaffen-Wollens umzusetzen verstanden hat. Es wäre der seltene Fall einer sporadisch aufflammenden Doppelbegabung mit – gerade auch in der eigenwilligen, eben kokoschkahaften Farbgebung – erstaunlichem Ergebnis. Nach neuesten Befunden ist freilich nicht auszuschließen[10], dass die mit Ludwig von Ficker befreundete Lyrikerin und Malerin Hildegard Jone (1891–1963) doch Teile des Gemäldes verbessernd übermalt hat, nachdem Ficker ihr das Bild geschenkt hatte – »als Dank für die Arbeit ihres Mannes, des Bildhauers Josef Humplik, an der Gestaltung der Grabplatte« für Trakls Begräbnisstätte in Innsbruck-Mühlau im Jahre 1925.[11] Dass dies aus Pietät nicht geschehen sein könnte, scheint zweifelhaft. Eine teilweise Übermalung oder Überarbeitung von Trakls Selbstporträt läge ja durchaus auf der Linie seines eigenen poetischen Verfahrens im Umgang mit Vorlagen – analog zu Stefan Georges Umdichten.

Ficker glaubte sich Jahrzehnte später zu erinnern, dass Trakl sich so gemalt habe,

wie er sich einmal, nachts aus dem Schlaf aufschreckend, im Spiegel gesehen hatte. Augen, Mund und Nase sind dunkle Höhlen, das Gesicht ist wie verwest, größtenteils blaugrün, mit scharlachnen Flecken auf den Wangen. Der Mund aufgerissen wie lautlos schreiend. Braunrote Pinselstriche auf der Stirn. Das Haar und kuttenähnliche Gewand sind bräunlich, vor gelbgrünem Hintergrund.[12]

In einer früheren Reminiszenz sprach Ficker noch von einer »bleichen Maske mit drei Löchern: Augen und Mund« – ganz ohne Bezug auf Farbwerte.[13] Der Vorläufer des Selbstporträts ist eine vermutlich wenige Monate zuvor gezeichnete Selbstdarstellung mit Tonsur, die Trakl auf der Hohenburg, dem Wohnsitz von Fickers Bruder Rudolf, angefertigt hat.[14] Nicht in diesen Bildkontext passen zwei drastisch entstellende Selbstkarikaturen auf dem Manuskriptblatt des Gedichts »Das Herz«, eine davon mit Totenkopfemblem.[15] Die Selbstdarstellung mit Tonsur sowie das eigentliche Selbstporträt verraten Trakls scharfen Blick auf sich selbst, was im Gegensatz zu einer Selbstaussage steht, die er Karl Borromäus Heinrich gegenüber traf: Menschen, »mit denen er zu tun habe«, so überliefert Heinrich ein Wort seines Freundes, sehe »er eigentlich gar nicht«; daher gehe ihm auch die »Kenntnis der menschlichen Physiognomie völlig ab«.[16] Mit der Physiognomie seines Spiegelbildes hatte Trakl sich jedoch auseinandergesetzt und augenscheinlich das Mönchische hinzugedacht. Und das ist es auch, was den inhaltlichen Hauptwert dieser Selbstdarstellungsversuche ausmacht. Zu Recht hat man darauf verwiesen, dass das Mönchische zu Trakls »Ich-Figurationen« gehöre.[17] Dass das Prosagedicht »Traum und Umnachtung« ursprünglich »Der Untergang des Kaspar Münch« heißen sollte, eine doppelte Verfremdung von Kaspar Hauser und Mönch, ist dabei ebenso bezeichnend wie der Umstand, dass er für das Gedicht »Das Herz« gleichfalls den Titel »Münch« erwogen hat. Jedoch haben die bitteren Selbstkarikaturen auf dem Manuskriptblatt dieses Gedichts alle mönchischen Züge verloren. Trakl als ewiger Bewohner des Mönchsbergs – obzwar in Salzburg lokalisiert, aber präsent, wo immer er sich aufhielt. Zutreffend urteilt Weichselbaum, Trakl habe mit der Figur des Mönchs »die Vorstellung von einem Dasein der Abgeschiedenheit, der Befreiung von der Schuld des Daseins und der Triebhaftigkeit« verbunden.[18] Zu berücksichtigen ist hier auch die Aussage von Karl Borromäus Heinrich in seiner Skizze »Die Erscheinung Georg Trakls«, dem zweiten seiner »Briefe aus der Abgeschiedenheit«, die sich, obgleich 1913 veröffentlicht, aber durchgängig in der Vergangenheitsform geschrieben, wie ein Nachruf auf Trakl zu Lebzeiten des Dichters liest:

[...] seine monologische Art zu sprechen entsprach durchaus der seltsamen mönchischen Einsamkeit, der innerlich streng und durchgreifend vollzogenen Abgrenzung, die er, wo immer er sich befindet und selbst in Gesellschaft zahlreicher Menschen, stets mit sich trägt. Darum klang auch seine Stimme nicht zum Nachbarn gewendet, sondern wie von weither; in ihrem Ton lag ein Grollen.[19]

Trakl – selbst in (un)seliger Weinrunde – ein in reiner Abgeschiedenheit vor sich hin sinnierender Dichtermönch, seine Umwelt nicht achtend: Das ist die legendenträchtige Version eines Lebens, das in der Lyrik aufging. Und doch konfrontierte er mit seinem offenen Blick auf den Fotografien die Welt, wovon bereits die Rede gewesen ist.

Ein Hauptunterschied zwischen der »Zeichnung mit der Mönchstonsur« und dem Selbstporträt besteht darin, dass Letzteres auffallend rund, die Zeichnung dagegen ein in der unteren Gesichtshälfte eher spitz zum Kinn zulaufendes Oval zeigt. Selbst wenn das Porträt teilweise später übermalt worden sein sollte, so muss doch der betont rundliche Gesichtsansatz der ursprüngliche gewesen sein.

Dieses Runde des Gesichts nun erinnert an das in Trakls Dichtungen so prononcierte O, so auch in »Traum und Umnachtung«: »O, die silbernen Fische und die Früchte, die von verkrüppelten Bäumen fielen [...]; O des verfluchten Geschlechts [...]; O, daß draußen Frühling wäre und im blühenden Baum ein lieblicher Vogel sänge [...]; O der Verwesten [...]; O, ihr Dörfer und moosigen Stufen.« Dieses O hatte in Trakls Dichtungen lautliche Omnipräsenz gewonnen, abgeleitet aus dem »Psalm«-Gedicht und der Wendung »O unser verlorenes Paradies«, und sogar als Parodie der Wagnerschen Rheintöchter: »O! wie weh ist die Welt, wie wahnig das Weh, wie weltlich der Wahn.«

Sein Gedicht »Nähe des Todes« lässt jede Strophe mit einem O beginnen: »O der Abend«, »O der Wald, »O die Nähe des Todes«. Und weiter, wahllos aus den Dichtungen herausgegriffen: »O, wie alles ins Dunkel hinsinkt«; »O mein Bruder klimmen wir blinde Zeiger gen Mitternacht«, »O, der schwarze Engel, der leise aus dem Innern des Baumes trat«, »O, das Blut, das aus der Kehle des Tönenden rinnt«, »O der Seele nächtlicher Flügelschlag« und schließlich: »O des Menschen verweste Gestalt«. Dieses O – zumal dann, wenn es ohne weitere Interpunktion auszukommen hat – bedeutet jeweils einen Testfall für Trakl-Rezitationen wie für das Verstehen der Lautung dieser Gedichte. Es kann gedehnt oder eher beiläufig gesprochen werden, staunend, fassungslos, entgeistert. Der Lyriker Kurt Drawert spricht bei der Mundform, die für die Artikulation dieses Vokals erforderlich ist, von einem »Tor für die Verlautung eines Erstaunens«.[20] Wie man diesen Vokal auch liest oder lesend zum Tönen bringt, der Bezug auf dieses Selbst-Bild Trakls, hat man es einmal in sich aufgenommen, der Verweis auf diese auffällige Gesichts- und Mundrundung, erfolgt beinahe zwangsläufig. Es ist das O als Bild, ein Omega, in dessen Dunkelheit das Alpha verschwunden ist.

Weder Kokoschka noch Trakl wollten in ihren jeweiligen Ausdrucksmedien – wie etwa Wassily Kandinsky – den Weg in die Abstraktion gehen, um dem Grauen der konkreten Wirklichkeit zu entkommen. Franz Marcs Antwort auf diese Wirklichkeit bestand in einer radikalen Entfremdung der Dinge durch ungewohnte Farbgebung, die auch eine »willkürliche Kolorierung« genannt wurde.[21] Den »Untergang« sah Trakl ebenso wie Kandinsky, doch beharrte Trakl darauf, ihn im unmittelbar verständlichen Wort – freilich auch in seiner besonderen Farbgebung – zu fassen, wenn nicht zu bannen. Die Abstraktion vom Wort als Mittel der Verständigung durch Sprachkunst wollte er nicht wagen. Allenfalls im scheinabsoluten »O« deutete er an, was ein lautliches Abstrahieren vom kommunikativen Wert der Sprache beinhalten könnte, sowie durch seine Signalfarbworte. Das Sein vergeistigen, das schloss für Trakl die Rede vom Untergang – auch seinem eigenen – ein. Davon zeugt sein Selbstporträt, das konkret bleibt, auch wenn es sich des Bogens, Kreises und entfremdender Farben bediente.

VII

Sebastian im Traum oder
»Die Verwandlung des Bösen«

> *»Und kein Traum«, seufzte er leise,*
> *»ist völlig Traum.«*
>
> Arthur Schnitzler, *Traumnovelle* (II, 503)

Am 25. Oktober 1914 telegrafiert Trakl seinem Verleger Kurt Wolff:»sie wuerden mir grosse freude bereiten, wenn sie mir ein exemplar meines neuen buches sebastian im traum schickten. liege krank im hiesigen garnisonsspital krakau = georg trakl.« (HKA I, 545) Einen Monat nach Ausbruch des Ersten Weltkriegs hatte ihm der Verlag mitgeteilt (der Verleger selbst »stand bereits im Feld« an der Westfront), dass das fertige Buch erst »in einigen Wochen« ausgeliefert werden würde, »wenn die Verhältnisse wieder etwas ruhiger geworden sind«. Eine rasche Auslieferung des »schönen Buches« hielt der Verlag für »verfehlt«, ja »herz- und lieblos« angesichts der Lage der Dinge. Georg Heinrich Meyer, der den Verlag in Vertretung von Kurt Wolff leitete, ergänzte: »Von Ihrem Schwager hörte ich neulich in Berlin, daß Sie im Begriff seien nach Indien zu gehen. Hoffentlich hat der Krieg das eine Gute, daß daraus nun doch nichts wird und Sie uns und dem Tirolerland erhalten bleiben.« (HKA II, 800)

Nichts als vergebliche Hoffnungen und unerfüllte Träume, denn Trakl war auf Erden offenbar nicht mehr zu helfen. Vielleicht half ihm ja zeitweise der Gedanke an das Erscheinen seines Buches, die Vorstellung, es in Händen zu halten. Es war fertig gedruckt, die Fahnen gelesen und gegengelesen, die

Korrekturen ausgeführt, ein Hin und Her zwischen Dichter und Verlag bis zum Ausbruch des Krieges. Wolff erreichte Ende Juli 1914 die dringliche Bitte: »Ich wäre Ihnen sehr dankbar, wenn Sie mir mitteilen wollten, ob Sie die so sinnstörenden Druckfehler in meinem Buche [...] richtigstellen ließen.« (HKA I, 540) Die Sorge um das Buch trieb Trakl um. Selbst das folgende Detail war ihm einen Brief wert, wenige Tage bevor die verhängnisvolle Kettenreaktion des Ersten Weltkriegs ausgelöst wurde: »Ich würde sehr viel Wert darauf legen, wenn zwischen der letzten Seite des Textes und dem Inhaltsverzeichnis ein *leeres* Blatt eingefügt würde.« (HKA I, 540 f.) Trakl hebt das Wort »leer« eigens hervor. Das leere Blatt als Generalpause nach dem Schlussstück dieser Dichtungen, »Traum und Umnachtung«, eine lyrische Prosa, die im Deutschen nicht ihresgleichen kennt. Danach Schweigen, betretene Stille zunächst, ein leerer Raum, in dem sich das ungeheuerlich Gesagte dann zeitverzögert als Echo entfalten kann. Das leere Blatt – eine Besinnungszone, ein Bereich, in dem sich Leser des Buches sammeln und wieder fangen können.

Zwar wurden im Laufe dieser Studie bereits einige Gedichte aus der Sammlung *Sebastian im Traum* bedacht, nicht aber die Gesamtkomposition und die im eigentlichen Sinne herausragenden Dichtungen. Diese lyrische Komposition besteht aus fünf Teilen: »Sebastian im Traum«, »Der Herbst des Einsamen«, »Siebengesang des Todes«, »Gesang des Abgeschiedenen« sowie »Traum und Umnachtung« – von einer fünfaktigen lyrischen Tragödie zu sprechen wäre nicht verfehlt. Zunächst jedoch bedarf bereits das durch den Titel gegebene Vorzeichen: *Sebastian – im – Traum* einer Deutung.

Der Legende nach wurde Sebastian, ein Hauptmann in der Prätorianergarde des Kaisers Diokletian, nachdem er sich öffentlich zum Christentum bekannt hatte, zum Tode durch Pfeilbeschuss verurteilt. Er erlag jedoch seinen Verletzungen nicht, wurde von einer frommen Witwe gesundgepflegt, meldete sich bei seinem Kaiser zurück und bekräftigte tollkühn und todesmutig seinen christlichen Glauben. Daraufhin ließ ihn Diokletian im Zirkus mit Keulen erschlagen und in die *cloaca maxima*, den römischen Abwasserkanal, werfen. Christen erschien er *im Traum* (!), und Sebastian bedeutete ihnen, wo sie seinen Leichnam fänden. Er wurde geborgen, als Märtyrer bestattet und seither als ein solcher verehrt.[1] Ein Heiliger zwischen Scheintod und Tod, einem Glauben in Todesnähe anhängend, ein Märtyrer, der sein Leben riskiert, weil er bedrängten Christen half, und in der Kloake endet: Man darf mit Fug eine Selbstidentifizierung Trakls mit dieser Gestalt annehmen. Das Titelgedicht seiner Sammlung, »Sebastian im Traum«, und die genaue Mitte des ersten Teils deuten in diese Richtung. Es beginnt mit einem Bild, das überdies als Ableitung der spätmittelalterlichen Marien-Ikonografie der »Madonna im Rosenhag« gelesen werden könnte. Diese dreiteilige Dichtung lautet:

Sebastian im Traum
Für Adolf Loos

1
Mutter trug das Kindlein im weißen Mond,
Im Schatten des Nußbaums, uralten Hollunders,
Trunken vom Safte des Mohns, der Klage der Drossel;
Und stille
Neigte in Mitleid sich über jene ein bärtiges Antlitz   (5)

Leise im Dunkel des Fensters; und altes Hausgerät
Der Väter
Lag im Verfall; Liebe und herbstliche Träumerei.

Also dunkel der Tag des Jahrs, traurige Kindheit, (10)
Da der Knabe leise zu kühlen Wassern, silbernen Fischen
    hinabstieg,
Ruh und Antlitz;
Da er steinern sich vor rasende Rappen warf,
In grauer Nacht sein Stern über ihn kam;

Oder wenn er an der frierenden Hand der Mutter (15)
Abends über Sankt Peters herbstlichen Friedhof ging,
Ein zarter Leichnam stille im Dunkel der Kammer lag
Und jener die kalten Lider über ihn aufhob.

Er aber war ein kleiner Vogel im kahlen Geäst,
Die Glocke lang im Abendnovember, (20)
Des Vaters Stille, da er im Schlaf die dämmernde
    Wendeltreppe hinabstieg.

2
Frieden der Seele. Einsamer Winterabend,
Die dunklen Gestalten der Hirten am alten Weiher;
Kindlein in der Hütte von Stroh; o wie leise (25)
Sank in schwarzem Fieber das Antlitz hin.
Heilige Nacht.

Oder wenn er an der harten Hand des Vaters
Stille den finstern Kalvarienberg hinanstieg
Und in dämmernden Felsennischen (30)
Die blaue Gestalt des Menschen durch seine Legende ging,
Aus der Wunde unter dem Herzen purpurn das Blut rann.
O wie leise stand in dunkler Seele das Kreuz auf.

Liebe; da in schwarzen Winkeln der Schnee schmolz,
Ein blaues Lüftchen sich heiter im alten Hollunder fing, (35)

In dem Schattengewölbe des Nußbaums;
Und dem Knaben leise sein rosiger Engel erschien.

Freude; da in kühlen Zimmern eine Abendsonate erklang,
Im braunen Holzgebälk
Ein blauer Falter aus der silbernen Puppe kroch.   (40)

O die Nähe des Todes. In steinerner Mauer
Neigte sich ein gelbes Haupt, schweigend das Kind,
Da in jenem März der Mond verfiel.

3
Rosige Osterglocke im Grabgewölbe der Nacht   (45)
Und die Silberstimmen der Sterne,
Daß in Schauern ein dunkler Wahnsinn von der Stirne des
          Schläfers sank.

O wie stille ein Gang den blauen Fluß hinab
Vergessenes sinnend, da im grünen Geäst
Die Drossel ein Fremdes in den Untergang rief.   (50)

Oder wenn er an der knöchernen Hand des Greisen
Abends vor die verfallene Mauer der Stadt ging
Und jener in schwarzem Mantel ein rosiges Kindlein trug,
Im Schatten des Nußbaums der Geist des Bösen erschien.

Tasten über die grünen Stufen des Sommers. O wie leise (55)
Verfiel der Garten in der braunen Stille des Herbstes,
Duft und Schwermut des alten Hollunders,
Da in Sebastians Schatten die Silberstimme des Engels
          erstarb. (HKA I, 88–90)

Die alle räumlichen Verhältnisse beherrschende Präposition in diesem Gedicht ist »in«, wie der Titel bereits deutlich macht. Die Bewegungen richten sich auf das Innere, Inwendige, in den ersten beiden Versen gleich zweimal: »im weißen Mond« und »im Schatten des Nußbaums«. Das alte »Hausgerät« verfällt nicht einfach; es liegt »im Verfall« (Vers 9). Auch die abschließende Bewegung des ersten Teils verweist in ein Inneres: den des Schlafs und das Hinabsteigen in tiefe Räume (Vers 21). Dieses Hinabsteigen bezeichnet überdies die Mitte dieses ersten Teils (Vers 11).[2]

Was spricht hier, ein Kindheitserlebnis oder eine Phantasie aus der Kindheit, vorbereitet durch eine (quasi Schumannsche) »Träumerei«? Tieftraurige »Kinderszenen« spielt uns der Dichter vor: Der vom Gang zu den »silbernen Fischen« (Vers 11) erstarrte Junge opfert sich schwarzen Nachtmähren, den »Rappen«. Ist er der »zarte Leichnam« (Vers 17) in der Nähe des Salzburger Friedhofs von St. Peter? Oder hat er sich in den »kleinen Vogel« verwandelt? (Vers 19) Die »Mutter« jedoch ist berauscht, und das von zwei natürlichen Kräften: jenen des »Mohns« und des Klagelauts eines Vogels. Wenn das Weiß des Mondlichts als Farbe des Wahnsinns gelten kann, dann ist mithin sie es, die das Kind dem Irrwitz dieser Situation aussetzt; und dieser überträgt sich auf das Kind.

Der zweite Teil dieses Gedichts beschwört das »Blaue«, gleichsam als Gegenfarbe zur »grauen Nacht« (Vers 14), bringt die Farbe in Verbindung mit einer menschlichen Gestalt (Vers 31) und so elementaren Empfindungen wie Liebe und Freude, die der Dichter ins Leben ruft, wobei es auch so bleiben könnte, wenn nicht die »Nähe des Todes« nur allzu gewiss wäre.

Aus dem »Schatten des Nußbaums« (Vers 2) ist ein »Schattengewölbe« geworden (Vers 36), ein Innenraum draußen in der Natur. Die Winterwelt sieht sich abgelöst durch Frühjahrsstimmungen: Das »blaue Lüftchen« verfängt sich sogar »heiter« (ein seltenes Trakl-Wort) im »alten Hollunder«, der bereits am Anfang des Gedichts in Erscheinung getreten ist. Während diese Winterepisode von Todesahnungen frei zu sein scheint, erfüllen diese den Monat März.

Sinken – verfallen – ersterben: Diese verbale Trias prägt den dritten Teil des Gedichts wie sonst nur die Extreme »Silberstimmen« und »dunkler Wahnsinn«, Verweise auf Transzendentes (»Sterne«, »Engel«) und den, abermals im »Schatten des Nußbaums« lauernden »Geist des Bösen« (Vers 54). Alle Anspielungen auf diverse Schatten in diesem Gedicht nimmt die Schlusszeile als »Sebastians Schatten« auf. In ihm vergeht auch der Laut des Transzendenten, die »Silberstimme«. Doch diese poetische Entwicklung ist Gegenstand eines »Traums«; mag sein, dass ihn der »Schläfer« träumt ebenso wie den Umstand, dass der Bote der Natur, die Drossel, »ein Fremdes in den Untergang« ruft (Vers 50). Aus der »Klage der Drossel« ist damit ein gefährlicher Lockruf geworden.

Sinnliche Konkretheit und Abstraktion kennzeichnen auch dieses Gedicht Trakls; es lässt Vergessenem, Kindheitsbildern nachsinnen. Es zeugt aber auch von völligem Willensverlust. Widerstand ist diesen schattenhaften Figuren fremd, dem lyrischen Ich zumal, da es sich hartnäckig im Verborgenen hält. Wer immer sich hier erinnert, hat sich selbst längst aufgegeben und sich den zum Tode hin orientierenden Verhältnissen ergeben.

»Legenden« bestimmen den ersten Teil von *Sebastian im Traum*, erinnerte, erzählte (wenngleich ohne Inhalt!), so im ersten Gedicht des Bandes, »Kindheit« (HKA I, 79), solche von nicht länger Heiligen wie Sebastian, von Elis und Kaspar Hauser; Legenden aber auch von Landschaften und Orten wie dem Salzburger »Mönchsberg« und der tirolischen »Hohenburg« sowie dem dortigen »Lans«. Legende ist aber auch »Die

Verwandlung des Bösen«, die Lesart dessen, was das Böse *ist* und wozu es werden kann. So statisch viele dieser Gedichte auch dann wirken, wenn in ihnen ausdrücklich von »Wanderschaft« die Rede ist, in einer sprachlich verbildlichten moralischen Kategorie, dem Bösen, spürt Trakl scheinbar ein Verwandlungspotenzial und damit eine Bewegung auf. Was aber verwandelt sich in was? Eine herbstliche Szene, in der ein Krähenflug einer Sonate »voll verblichener Akkorde« gleicht, in eine »dunkle Sage« oder dauernde »bleierne Schwärze«? (HKA I, 97)

Es erscheint wenig sinnvoll, das ganze Panorama des Bösen in der Kultur der Jahrhundertwende aufzubieten, um diese Stellen in Trakls Werk zu deuten.[3] Jedoch auch der übliche Verweis auf die *Fleurs du Mal* kann als Verstehenshilfe allein nicht zureichen. Wesentlicher dürfte die Trakl von früh an vertraute protestantische Dogmatik gewesen sein, die das Böse zum Gegenstand des Gewissens erklärte. Beispielhaften Ausdruck dieses Dogmas verleiht Bachs Kantate *Jesu der du meine Seele* (BWV 78).[4] Der Architektur und inneren Dramatik dieser siebenteiligen geistlichen Kantate vom September 1724 entsprechend geschieht das Entscheidende, Bewegende in ihren beiden großen Rezitativen, Prosadichtungen, wenn man so will. Das Ich exponiert sich, ruft sich selbst wiederholt auf, benennt das Skandalon: »Ich bin ein Kind der Sünden«, »Ich irre weit und breit«, »Mein Wille trachtet nur nach Bösem.« Diesem regelrechten Willen zum Bösen und der Welt des Verlockenden, Negativen hat Bachs Kantaten-Ich zunächst kaum etwas entgegenzusetzen. Es bekennt: »… das Gute zu vollbringen, / Ist über alle meine Kraft.«

Aber dieses Rezitativ ist eben auch der Ort der Selbsterforschung. Und diese gewissenhaft betriebene Erkenntnis der bisherigen eigenen Gewissenlosigkeit erweist sich schließlich nicht nur als eine Einsicht, sondern als Kraft, die eine innere

Umkehr vorbereitet. Sie vollzieht sich dann im zweiten Rezitativ, welches das erste gleichsam spiegelt.

Die Dramatik dieser Kantate besteht darin, dass sich der einsichtige Sünder zur Umkehr bekennt, indem er sich rückhaltlos Jesu ausliefert, mit Luther gesagt: *überantwortet*. Das ist hier wörtlich zu verstehen: Der Sünder gibt Antworten über sich, bevor ihn ein anderer gefragt hätte. Freilich handelt es sich dabei um Antworten auf die Fragen des eigenen Gewissens, und das auf eine Art, die protestantischer nicht sein könnte. Diese Kantate feiert das Gewissen, die innere Befriedung des Menschen durch Jesus, die Heilung des seelisch Kranken durch das Erschauen der Ewigkeit.

Was nun meint Gewissen? Ein inneres Wissen über die Seele, über die Beweggründe unseres nächsten Schrittes, den man etwas großzügig handeln nennt, der aber auch ein von Bedenken, Skrupeln bedingter Rückschritt sein kann. Gewissen hat mit seelischer Gestimmtheit zu tun; es spürt und kennt das Leiden an der eigenen Schwäche als einem Signum des Ichs. Aber es weiß auch um die Kraft, die von dieser Einsicht ausgeht; es ist letzte Instanz, Einheit des Ethischen und Vernünftigen, ist Herzwissen.

Genau diese Ich-Bezüge in der Bach'schen Kantate fehlen Trakls Dichtung. Da bei ihm kein Ich in Erscheinung tritt, entfällt auch die gewissenhafte Selbsterforschung. Da kein Ich auftritt, kann es auch nicht zur Verantwortung gezogen werden. Jene ich-losen Dichtungen Trakls (die meisten in seinem Werk also), die das Böse nennen, ohne es mit einem Ich-Gewissen zu verbinden, schieben dieses Böse im Grunde nur vor sich her. Das im Verborgenen der Dichtung verbleibende Ich entzieht oder verweigert sich (protestanischer) Gewissenserforschung und der schonungslosen Freilegung des Bösen im eigenen Selbst.

Doch was genau bedeutet in Trakls Prosadichtung »böse«?

Der Blick des Fischers, der einen »großen, schwarzen Fisch«, das »Antlitz voll Grausamkeit und Irrsinn«, an Land zieht, und auf »jungfräuliche Schrecken« (etwa über eine bevorstehende Vergewaltigung?) starrt? Das »Stundenlied« sprach von »Abendängsten im Grün« (HKA I, 80), wie überhaupt Daseinsangst aus diesen Gedichten spricht. Das »Böse« in diesem Prosagedicht, das von der Form her gesehen, dem fünften und letzten Teil dieses Zyklus, »Traum und Umnachtung«, präludiert, dieses Böse ist eine in den lyrischen Raum gestellte Behauptung. Womöglich ist es die »Hölle des Schlafs«, in dem das Böse keimt. Ist es der »flammende Sturz des Engels«, der auf das Satanisch-Böse anspielt? Sind es die »Du«-Anrufungen in diesem poetischen Text, die auf Verwandlung (auch des Bösen) hindeuten? (»Du, ein blaues Tier, das leise zittert; du, der bleiche Priester [...] Du, ein grünes Metall und innen ein feuriges Gesicht [...]«) Diese Dus sind janusköpfig. Das »Unsägliche« wird hier zum Gegenstand der lyrischen Erzählung. Verwandelt hat sich zudem der Modus des Textes vom Gedicht zur Prosa. Trakl suggeriert dadurch, dass es etwas zu erzählen gebe und sich daher eine Geschichte entfalten könne.

Viele dieser Sätze und Halbsätze wären jedoch auch als Verse denkbar. Die Probe aufs Exempel liefern bereits die ersten Zeilen: »Herbst: schwarzes Schreiten am Waldsaum; Minute stummer Zerstörung; auflauscht die Stirne des Aussätzigen unter dem kahlen Baum. Langvergangener Abend, der nun über die Stufen von Moos sinkt: November.« (HKA I, 97) Ins Gedicht (zurück)verwandelt lesen sich diese poetischen Sequenzen etwa so:

Herbst: schwarzes Schreiten
Am Waldsaum; Minute stummer Zerstörung;
Auflauscht die Stirne des Aussätzigen
Unter dem kahlen Baum.

Langvergangener Abend,
Der nun über die Stufen von Moos
Sinkt; November.

Ohne Zeilenbrechung liest sich dieser Text fließender; ein Bild geht in das andere über, und darauf war es Trakl in diesem Fall offenbar angekommen. Die Versbrechung akzentuiert anders, hebt hervor, rhythmisiert stärker, betont die jeweiligen Zeilenenden. Trakls Prosagedicht erweckt den Anschein von Narration: »Eine Glocke läutet und der Hirt führt eine Herde von schwarzen und roten Pferden ins Dorf.« Doch ergeben sich aus solchen Sätzen keine Folgen, kein Handlungsablauf, sondern gereihte Impressionen. Fragen werden gestellt, aber nur in einem Fall beantwortet: »Was zwingt dich still zu stehen auf der verfallenen Stiege, im Haus deiner Väter? Bleierne Schwärze.« (HKA I, 97) Die poetische Logik obsiegt: »O dein Lächeln im Dunkel, traurig und böse, daß ein Kind im Schlaf erbleicht« oder: »Eine rote Flamme sprang aus deiner Hand und ein Nachtfalter verbrannte daran.«

Traurig und böse – zwei gemeinhin unvereinbare Qualitäten, womit auch gesagt ist: Diese Prosa verweigert sich dem Prosaischen des Alltags. Die wenigen praktischen Verrichtungen, die in diesem Text erwähnt werden, sehen sich so beleuchtet, dass sie an der Grenze zum Surrealen ankommen.

Nichts ist unheimlicher in dieser Prosadichtung als das Du. Von fünf Abschnitten gelten ihm vier. Das Unheimliche besteht darin, dass zu ihm keine wirkliche Beziehung aufgebaut werden kann. Je häufiger dieses Du angerufen wird – und es besteht nur, weil das Gedicht es anruft –, je mehr entzieht, ja verwandelt es sich: vom »blauen Tier« bis zum »grünen Metall« und »purpurnen Mond«. Dieses Du ist nicht Träger des Bösen, vielmehr trägt es Verwandlungen aus – auch die des Bösen.

Bis ins letzte Komma unverändert übernahm Trakl aus den
Gedichten von 1913 nur eines in seine Sammlung *Sebastian
im Traum*: das elegische Lied »An den Knaben Elis«. Dort aber
stellt er ihm eine dritte Fassung eines Gedichts an die Seite,
das schlicht mit »Elis« betitelt ist. Eine knappe erste und dreiteilige zweite Fassung haben sich im Nachlass erhalten, was
besagt: Diese (Knaben-)Gestalt hatte Trakl nachdrücklich beschäftigt. Sie muss ihm nahegegangen sein, so nahe wie später dem frühen Klaus Mann, dessen Briefe und Tagebücher
übrigens eine kontinuierliche Beschäftigung mit Trakl belegen. In seinem kleinen, aber markanten Essay »Über Georg
Trakl«, veröffentlicht in der *Weltbühne* im Februar 1924, hatte
Klaus Mann die »Elis«-Lieder als »das Schönste unter Trakls
Gedichten« eigens hervorgehoben.[6] Den »Schwermütigsten
von Allen« hatte Klaus Mann seinen damaligen Lieblings-
dichter genannt. Und weiter: »Auf jedem Vers, den er schrieb,
liegt jene tiefste, hoffnungsloseste, süßeste Melancholie –
jene Melancholie, die zu milde, zu schwer ist, um in eigentlichen Worten noch zu sprechen, die in Musik und in Farben zerfließt.«[7] Für die »Elis«-Dichtungen trifft manches von
Klaus Manns Urteil besonders zu, wie auch dessen musikalische Verarbeitung durch Anton von Webern in seinem Trakl-
Zyklus op. 14 aus dem Jahre 1919 belegt. Weberns Elis löst sich
im Klang auf. Nicht entscheidbar ist übrigens, ob Franz Schreker die Elis-Figur in seiner Oper *Die Schatzgräber*, entstanden
in den Jahren 1915 bis 1918 und uraufgeführt in Frankfurt am
Main 1920, Trakls Vorlage nachgebildet hat, oder ob sie seiner
eigenen Imagination entstammt.[8]

Trakls »Elis«-Dichtungen gelten einer Erscheinung, die
sich jedoch zu entwickeln vermag: von einem verstorbenen
Knaben zu einem untoten Zeitgenossen des Dichters. Bezie-

hen wir uns nachfolgend nur auf die von Trakl veröffentlichten oder zur Veröffentlichung bestimmten Teile der »Elis«-
Gruppe. Das erste Gedicht, »An den Knaben Elis«, hebt im
Sinne einer Anrufung an: »Elis, wenn die Amsel im schwarzen Wald ruft, / Dieses ist dein Untergang. / Deine Lippen
trinken die Kühle des blauen Felsenquells.« (HKA I, 84) Der
Vogelruf als Lockruf des Todes – das Schwarz der Amsel hat
sich auf den ganzen Wald übertragen. Was diese »Lippen« nur
noch »trinken« können, ist Atmosphäre.

Das Gedicht entfaltet sich terzinenhaft, wobei nur die letzten beiden Strophen durch Enjambement einander berühren.
»Laß, wenn deine Stirne leise blutet / Uralte Legenden / Und
dunkle Deutungen des Vogelflugs.« Elis, den erst die vierte
Strophe für seit langem verstorben erklären wird, solle alles Deuten hinter sich lassen. Aus der erneuten direkten An-
rede wird eine Feststellung über ihn: »Du aber gehst mit weichen Schritten in die Nacht, / Die voll purpurner Trauben
hängt, / Und du regst die Arme schöner im Blau.« Der Farbwert des Blauen bleibt erhalten, doch nun abstrahiert von der
konkreten »Felsenquelle«. Die Farbe selbst geht im Atmosphärischen auf.

»Ein Dornbusch tönt, / Wo deine mondenen Augen sind. /
O, wie lange bist, Elis, du verstorben.« Diese »mondenen
Augen«, sie hatten es dem jungen Klaus Mann angetan; denn
er vermerkte sie in besagtem Versuch ausdrücklich neben der
von ihm (nicht von Trakl!) so charakterisierten Stimme dieses »Knaben«[9]: Er nannte sie »hyazinthen«, abgeleitet aus der
Feststellung des Gedichts: »Dein Leib ist eine Hyazinthe, / In
die ein Mönch die wächsernen Finger taucht. / Eine schwarze
Höhle ist unser Schweigen, // Daraus bisweilen ein sanftes
Tier tritt / Und langsam die schweren Lider senkt. / Auf deine Schläfen tropft schwarzer Tau, // Das letzte Gold verfallener Sterne.«

Die »mondenen Augen« vermögen einen Dornbusch, wenn auch nicht zum Brennen, so doch zum Klingen zu bringen. Es handelt sich um Augen, die zu einem blauen Blumenkörper gehören, wobei das immer wie selbstverständlich in Erscheinung tretende Makabre dem Vertreter des Sakralen überantwortet bleibt. Zu sprechen sind diese Verse *sotto voce*, mit gedämpfter Stimme, auch dann, wenn das »Schweigen« kreatürlich wird – nicht aber im Sinne eines Albs, sondern in Gestalt eines »sanften Tiers«. Das Astrale bleibt nur gegenwärtig im Mondenen der Augen; denn der »schwarze Tau«, zu dem die Sterne »verfallen« sind, kann nur Sinnbild der Negativität, ja des Implodierens kosmischer Bezüge und materieller Werte (»letztes Gold«) sein.

Wie erwähnt gibt Trakl durch die Aufeinanderfolge der Gedichte in *Sebastian im Traum* zu verstehen, dass »Elis« – gerade auch die dritte und letzte Fassung von zwei weiteren Versionen – Ergebnis einer Entwicklung ist. (Die zweite Fassung hatte übrigens versucht, aus allen Versionen *ein* Gedicht werden zu lassen, wodurch der Eindruck der Entwicklung verwischt worden wäre.)

Das »Elis«-Gedicht setzt mit einem Wort ein, das Trakl sonst fremd war, ihm, dem selbst so viele Gedichte gelangen, die dieses Attribut nicht nur verdienen, sondern vorführen – und nicht zuletzt diese beiden »Elis«-Gedichte: »*Vollkommen ist die Stille dieses goldenen Tags.* / Unter alten Eichen / Erscheinst du, Elis, ein Ruhender mit runden Augen.«[10] Auch in diesem Gedicht bleibt Elis der unmittelbar mit der Natur Verbundene. Gerade durch diesen Naturbezug kann er sich als »untot« im Sinne Slavoj Žižeks erweisen.

»Ihre Bläue spiegelt den Schlummer der Liebenden. / An deinem Mund / Verstummen ihre rosigen Seufzer.« Elis als der ungebetene Engel der Liebenden bringt mit seinem lebendigen Totenmund diese zum Schweigen.

Elis bleibt allgegenwärtig, auch bei wertenden Feststellungen: »Am Abend zog der Fischer die schweren Netze ein. / Ein guter Hirt / Führt seine Herde am Waldsaum hin. / O! wie gerecht sind, Elis, alle deine Tage.« Das Terzinen-Schema ist nun durchbrochen und taucht auch in den übrigen Teilen des Gedichts nur noch sporadisch auf. Je ein gleichfalls reimloses Verspaar überwiegt fortan. Der Ausruf hier überrascht; denn dass sich durch Elis »Gerechtigkeit« thematisieren ließe, erscheint nach allem bislang Gehörten wenig zwingend.

»Leise sinkt / An kahlen Mauern des Ölbaums blaue Stille, / Erstirbt eines Greisen dunkler Gesang.« Was an Mauern geschieht – so könnte man angesichts des Umstands sagen, dass das Gedicht mit der Wendung: »Immer tönt / An schwarzen Mauern Gottes einsamer Wind« schließt. Diese »Mauern« setzen der Imagination keine eigentlichen Grenzen; vielmehr sind wir auf unsere Vorstellungskraft angewiesen, wenn es darum geht, zu ahnen, was sich hier vollzieht: die Umwertung des ersterbenden Gesangs in das Tönen von Gottes »einsamem Wind«. Im vorigen Gedicht hatten die »mondenen Augen« des Knaben Elis das Tönen des Dornbuschs ausgelöst; nun bedarf es keines auslösenden Moments mehr. Dieses tönende Wehen ist spürbar mit jenem verwandt, das Rodin und Rilke um die Kathedralen wahrnahmen. Es ist in profaner Zeit (noch einmal) ein Wehen des Göttlichen, ein sakral-pneumatischer Rest, der an symbolischem Bezug mehr darstellt als die »wächsernen Finger« des Mönchs.

Menschlicher Gesang »erstirbt«, aber: »Ein sanftes Glockenspiel tönt in Elis' Brust / Am Abend, / Da sein Haupt ins schwarze Kissen sinkt.« Elis' Körper erweist sich als Resonanzraum, wie zuvor sein »Herz« zu einem »goldenen Kahn« wurde, der am »einsamen Himmel« schaukelt. Dieser Untote wirkt fremdbestimmt; er gleicht einem Instrument, willenlos und lebendig nur durch das, was mit ihm oder durch ihn geschieht. Beeinflussen kann Elis nichts (mehr). Er befindet sich in Situationen, kleinen Geschehnissen, aber nicht einmal als Zeuge, der aussagefähig wäre, sondern als Statist:

Ein blaues Wild
Blutet leise im Dornengestrüpp.

Ein brauner Baum steht abgeschieden da;
Seine blauen Früchte fielen von ihm.

Zeichen und Sterne
Versinken leise im Abendweiher.

Hinter dem Hügel ist es Winter geworden.

Blaue Tauben
Trinken nachts den eisigen Schweiß,
Der von Elis' kristallener Stirne rinnt. (HKA I, 86)

In diesem Gesamtbild des Verendens überrascht das Schlussbild; es scheint den Gral zu erinnern und dabei umzudeuten: Aus jener kristallenen Schale, die das Blut Christi auffing, ist Elis' Stirne geworden, die ihrerseits totes Leben spendet, »eisigen Schweiß«. Dass die mit dem »Wild« farbverwandten »blauen Tauben« davon »trinken«, dürfte ihr Verenden besiegeln.

Ob wir in Elis eine Selbstprojektion Trakls erkennen sollen, ist eine ebenso naheliegende wie sinnlose Frage. Elis ist eine poetische Figur, ein Untoter, ein aus der Zeit Gefallener, dem ein lyrisches Grabmal zuteilwurde. Mehr zu sagen wäre verfehlt.

Die Zeit vor dem Ersten Weltkrieg schwankte zwischen hektischer Betriebsamkeit, der Entfesselung industrieller und kommerzieller Energien, Rüstungswettläufen und Lethargie, Überdruss und Übermüdung. Die Avantgarde geriet wechselweise ins Träumen und Experimentieren mit den einfachen Formen, deren Heiligung »Der Blaue Reiter« versuchte. Marcs Pferde galoppierten durch diese Träume. Das Surreale wurde zum Kommentar der Verhältnisse im Lebenswirklichen. Der Traum überformte und durchdrang diese Wirklichkeiten, unterminierte und verwandelte sie.

Sigmund Freuds *Traumdeutung* (1900) begriff Träume als neurotische Symptome, durch die das Verdrängte in Bewegung gerate. Von den »manifesten« Trauminhalten, also den nach dem Erwachen erinnerten, glaubte er, diese analysierend, zu den »latenten« vordringen und diese entschlüsseln zu können. Vollends zum Text erklärte Arthur Schnitzler den Traum. Sein zwischen 1875 und 1931 geführtes Traumtagebuch[11] begriff Träume als ins Unbewusste gesunkene Bewusstheiten. In *Leutnant Gustl* (1900) und *Fräulein Else* (1924) sekundieren sich Traum und innerer Monolog gegenseitig, bis Ersterer in der *Traumnovelle* (1926) zur Gattungsbezeichnung avanciert. Diese Novelle besteht aus einer erzählten Poetik des Träumens, deren fünftes Kapitel Albertines Traum als grausame Entblößungsphantasie enthält, die sich ihren Mann, den Arzt Fridolin, als Opfer einer Tortur vorstellt. Fridolin, der selbst an der Vorstellung krankt, ein Patient habe ihn mit einer tödlichen Krankheit infiziert, kommentiert später: »Und kein Traum ist völlig Traum.«[12] Immer bleibt ein Rest Wirklichkeit. Schnitzler selbst träumte noch morbider, nämlich von seinem eigenen Begräbnis, auf dem sein Leichnam verlorengegangen ist.

Ein Jahr nach der *Traumnovelle* publizierte Walter Benjamin in der *Neuen Rundschau* seine »Glosse zum Surrealismus« unter dem Titel *Traumkitsch,* der sich im Rückblick wie ein geraffter Kommentar zur Geschichte des Traumes in der Moderne liest.[13] Benjamins Befund ist kompromisslos: »Es träumt sich nicht mehr recht von der blauen Blume. Wer heute als Heinrich von Ofterdingen erwacht, muß verschlafen haben [...] Der Traum eröffnet nicht mehr eine blaue Ferne. Er ist grau geworden. [...] Die Träume sind nun Richtweg ins Banale«, dessen »letzte Maske« wiederum der Kitsch sei.[14] Die erzählerische Brechung des Illusionären in Schnitzlers *Traumnovelle* entzog ihn zwar jeglichen Kitschverdachts; erst Stanley Kubricks filmische Realisierung in seiner letzten Regiearbeit, *Eyes Wide Shut* (1999), sollte daraus Kitschgewissheit werden lassen. Doch hatten Benjamins Reflexionen den Nerv der Zeit und ihrer Kulturindustrie getroffen. Trakls Insistieren auf der Traumwelt, es begann, wie gesehen, mit dem ersten Gedicht der *Sammlung 1909,* »Drei Träume«, bezeichnet demgegenüber einen Einspruch gegen die drohende Verkitschung der Traumwelt. Es schien ihm annährend bewusst gewesen zu sein, dass er sich damit auf eine Gratwanderung eingelassen hatte, die man je nach ästhetischem Geschmacksurteil als bestanden oder verfehlt bewerten wird. Jedenfalls wagte Trakl bis zuletzt die Fusion von Traumbildlichkeit und lyrischem Ausdruck, albtraumhaften Visionen und farbwörtlichen Retrospektiven.

Der frühe Hofmannsthal hatte in einem Prosagedicht – wie die meisten wurde auch dieses erst aus seinem Nachlass bekannt – Stimmungsvoraussetzungen für einen »Traumtod« evoziert, wobei er allen Hauptwörtern ihre Artikel vorenthielt. Dadurch erzeugte er eine den Sprachfluss unverhofft stauende, befremdende Wirkung:

Kerze ausgeblasen. Zimmer sinkt in Nacht. Draußen blinkt
weißes beschneites Gartenhaus, auf dem sich Fensterkreuz
abzeichnet.
Traum: Augen aufschlagen; liege auf dem selben Bett. Fenster erinnern an Schiffsluken. Draußen Bäume scheinen zu
versinken. Zimmer steigt langsam lautlos auf, auf. Traum-
fähigkeit, gleichzeitig im Zimmer zu sein und durch den Fuß-
boden durchzuschauen. Unten schlafende Stadt. Unendlich
bedeutungsvolle Punkte, ganz anders wie die Wirklichkeit;
Gegenden die ich nie gesehen habe, von denen ich aber
weiß, sie sind dies und das. Park auf Terrasse. (Modenapark),
kleine Vorstadtgasse – Vaterhaus;

Laufen ans Fenster, sehnsüchtig: Überbeugen, Sturz.[15]

Der Hauptunterschied zu Trakls poetischem Verfahren liegt
darin, dass Hofmannsthal in diesem wie auch seinen anderen
Prosagedichten – anders als in seinen lyrischen Dichtungen –
die Sprache nicht wirklich suggestiv zur Wirkung bringt. In
»Traumtod« weiß sich Hofmannsthal dem Erzählerischen näher als Trakl. Stilistisch scheint Hofmannsthal hier mehr Turgenjews Gedichten in Prosa verpflichtet als jenen Rimbauds,
die wiederum für Trakl maßgeblich waren.

In »Verwandlung des Bösen« liebäugelt Trakl eher mit Rimbauds Radikalität, als dass er sie sich zu eigen gemacht hätte.
Rimbaud sagt »Ich«, lotet die Hölle aus, führt den diskursiven
Ton in das Prosagedicht ein, etwa in »Mauvais sang« (»schlechtes Blut«), das ausdrücklich Fortschrittskritik betreibt: »Die
Wissenschaft, der neue Adel, der Fortschritt! Die Welt schreitet vorwärts! Warum wollte sie nicht umkehren?«[16] Solch
argumentative Konkretheit versagt sich Trakl und verlegt
stattdessen inhaltliche Gewichte auf Stimmungen und unverhoffte Wendungen (»Ein Toter besucht dich«, HKA I, 98).

Trakl verwandelt das Argument in Atmosphäre. Durch sie werden Wachzustand und Traumwelt ununterscheidbar.[17] Es ist ein Träumen, das vor dem Einsetzen des Gedichts schon begonnen zu haben scheint und mit ihm nicht endet. Das Gedicht wirkt, als sei es dem großen Traum entnommen, der Mutter allen Dichtens. Und dennoch bleibt das Gedicht worterzeugt, selbst auch bei Trakl im Sinne Gottfried Benns »gemacht«, nur dass man die Arbeitsspuren an diesen Gedichten, wenn man die Varianten unberücksichtigt ließe, nicht mehr wahrnimmt.

Motive aus der »Verwandlung des Bösen«, namentlich der Fisch, das Kristallene, sehen sich ihrerseits verwandelt in Theodor Däublers Gedicht »Gesicht« von 1916, das mit den Zeilen beginnt: »Die Träume werden von den Fischen fortgetragen. / Wir strömen schlafend in die Zuflucht der Kristalle.« Däubler versucht das Träumen selbst zu intensivieren, spricht von »herträumen« und »unterträumen«. Und droht ein Erwachen, dann erfolgt der Aufruf an sich selbst: »Zurück zum Traum«.[18]

Der Verweis auf Däubler erscheint auch deswegen von Interesse, weil er, dieser vitalistische Mystiker unter Trakls unmittelbaren Zeitgenossen, im *Brenner*-Kreis geschätzt wurde[19] und, wie Trakl selbst, mit Erhard Buschbeck eng befreundet war.[20] Trakl und Däubler dürften sich mindestens zweimal begegnet sein, jeweils in Innsbruck, zuletzt im Frühjahr 1914, als sich Trakl in einer neuerlichen schweren Lebenskrise befand nach seinen vergeblichen Bemühungen, seiner Schwester Grete in Berlin zu helfen.[21] Ihr Zustand hatte Trakl freilich aus seinen Träumen gerissen und ihm »Böses« ganz unverwandelt vor Augen geführt.

»Der Herbst des Einsamen« und
»Siebengesang des Todes«

Nur acht Gedichte umfasst der zweite Teil von *Sebastian im Traum*, »Der Herbst des Einsamen«. Das erste, »Im Park«, erinnert wie von ferne an Stefan Georges den Zyklus *Das Jahr der Seele* (1897) eröffnendes Gedicht »Komm in den totgesagten park und schau«.[22] George hatte das Fabenregister vorgegeben: (»unverhofftes«) Blau, »tiefes Gelb«, »weiches« Grau, Purpur und »grünes Leben«. Die »bunten Pfade« sucht man dagegen in Trakls Gedicht vergebens, wie er ohnehin das Wort »bunt« selten gebraucht, sondern die jeweiligen Farben genau nennt. Die Trakl'schen Farben ergeben nichts Buntes: Sie bleiben individuelle Prägungen.

Es herbstet in Georges Gedicht, ganz so wie Trakl den Herbst privilegiert, als ein Etwas, das – wie es in Hofmannsthals »Gespräch über Gedichte« (1903) heißt – »mehr ist als Herbst«[23], nämlich die Trägerschaft eines »Anderen«, Unvertrauten. Trakls Gedicht streift zunächst alles das ab, was die »Verwandlung des Bösen« an Bildern erbracht hat, und besinnt sich in den Gedichten des zweiten Teils auf einen betont schlichten Ausdruck:

Im Park

Wieder wandelnd im alten Park,
O! Stille gelb und roter Blumen.
Ihr auch trauert, ihr sanften Götter,
Und das hebstliche Gold der Ulme.
Reglos ragt am bläulichen Weiher
Das Rohr, verstummt am Abend die Drossel.
O! dann neige auch du die Stirne
Vor der Ahnen verfallenem Marmor. (HKA I, 101)

Vergewissern wir uns noch einmal eines die Natur der Dichtung erläuternden Wortes aus Hofmannsthals »Gespräch über Gedichte«, das ergänzt, was hierzu bereits über das »Gold« bei Trakl in Ableitung von Gottfried Keller gesagt worden ist:

> Wenn die Poesie etwas tut, so ist es das: daß sie aus jedem Gebilde der Welt und des Traumes mit durstiger Gier sein Eigenstes, sein Wesenhaftestes herausschlürft, so wie jene Irrlichter in dem Märchen, die überall das Gold herauslecken. Und sie tut es aus dem gleichen Grunde: weil sie sich von dem Mark der Dinge nährt, weil sie elend verlöschen würde, wenn sie dies nährende Gold nicht aus allen Fugen, allen Spalten in sich zöge.[24]

Bedenken wir zudem die These dieses poetischen Gesprächspartners namens Gabriel, Poesie setze »immer die Sache selbst« und sei damit zunächst wörtlich, sprich: beim Wort zu nehmen, dann gewinnt auch das in Trakls Gedicht zum Glänzen gebrachte »herbstliche Gold der Ulme« eine weitere Bedeutung: Es ist die Essenz der Dinge als Erscheinung und damit poetische Substanz.

Trakl bemüht einmal mehr nur jenes sprachliche Material, das sich in seinen Gedichten bereits vielfach bewährt hat. Man glaubt sich mit jedem dieser Trakl-Worte längst vertraut, und dennoch schafft dieses Gedicht – wenn nicht Neues – so doch etwas Eigenes, wofür schon die so bei Trakl nicht gehörten Alliterationen »wieder wandelnd« und »ragt reglos« sorgen. Die Wendung »Vor der Ahnen verfallenem Marmor« erinnert an die Zeile aus »Musik im Mirabell«: »Der Ahnen Marmor ist ergraut.« (HKA I, 18) Bezeichnend aber ist die weitere Intensivierung dieses Bildes: Aus dem bloßen Ergrauen ist ein Verfallen geworden, was auf eine zusätzliche Zeittiefe hindeutet. Denn es besteht ein erheblicher Unterschied, ob

»Marmor« nur eine graue Patina angesetzt hat oder tatsächlich »verfallen«, zu Marmorschotter oder Sand geworden ist.

Mit den Gedichten »Die Verfluchten« und »Sonja« versucht Trakl etwas in seinen Gedichten Seltenes: Das eine Gedicht nimmt ein voriges Thema in intensivierter Form auf (das »glühende Gefühl / Des Bösen«) und liefert in seiner letzten Zeile das Stichwort für das nächste, den Namen »Sonja«. Trakl scheint damit eine geraffte lyrische Entsprechung zur epischen Entfaltung des Verhältnisses Raskolnikows zu Sonja Marmeladowna in Dostojewskis Roman *Schuld und Sühne* beabsichtigt zu haben. Sonja als – paradox ausgedrückt – unbefleckte Dirne und Lichtträgerin, in der sich das Böse verwandelt hat, glaubt man bereits in der zweiten Strophe des Gedichts »Die Verfluchten« gegenwärtig: »Ein Heiligenschein auf jene Kleine fällt, / Die vor der Glastür wartet sanft und weiß.« (HKA I, 103)

Scheinbar erzählen diese Gedichte, etwa jenes, von den »Verfluchten«. Wer aber sind sie? Die erste Strophe entwirft ein Stimmungsbild:

> Es dämmert. Zum Brunnen gehn die alten Fraun.
> Im Dunkel der Kastanien lacht ein Rot.
> Aus einem Laden rinnt ein Duft von Brot
> Und Sonnenblumen sinken übern Zaun. (HKA I, 103)

Eine Farbe verhöhnt die alten Frauen, und Duft wird zu einem Rinnsal. Das Schwer-Laszive überträgt sich auch auf die Natur, die Sonnenblumen, die Grenzen nicht achten. Buchstäblich eindrucksvoll, wie nun das folgende Verspaar den Klang des Gedichts anstimmt, der später nur noch durch ein »Glockenspiel« und ein angedeutetes Windgeräusch, das des Föhns, ergänzt wird: »Am Fluß die Schenke tönt noch lau und leis. / Guitarre summt; ein Klimperklang von Geld.«

Das Hauptzeitwort dieses Gedichts heißt »sinken«. Neben den Sonnenblumen sinken Ahorn und die Lider des Kindes; es sinkt ein »Erstorbenes«, und zudem »fallen Äpfel dumpf und weich«. (HKA I, 104) Dieses Sinken entspricht dem Empfinden des Lesers, der in dieses Gedicht – wie in so viele andere Trakls – wie in einen Mahlstrom hineingezogen wird. Das Gedicht lebt von seiner Sogwirkung und vom Betörenden, das von seinen nie hinterfragten, sondern als selbstverständlich und unabänderlich gezeigten Bildszenen ausgeht. Es kann eben nicht anders sein, als dass »die Hand / der Toten« in den Mund des Knaben »greift«. Das geschieht ganz ohne »Erlkönig«-Dramatik. Es ist das Kind ohne Vater, das hier dem Unheimlichen allein ausgesetzt ist, dieses Unheimliche jedoch als vertraut annimmt. Erst in der letzten Zeile erfahren wir, dass diese gruselige Szene eine Zeugin hat: Sonja, deren weiße Brauen allein das Wilde, Ungezähmte verraten, wie das Folgegedicht bestätigt. (»Sonja«, HKA I, 105)

Ein weiteres Zeitwortmotiv dieser Gedichte heißt: entgleiten. Das Nicht-mehr-festhalten-Können gehört zu dieser mahlstromhaften Erfahrung. Doch auch das Gegenteil gilt; denn »Abend wechselt Sinn und Bild« (»Herbstseele«, HKA I, 107): »Brot und Wein« befinden sich auf einem fest stehenden Tisch, religiöse Verweise mit Stilllebencharakter, so im Gedicht »Ein Winterabend«, aber auch in »Herbstseele«, wobei letzteres Gedicht mit einer Strophe schließt, die an Paul Gerhardt erinnert, unzweifelhaft sakralen Charakter hat und ungebrochenes Gottvertrauen zumindest zitiert, wenn nicht gar bekundet: »Rechten Lebens Brot und Wein, / Gott in deine milden Hände / Legt der Mensch das dunkle Ende, / Alle Schuld und rote Pein.« (HKA I, 107)

Der Mensch – aber kein Ich, nichts Persönliches – korrespondiert zum einen mit der Erfahrung der »Einsamkeit« und Vereinzelung des Menschen, zum anderen mit dem Bestreben des Trakl'schen Gedichts, die *eine* Erfahrung zu einer allgemeingültigen zu erklären. Die Lautangabe im »Herbst des Einsamen« ist wiederholt »leise« bis »sehr leise«, wobei der »Einsame« in diesem Gedicht, das nach ihm benannt ist[25], gar nicht in Erscheinung tritt. Einen Auftritt haben darin unter anderem »der dunkle Herbst«, ein »reines Blau« und Engel, die aus den »blauen Augen der Liebenden« treten.

Naturlaute und keine Instrumente grundieren diese herbstliche Einsamkeit: Einerseits ist es das Rauschen des Schilfrohrs, das »schwarze« Tropfen des Taus, andererseits »der Flug der Vögel«, der »von alten Sagen« *tönt*. Wiederum deutet sich hier ein erzählerisches Moment an: Die »alten Sagen« und Legenden liegen in der Natur verborgen. Der im Gedicht unsichtbare Einsame sieht jene Dinge und Erscheinungen, die ihn noch einsamer erscheinen lassen, weil er selbst sich als ein Ich nicht in sie einbringen, nicht mit ihnen kommunizieren kann. Er vermag sie nur aufzuzählen; um ihn kümmern sie sich nicht.

Welche substanziellen Wechselwirkungen zwischen Individuum und Umwelt kann es überhaupt geben, vor allem dann, wenn es als »bleiche« Gestalt hermetisch abgeschirmt in »blauem Kristall / Wohnt«, wie Trakl im ersten Gedicht des Teilzyklus »Siebengesang des Todes« dichtet. (»Ruh und Schweigen«, HKA I, 113) Diese Umwelt, die keine Mitwelt mehr ist, besteht aus surrealen Extremen: »Hirten begruben die Sonne im kahlen Wald. / Ein Fischer zog / In härenem Netz den Mond aus frierendem Weiher.« (Ebd.)

Was für das »Stundenlied« galt, traf auch für andere Gedichte dieser Sammlung zu, wenn sie Trakl mehrfach überarbeitete: »neue Fassungen« gerieten ihm meist noch mehr oder »ganz ins Dunkle und Verzweifelte«, wie er in einem Brief vom 8. Juli 1913 schreibt. (HKA I, 520) »Schwarzer Frost« umgibt ihn, »schwarzer Schlaf« überfällt ihn, wenn »er«, also sein poetisches *alter ego*, »nach Mitternacht betrunken von purpurnem Wein den dunklen Bezirk der Menschen« verlässt, wie es im Prosagedicht »Winternacht« heißt, das den »Siebengesang«-Teil beschließt. An den Freund Karl Borromäus Heinrich schreibt er im Januar 1914:

> Mir geht es nicht am besten. Zwischen Trübsinn und Trunkenheit verloren, fehlt mir die Kraft und Lust eine Lage zu verändern, die sich täglich unheilvoller gestaltet, bleibt nur mehr der Wunsch, ein Gewitter möchte hereinbrechen und mich reinigen oder zerstören. O Gott, durch welche Schuld und Finsterniß müssen wir doch gehen. Möchten wir am Ende nicht unterliegen. (HKA I, 532)

Er sagt nicht »meine Lage«, sondern »eine Lage«, aber er schließt mit einer blassen Hoffnung, die auch einige wenige Gedichte des Teilzyklus »Siebengesang« beschließt: »Schnee, der leise aus purpurner Wolke sinkt« (»Geburt«, HKA I, 115); »Wandelst in trautem Gespräch unter Ulmen den grünen Fluß hinab« (auch wenn der Gesprächspartner und »Gast« ein Toter ist, »An einen Frühverstorbenen«, HKA I, 117); »Immer tönt der Schwester mondene Stimme / Durch die geistliche Nacht« (HKA I, 118); »Weihrauch strömt von rosigen Kissen / Und der süße Gesang der Auferstandenen« (»Abendländisches Lied«, HKA I, 119); »Mohn aus silberner Wolke« (»Siebengesang des Todes, HKA I, 127); und schließlich: »Beim Erwachen klangen die Glocken im Dorf. Aus dem östlichen Tor trat silbern der rosige Tag.« (»Winternacht«, HKA I, 128) Das sind die hoffnungsvollsten Schlusswendungen Trakl'scher Gedichte. Ihnen stehen die Versteinerungen, metallischen Härten (der »blaue Panzer des Kriegers« im »Karl Kraus«-Gedicht) gegenüber und das »kindliche Gerippe«, das »silbern zerschellt an kahler Mauer« – so in »Föhn«. (HKA I, 121)

Selten klingt Exotisches an in den Gedichten dieser Sammlung. Der häufige Verweis auf »Sterne« deutet auf Exterritoriales, sieht sich aber nie weiter ausgeführt. Da fällt der Vers: »Ein kleiner Vogel singt im Tamarindenbaum« im Gedicht »Verklärung« besonders auf. (HKA I, 120) Die Tamarinden oder indischen Datteln befinden sich zwischen der herkömmlichen Wendung »Wenn es Abend wird« und einem »sanften Mönch«, der seine »erstorbenen Hände« faltet, sowie einem Maria heimsuchenden »weißen Engel«. Was er ihr verkündet, bleibt offen. Der Vogelgesang dagegen im exotischen Gewächs stimmt das ganz Andere an, das zum Katalysator der »Verklärung« wird. Und am Ende zitiert das Gedicht einmal mehr die »blaue Blume«, *das* romantische Emblem schlechthin, das in diesem Teilzyklus des »Siebengesangs« auch schon mit dem »rinnenden Blut« in der »Kehle des Tönenden« in Verbindung gebracht worden ist. (»An einen Frühverstorbenen«, HKA I, 117) Doch ist damit die Verklärung allenfalls angedeutet, da diese »Blume« nur im »vergilbten Gestein« tönt, dieses aber nicht verwandeln kann.

Das zweite Prosagedicht des Bandes *Sebastian im Traum* steht bei Interpreten meist im Schatten der beiden anderen; es verdient aber eine eigene Würdigung:

Winternacht

Es ist Schnee gefallen. Nach Mitternacht verläßt du betrunken von purpurnem Wein den dunklen Bezirk der Menschen, die rote Flamme ihres Herdes. O die Finsternis!
Schwarzer Frost. Die Erde ist hart, nach Bitterem schmeckt die Luft. Deine Sterne schließen sich zu bösen Zeichen.
Mit versteinerten Schritten stampfst du am Bahndamm hin, mit runden Augen, wie ein Soldat, der eine schwarze Schanze stürmt. Avanti!

Bitterer Schnee und Mond!

Ein roter Wolf, den ein Engel würgt. Deine Beine klirren
schreitend wie blaues Eis und ein Lächeln voll Trauer und
Hochmut hat dein Antlitz versteinert und die Stirne
erbleicht vor der Wollust des Frostes;

oder sie neigt sich schweigend über den Schlaf eines
Wächters, der in seiner hölzernen Hütte hinsank.

Frost und Rauch. Ein weißes Sternenhemd verbrennt die
tragenden Schultern und Gottes Geier zerfleischen dein
metallenes Herz.

O der steinerne Hügel. Stille schmilzt und vergessen der
kühle Leib im silbernen Schnee hin.

Schwarz ist der Schlaf. Das Ohr folgt lange den Pfaden der
Sterne im Eis.

Beim Erwachen klangen die Glocken im Dorf. Aus dem
östlichen Tor trat silbern der rosige Tag. (HKA I, 128)

Das Prosagedicht beginnt mit einer erzählerischen Geste: »Es
ist Schnee gefallen.« Nun könnte sich eine Geschichte entwickeln; und Andeutungen davon ziehen sich auch durch den
Text. Wichtiger aber scheint, dass er sein Ich als ein Du anspricht, als bestünde ein Vertrauensverhältnis zwischen der
Winternacht und ihrem quasi soldatischen Opfer.

»Winternacht« intensiviert jene Stimmung, die das Gedicht »Ein Winterabend« bereits evozierte, wenn auch ohne
jene innere Dramatik, die das Prosagedicht auszeichnet. Genauer gesagt, »Winternacht« entfaltet ein Schreckenspano-
rama, das Trakl in der ersten Fassung des Gedichts »Ein Winterabend«, namentlich in dessen letztem Vers, angedeutet und
mit einem sakralen reimgebundenen Hoffnungszeichen versehen hatte: »O! des Menschen bloße Pein. / Der mit Engeln
stumm gerungen, / Langt von heiligem Schmerz bezwun-
gen / Still nach Gottes Brot und Wein.« Diese Fassung hatte

Trakl mit einem Brief, geschrieben auf Papier des Innsbrucker Gasthauses Goldene Rose in der ersten Dezemberhälfte des Jahres 1913, an Karl Kraus geschickt und sie mit folgenden Einführungsworten versehen: »In diesen Tagen rasender Betrunkenheit und verbrecherischer Melancholie sind einige Verse entstanden, die ich Sie bitte, entgegenzunehmen, als Ausdruck der Verehrung für einen Mann, der, wie keiner der Welt ein Beispiel gibt.« (HKA I, 530 f.)

Doch diese Verehrung für Kraus wirkt »trunken«, nicht aber das Gedicht selbst, das wie meist gefasst klingt, gesammelt, konzentriert. In »Herbstseele« lautete eine lyrische These: »Abend wechselt Sinn und Bild.« (HKA I, 107) Man möchte ergänzen, in der »Winternacht« befehden »Sinn und Bild« einander, lauern sich auf, versuchen sich in wechselseitiger Überbietung. Denn was bedeutet es, wenn sich Sinn und Bild »wechseln«? Dass sie austauschbar sind, oder dass sie sich, in der Dämmerung besehen, im Licht des Abends verändern? Zumindest meint diese Wendung doch, dass Sinn und Bild getrennt sind oder sein können.

»Winternacht« verstärkt diesen Eindruck. Hatten die »Sterne« in seinen Dichtungen bislang wenig Bedrohliches – außer dass sie »fallen« konnten wie im »Siebengesang des Todes« –, so verdichten sie sich nun zu »bösen Zeichen«. Das »Schwarze«, selbst inmitten des Schnees, dieser bildliche Ausdruck extremer Gegensätze, hatte im Prosagedicht »Verwandlung des Bösen« noch eine lähmende Wirkung. Sie, die »bleierne Schwärze«, war es gewesen, die einen zwang, »auf der verfallenen Stiege, im Haus deiner Väter« still zu stehen. (HKA I, 97) Jetzt verlockt der »Bahndamm«, ihn wie »eine schwarze Schanze« zu stürmen. Um dieses für Trakl ungewöhnliche Bewegungsmoment zu unterstreichen, fügt er ein »Avanti!« hinzu, was an den quasi militärischen Kampfruf der Futuristen erinnert. Doch dieser Aktionismus bleibt Illusion, fällt in sich zusammen. Extreme Gegensätze zerreiben, was von solchem Scheintatendrang übrig ist, Gegensätze, die selbst noch in einem Lächeln wirksam sind, besteht es doch aus »Trauer und Hochmut«. »Wollust« und »Frost« werden eins. Und auch das Schwarze wird wieder gleichbedeutend mit Schwere und Schlaf. Überrascht es da, dass die religiösen Motive alles Heilige eingebüßt haben? Sie verbinden sich mit unverstellter Gewalt: Ein Engel »würgt« einen »roten Wolf«, und »Gottes Geier zerfleischen dein metallnes Herz« – und nicht wie bei Prometheus die Leber.

Doch die wohl eigentümlichste Wendung in diesem Prosagedicht liefert der Satz: »Das Ohr folgt lange den Pfaden der Sterne im Eis.« Gleichen diese »Pfade« den »bösen Zeichen«, zu denen die Sterne geworden sind? Offenbar sind sie hörbar. Das eine Sinnesorgan hat sich verselbständigt auf dem Weg in den Schlaf, angesichts des Umstands, dass sich Schritt und Gesicht »versteinert haben«. Das Ohr hört auch den Schritt der »wie blaues Eis klirrenden Beine« und »beim Erwachen« die »Glocken im Dorf«. Das Geschehen in dieser »Winternacht« beschränkt sich auf Halluzinationen, Wahnbilder eines Trunkenen, dessen einzige Leistung darin besteht, den »Siebengesang des Todes« hinter sich gebracht zu haben, um einen neuen Gesang anzustimmen, jenen des »Abgeschiedenen«.

Dieser vorletzte Teil des Zyklus *Sebastian im Traum* zeichnet die Wege des Einsamen oder Abgeschiedenen nach. In jedem dieser Gedichte tritt er in Erscheinung, sei es als Heimatloser, einsamer Enkel oder Fremdling. Und kann er – sogar als ein Ich – anderen als nur sich selbst begegnen wie im Gedicht »Frühling der Seele«, der »Schwester nämlich«, dann geschieht dies auf »einsamer Lichtung«. (HKA I, 141) Und wieder deklinieren diese Gedichte die Farben durch, lassen das Gold tönen und im Blau »nach Märchen tasten« (»Vorhölle«,

HKA I, 132), den Kahn blau sein und den Sommer grün. In der »beseelten Bläue der Nacht« kann der Einsame wohnen (»Gesang des Abgeschiedenen«, HKA I, 144) und sich in den »großen Städten« verlieren, wo der Dichter ein »Sturmgewölk« sich zusammenziehen sieht und »sterbende Völker« als »bleiche Woge« am »Strand der Nacht« zerschellen. Gemeint ist Berlin und das »Abendland« überhaupt in einem Else Lasker-Schüler »in Verehrung« gewidmeten Gedicht nämlichen Titels.[26] (HKA I, 139 f.) Auch in diesem Gedicht wie in anderen dieses Zyklus erschöpft sich jede Bewegung im »Hinsterben« meist gegen eine »Mauer«, eine Grenze, eine »versteinerte Schwelle« oder einen anderen Ort des Übergangs: »Mond, als träte ein Totes / Aus blauer Höhle, / Und es fallen der Blüten / Viele über den Felsenpfad. / Silbern weint ein Krankes / Am Abendweiher, / Auf schwarzem Kahn / Hinüberstarben Liebende.« (HKA I, 139) Vier Fassungen durchläuft das Gedicht »Abendland«, wobei die erste zwei Versionen kennt.

Vermutlich führte er sie bei sich, als er Mitte März 1914 nach Berlin reiste, um der Schwester nach ihrer Fehlgeburt beizustehen. Irgendwann in jenen Tagen lernte Trakl auch Else Lasker-Schüler kennen, die sich im Vorjahr von ihrem Ehemann, Herwarth Walden getrennt, in Franz Marc und Gottfried Benn verliebt hatte, selbst krank war und zeitweise von Alfred Döblin behandelt wurde. Sie lebte am Rand der Verkommenheit als orientalisches Wesen aus Wuppertal-Elberfeld, adelte sich zum Prinzen Jussuf, hielt Hof in einer Matratzengruft à la Heinrich Heine. Schmutz und poetischer Goldglanz zeichneten ihren »Hof« aus, Theben an der Spree. Auch sie hatte im *Brenner* veröffentlicht und stand mit Ludwig von Ficker in Austausch. Zwei *Brenner*-Autoren unter sich im tirolfernen Wilmersdorf, zwei durch Alkohol und »bitteren Mohn« Gefährdete. Hatte sie, die Dichterin der *Hebräischen Balladen*, in Trakl wirklich einen »Martin Luther« der Dichtung gesehen, wie sie in ihrem zweiten Gedicht über ihren brüderlichen Geliebten wenige Monate nach seinem Tod bekundete?[27] Nahm er ihr den »Prinzen Jussuf« ab? Zwei Fassungen des Gedichts »Abendland« widmet er ihr mit dem Vermerk »in Verehrung«, eine weitere ist »an Else Lasker-Schüler« gerichtet: »Mond, als träte ein Totes / Aus blauer Höhle«. Waren sie beide »hinübersterbende Liebende«?

Wenn es eine Gruppe von Gedichtvarianten gibt, welche die These bestätigen, dass sich Trakl nur lyrisch habe äußern können und seine »Korrekturen und Neudichtungen seine Autobiographie« seien[28], dann trifft dies für die »Abendland«-Varianten zu; denn seitens Trakls sind keine anderen Schriftzeugnisse über seine Begegnung mit Lasker-Schüler überliefert, von ihr dagegen zwei kurze Briefe und ein Telegramm. Ihre nach Trakls Tod verfassten Gedichte zu seinem Andenken werden später noch zu bedenken sein.

Die umfangreiche, fünfteilige zweite Fassung von Trakls Gedicht fusioniert nicht nur die beiden ersten (vermutlich nach Berlin mitgebrachten) Versionen, sondern erweitert sie erheblich. Die dritte und vierte, von Trakl offenbar als gültig erachtete und in *Sebastian im Traum* aufgenommene Fassung fällt durch zunehmende Schärfung und Verdichtung des Ausdrucks auf. Zuletzt versagt er sich jegliche persönliche Anrufung im Gedicht, die noch die letzte Strophe der dritten Fassung auszeichnete (»O Liebe, es rührt / Ein blauer Dornenbusch / Die kalte Schläfe, / Mit fallenden Sternen / Schneeige Nacht.« HKA I, 410 – wann hatte sich Trakl je gestattet »O Liebe« in ein Gedicht zu setzen!).

Die autobiografisch sprechendste Fassung, die zweite, weist Stellen auf, die sich durchaus sinnvoll aus dem Gedichtzusammenhang lösen und nebeneinanderstellen lassen: »Und es tönen / Die blauen Quellen im Dunkel, / Daß ein Sanftes, / Ein Kind geboren wurde« […] »Mein Bruder. /

Es schweigt der versteinerte Mund / Das dunkle Lied der Schmerzen. // Wieder begegnet ein Totes / Im weißen Linnen« [...] »Ein Knabe mit zerbrochener Brust / Hinstirbt Gesang in der Nacht« [...] »Dieses ist oft Liebe: es rührt / Ein blühender Dornenbusch / Die kalten Finger des Fremdlings.« Was sich hier verbindet, ist die erschütternde Erfahrung des Leidens der Schwester mit einer Liebeserfahrung, der gleichzeitigen Begegnung mit Lasker-Schüler. Die Schwester, die wie ein verletztes Wild zu verbluten drohte, und die pseudoorientalisch Liebende, die des Dichters Blut in Wallung bringt: Es ist folgerichtig, dass sich Trakl dieser extremen Erfahrung nur im Gedicht zu stellen verstand.

Die eigentümliche Stadterfahrung hinterlässt dabei gleichfalls tiefe lyrische Spuren. Eine erste Annäherung an das Phänomen Berlin lautet: »Groß sind Städte aufgebaut / Und steinern in der Ebene« (zweite Fassung). Daraus wird in der dritten Fassung: »Strahlend nachtet die steinerne Stadt / In der Ebene. / Ein schwarzer Schatten / Folgt der Fremdling / Mit dunkler Stirne dem Wind, / Kahlen Bäumen am Hügel«; und schließlich als erste (die »Liebe« ersetzende) Anrufung neben »Ihr sterbenden Völker!« in der vierten Fassung: »Ihr großen Städte / Steinern aufgebaut / In der Ebene! / So sprachlos folgt / Der Heimatlose / Mit dunkler Stirne dem Wind, / Kahlen Bäumen am Hügel. / Ihr weithin dämmernden Ströme!«

Lasker-Schüler reagiert auf die Zusendung der im *Brenner* erschienenen zweiten Fassung des ihr verehrten Gedichts »Abendland« mit einem gesperrten »Vielen Dank!«. (HKA II, 775) Hat Trakl dies enttäuscht? Konnte ihn amüsieren, als sie ihm Ende Juli aus Rottach-Egern ein Telegramm schickte des Inhalts: »spinatidylle langweile enorm rettung«?[29] Fühlte er sich angesprochen als sie ihm, die jetzt auch sein »Prinz Jussuf« geworden war, telegrammhaft schrieb:

Lieber Dichter.

Ich darf mal gar nichts sagen, da ich auch so lebte – nun aber schwor ich so viele Eide und ich lasse es. Aber wenn Sie weiter trinken, brech ich die Eide und trink wieder. So schön muß Tyrol sein, möchte es auch mal sehn; ich betrink mich dort mit Grün oder mit dem Feuer der Blitze. Viel Gewitter dort, liebe Gewitter so Kreuz und Quer Blitzspiel. So wie ich bin. Soll ich was nach München Innsbruck kommen. In München hab ich prachtvolle Freundin: Rinaldomädchen. Blaue Augen wie Flüsse – ich ertrink darin so gern. Ich hab aber so wenig Geld jetzt – aber ich raub es mir in 8 Tagen hier. Es lebe der Raub! Was denken Sie von Strandräuberei? Mein Herz klopft so sehr; Höhle so oben im Turm: bei mir dumpf und ohne Schwung. Hätt ich Fallschirm würd' ich herunterspringen. Grüße an den Landvogt Ludwig.
Ihr wilder Prinz Jussuf. (HKA II, 775 f.)

Dazu zeichnete sie sich als Jussuf mit Speer und im Hintergrund eine Stadt(-Landschaft) und schrieb daneben: »Hand zittert. Sollte Speer werden.« (Ebd.)

Wann hatte Trakl jemals einen solchen Brief erhalten? Hat er ihn aufgewühlt, gleichgültig gelassen, animiert oder befremdet? Später wollte sie ihm nach Galizien schreiben und bat Ficker, den »verehrten Landvogt«, um die Adresse des fernen einsamen Freundes. Was hätte er empfunden, wenn er in Lasker-Schülers Jusuph-Brief an Ficker gelesen hätte: »Gern wär ich mit Georg Trakl in den Krieg gezogen, ich, die ich zwischen Unverständlichsten, Schmerzlichsten lebe, kein Blut jagt mir Schreck ein, und die abgeschlagenen Kinderhändchen hätte ich gerächt und die Herzen meiner Freunde.«[30]

Als Lasker-Schüler im Juli 1914 für eine Woche nach Innsbruck kommt, offenbar ohne ihre »Räuberbraut«, frei nach Goethes Schwager, Christian August Vulpius, trifft sie zwar ihren »Landvogt« von Ficker, nicht aber Trakl, soweit sich dies sagen lässt. Vielleicht hatte er sich in der Hohenburg bei Igls in der Obhut Rudolf von Fickers vor den Zudringlichkeiten des Prinzen Jusuf oder Jusuph (Lasker-Schüler schrieb nicht nur ihre Heteronyme nach Laune!) verschanzt oder verstört durch die Wälder bei Lans streunend wie der Lenz des Georg Büchner. Das im Herbst 1913 geschriebene Gedicht »Hohenburg«, wie das Gedicht »Abend in Lans« Teil des Zyklus *Sebastian im Traum*, lässt zumindest ahnen, dass man sich dort verbergen konnte, wenn es wirklich darauf ankam. In der zweiten gültigen Fassung lautet das Gedicht »Hohenburg«:

Es ist niemand im Haus. Herbst in Zimmern;
Mondeshelle Sonate
Und das Erwachen am Saum des dämmernden Walds.

Immer denkst du das weiße Antlitz des Menschen
Ferne dem Getümmel der Zeit;
Über ein Träumendes neigt sich gerne grünes Gezweig,

Kreuz und Abend;
Umfängt den Tönenden mit purpurnen Armen sein Stern,
Der zu unbewohnten Fenstern hinaufsteigt.

Also zittert im Dunkel der Fremdling,
Da er leise die Lider über ein Menschliches aufhebt,
Das ferne ist; die Silberstimme des Windes im Hausflur.
      (HKA I, 87)

Eine Schlossburg – sie scheint auf einer künstlich angelegten Anhöhe zu liegen –, im Trakl-Gedicht erfüllt von Leere, (nur) etwas gespenstisch: ein Gedicht, das ohne Todesverweise auskommt, ohne Kälte, Frost und Klirren. Nur der »Fremdling«

stellt sich wieder ein, der einen Bezug zum Anderen herstellen will. Aber das Gegenüber bleibt ein unverbindliches »Menschliches«, ohne Namen, ohne erkennbare Identität.

»Hohenburg« wie auch die meisten anderen Gedichte dieser Sammlung *Sebastian im Traum* sind Gedichte eines sich verbergenden Ichs *nach* dessen Identitätsverlust. Paradoxerweise ist es nur sein »Kaspar Hauser«, der aussprechen kann – bereits von seinem »Mörder« verfolgt –, was er werden will, nämlich ein »Reiter« (HKA I, 95), wogegen alle übrigen menschlichen Wesen in diesen Gedichten kaum noch wissen, was sie gewesen sind.

Was sich auf der Hohenburg denken lässt, ist »ferne dem Getümmel der Zeit«, das Abseitige also; wahrnehmen kann man hier jedoch die feinste Nuance, die »Silberstimme des Windes« ebenso wie das »Mondeshelle« einer Sonate.

Dann also »Traum und Umnachtung«, die Klimax dieser lyrischen Traumsequenzen; man könnte sie auch »das weiße Antlitz der Mutter« nennen nach einem der Hauptmotive dieser vierteiligen Prosadichtung, aus der man zumeist zwei Halbsätze zitiert: »Am Abend ward zum Greis der Vater« und: »O des verfluchten Geschlechts«. Kein Weg zu Trakl führt jedoch an der Gesamtheit dieser Dichtung vorbei, und es werden alle vier Teile zu betrachten sein, denn sie versammeln das dichterische Material dieses Werks, seine existenzial-ästhetische Essenz wie kaum ein anderes Gedicht oder eine Gedichtgruppe.

Zunächst möchte man Celan zitieren, dessen Vortragsprojekt »Von der Dunkelheit des Dichterischen« sich wie ein Kommentar zu Trakl liest. Doch auch andere Fragmente scheinen Trakl in sich zu haben, dieses etwa zum »weißen Antlitz der Mutter«: »die Farbe der Verzweiflung: das magische Weiß der Dichtung«.[31] Relativierend wiederum, vor allzu raschen Gleichsetzungen warnend: »Echte Dichtung ist antibiographisch. Die Heimat des Dichters ist sein Gedicht, sie wechselt von einem Gedicht zum andern.«[32] Das mag für Trakls »Hohenburg« gelten und andere, nicht aber für »Traum und Umnachtung«, so feinmaschig dieses Prosagewebe auch gefügt ist. Diese Dichtung beschreibt eher eine Entheimatung oder das Gefühl, in einer Unheimat gefangen zu sein.

(I)

Am Abend ward zum Greis der Vater; in dunklen Zimmern versteinerte das Antlitz der Mutter und auf dem Knaben lastete der Fluch des entarteten Geschlechts. Manchmal erinnerte er sich seiner Kindheit, erfüllt von Krankheit, Schrecken und Finsternis, verschwiegener Spiele im Sternengarten, oder daß er die Ratten fütterte im dämmernden Hof. *Aus blauem Spiegel trat die schmale Gestalt der Schwester und er stürzte wie tot ins Dunkel.* Nachts brach sein Mund gleich einer roten Frucht auf und die Sterne erglänzten über seiner sprachlosen Trauer. Seine Träume erfüllten das alte Haus der Väter. Am Abend ging er gerne über den verfallenen Friedhof, oder er besah in dämmernder Totenkammer die Leichen, die grünen Flecken der Verwesung auf ihren schönen Händen. An der Pforte des Klosters bat er um ein Stück Brot; der Schatten eines Rappen sprang aus dem Dunkel und erschreckte ihn. Wenn er in seinem kühlen Bette lag, überkamen ihn unsägliche Tränen. Aber es war niemand, der die Hand auf seine Stirne gelegt hätte. Wenn der Herbst kam, ging er, ein Hellseher, in brauner Au. *O, die Stunden wilder Verzückung*, die Abende am grünen Fluß, die Jagden. O, die Seele, die leise das Lied des vergilbten Rohrs sang; feurige Frömmigkeit. Stille sah er und lang in die Sternenaugen der Kröte, befühlte mit erschauernden Händen die Kühle des alten Steins und *besprach die ehrwürdige Sage des blauen*

Quells. O, die silbernen Fische und die Früchte, die von verkrüppelten Bäumen fielen. *Die Akkorde seiner Schritte erfüll-*
ten ihn mit Stolz und Menschenverachtung. Am Heimweg traf
er ein unbewohntes Schloß. Verfallene Götter standen im
Garten, hintrauernd am Abend. Ihm aber schien: hier lebte
ich vergessene Jahre. Ein Orgelchoral erfüllte ihn mit Gottes
Schauern. Aber in dunkler Höhle verbrachte er seine Tage,
log und stahl und verbarg sich, ein flammender Wolf, vor
dem weißen Antlitz der Mutter. O, die Stunde, da er mit stei-
nernem Munde im Sternengarten hinsank, der Schatten des
Mörders über ihn kam. Mit purpurner Stirne ging er ins
Moor und Gottes Zorn züchtigte seine metallenen Schultern;
o, die Birken im Sturm, das dunkle Getier, das seine umnachteten Pfade mied. Haß verbrannte sein Herz, Wollust, da er
im grünenden Sommergarten dem schweigenden Kind
Gewalt tat, in dem strahlenden sein umnachtetes Antlitz
erkannte. Weh, des Abends am Fenster, da aus purpurnen
Blumen, ein gräulich Gerippe, der Tod trat. O, ihr Türme und
Glocken; und die Schatten der Nacht fielen steinern auf ihn.
(HKA I, 147 f., Hervorh. d. Verf.)

Nichts wäre verlockender, als diese Passagen autobiografisch
zu deuten, nichts aber auch verfehlter; denn Trakls Kindheit
war behütet, privilegiert, großbürgerlich für damalige Salzburger Verhältnisse. Diese lyrische Prosa, die wieder mit dem
Erzählen von ferne liebäugelt, überzeugt durch ihre poetische
Stimmigkeit. Der »Knabe«, dieses »Er« ist ein Anderer, ein
Erwachsener, der seine Knabenzeit imaginiert, der erträumt,
was er erlebt, und eben nur das erlebt, was er träumt. Er ist
traumverloren, verfangen in seinen Träumen, aus denen er
nicht herausfindet. Die »Gestalt der Schwester« übermannt
ihn gleichsam, lähmt ihn, aber beflügelt weiter sein Träumen.
Freilich, sie tritt aus dem Spiegel, der eigentlich ihn zeigen

sollte. Er selbst ist seine eigene Schwester. Auch der zweite Teil wird eine Selbstbegegnung beinhalten.

Indem er sich dabei zuhört, wie er eine »ehrwürdige Sage« bespricht, potenziert er das Legendenhafte dieses Traumes, aber auch die »wilde Verzückung«, die innerhalb dieses ersten Teils eine Art Umschlagsmoment, eine Verwandlung ins Ekstatisch-Dionysische, bezeichnet, die jedoch zeitlich befristet ist (»Stunden«). Er gewinnt seine Selbstkontrolle an dem Punkt zurück, als er die »Akkorde seiner Schritte« vernimmt; sie entsprechen gleichsam den Harmonien des Vogelflugs, mit denen der »Gesang des Abgeschiedenen« begonnen hatte. (HKA I, 144) Diese ästhetische Erfahrung intensiviert jedoch seine selbstverschuldete Einsamkeit; denn sie beruht auf gesteigerter Misanthropie.

Diese Prosadichtung dürfte Anfang 1914 entstanden sein; damit war Trakl eingestimmt auf die Begegnung mit Lasker-Schüler und ihren neckischen Räuberei-Brief Monate später. Denn »in dunkler Höhle verbrachte er seine Tage, log und stahl und verbarg sich, ein flammender Wolf, vor dem weißen Antlitz der Mutter«. Der Verweis auf den »flammenden Wolf« nimmt das Bild vom »roten Wolf« auf, den im Prosagedicht »Winternacht«, wie gesehen, ein Engel »würgt«.

Umnachtet sind in diesem Teil der Weg des »Protagonisten« und in krassem Gegensatz zum weißen Gesicht der Mutter, sein »Antlitz«. Die Gegenwart des Todes bildet einmal mehr die Schlusskadenz dieses ersten »Satzes« von Trakls Prosatonstück.

(II)

Niemand liebte ihn. Sein Haupt verbrannte Lüge und Unzucht in dämmernden Zimmern. Das blaue Rauschen eines Frauengewandes ließ ihn zur Säule erstarren und in der Tür

stand die nächtige Gestalt seiner Mutter. *Zu seinen Häupten*
erhob sich der Schatten des Bösen. O, ihr Nächte und Sterne.
Am Abend ging er mit dem Krüppel am Berge hin; auf eisigem Gipfel lag der rosige Glanz der Abendröte und sein Herz
läutete leise in der Dämmerung. Schwer sanken die stürmischen Tannen über sie und der rote Jäger trat aus dem Wald.
Da es Nacht ward, zerbrach kristallen sein Herz und die Finsternis schlug seine Stirne. Unter kahlen Eichbäumen erwürgte er mit eisigen Händen eine wilde Katze. Klagend zur
Rechten erschien die weiße Gestalt eines Engels, und es
wuchs im Dunkel der Schatten des Krüppels. Er aber hob
einen Stein und warf ihn nach jenem, daß er heulend floh,
und seufzend verging im Schatten des Baums das sanfte Antlitz des Engels. Lange lag er auf steinigem Acker und sah
staunend das goldene Zelt der Sterne. Von Fledermäusen gejagt, stürzte er fort ins Dunkel. Atemlos trat er ins verfallene
Haus. Im Hof trank er, ein wildes Tier, von den blauen Wassern des Brunnens, bis ihn fror. Fiebernd saß er auf der eisigen Stiege, rasend gen Gott, daß er stürbe. O, das graue Antlitz des Schreckens, da er die runden Augen über einer Taube
zerschnittener Kehle aufhob. Huschend über fremde Stiegen
begegnete er einem Judenmädchen und er griff nach ihrem
schwarzen Haar und er nahm ihren Mund. Feindliches folgte
ihm durch finstere Gassen und sein Ohr zerriß ein eisernes
Klirren. An herbstlichen Mauern folgte er, ein Mesnerknabe,
stille dem schweigenden Priester; unter verdorrten Bäumen
atmete er trunken den Scharlach jenes ehrwürdigen Gewands. O, die verfallene Scheibe der Sonne. Süße Martern
verzehrten sein Fleisch. *In einem verödeten Durchhaus erschien ihm starrend von Unrat seine blutende Gestalt.* Tiefer
liebte er die erhabenen Werke des Steins; den Turm, der mit
höllischen Fratzen nächtlich den blauen Sternenhimmel
stürmt; das kühle Grab, darin des Menschen feuriges Herz

bewahrt ist. Weh, der unsäglichen Schuld, die jenes kundtut. Aber da er Glühendes sinnend den herbstlichen Fluß hinabging unter kahlen Bäumen hin, erschien in härenem Mantel ihm, ein flammender Dämon, die Schwester. Beim Erwachen erloschen zu ihren Häuptern die Sterne. (HKA I, 148 f.)

Im Gewaltmotiv verbinden sich beide Erinnerungs- und Traumphasen. Hat dieses »Er« ein »schweigendes Kind« geschändet, einen »Krüppel« verstoßen, eine »wilde Katze« erwürgt, einer Taube die Kehle zerschnitten, gegen Gott gewütet und (in dieser Reihenfolge!) ein »Judenmädchen« vergewaltigt? Oder ist »Er« ein Gejagter, selbst ein vertierendes Opfer, und zwar seiner Gewalt- und Lustphantasien?

Wieder ist die »Mutter« präsent – als Gespenst und die Schwester als »flammender Dämon«. In seinem Kopf werden »Lüge und Unzucht« als Wahnbilder zu Brennenergien, die ihn antreiben. Nicht Erkenntnisdrang treibt ihn; vielmehr taumelt er von Begierde zu Begierde, den »Schatten des Bösen« im Nacken.

Auffallend ist die Verwendung des Plurals in »Häupten« zu Beginn dieser Sequenz, ist doch nur von »ihm« die Rede, diesem verkappten Ich, das sich als eine Art Triebtäter darstellt. Und dennoch heißt es: »Zu seinen Häupten erhob sich der Schatten des Bösen.« Sieht er sich als ein Mehrfaches? Ist in ihm so viel Böses angestaut, dass es für mehr als nur ihn reichte?

Das Phänomen der Selbstbegegnung, die schizoide Aufspaltung des Ichs kehrt in diesem Teil des Prosagedichts wieder: »In einem verödeten Durchhaus erschien ihm starrend von Unrat seine blutende Gestalt.« Diese Konfrontation mit sich selbst folgt auf die Erinnerung an seine Zeit als »Mesnerknabe« und den (Selbst-)Missbrauch, den er damals erleben musste. Überflüssig zu erwähnen, dass der Verweis auf den »Mesnerknaben« eine Projektion des evanglischen Georg Trakl darstellt. Weniger offensichtlich ist die Betonung des »Durchhauses« als einem Ort (albtraumhafter) Selbstbegegnung. Ist nicht das Gedicht selbst ein solches »Durchhaus«? Wiederum sei ein Seitenblick auf Celans Poetik erlaubt und ein in dieser Hinsicht einschlägiges Notat: »Gedichte sind Durchgänge«, schreibt er und ergänzt, bei Henri Bergson Anleihe nehmend: »A toi de passer, Vie!«[33] Celan hatte wiederholt behauptet, Gedichte seien »Engpässe«, »poröse Gebilde« oder eben »Durchgänge«, durch welche das Leben hindurchmüsse.[34] Auch das »Er« dieser lyrischen Prosakomposition Trakls erlebt das Gedicht als »Durchgang«, keineswegs festgefügt, sondern im Sinne Celans als »porös« – zwischen den Bildern des Erschreckens. Unklar ist, ob »Er« das Durchhaus tatsächlich durchquert. Die Begegnung mit dem »von Unrat starrenden« Selbst scheint eher statisch. Vollzöge er den Durchgang, dann ginge er wohl in seinen Tod – durchaus wie im Gedicht »Todes-Erfahrung« von Rilke: »Doch als du gingst, da brach in diese Bühne / ein Streifen Wirklichkeit durch jenen Spalt / durch den du hingingst.«[35] Doch während Rilke diese »Wirklichkeit« danach in positive Wirklichkeiten auffächert, führt Trakls Prosagedicht nur tiefer in die »unsägliche Schuld«.

Doch es gibt ein Erwachen für dieses »Er« *und* die »Schwester« – ohne den bestirnten Himmel über ihnen und gewiss ohne moralisches Gesetz in ihnen. »Traum«, Einbruch des Tages, »Umnachtung«, ob als Wahnsinn verstanden oder als neuerliche Verdunkelung, treiben ihr Spiel miteinander, wobei schwer unterscheidbar ist, welche poetische Sequenz welchem Zustand zuzuordnen ist.

Einmal mehr fällt die Häufung des Adjektivs »eisig« auf – ob als Zustandsbeschreibung oder als Kontrast zu den inneren Gluten. Vom eisigen Antlitz der Mutter war die Rede, auch vom Eis der entrückten zarathustrischen Höhen, das auf Trakl gewirkt haben mag. Eine andere Quelle für diesen Gegensatz ist zumindest seit 1913 auch denkbar: Trakl mag Kenntnis gehabt haben von Hanns Hörbigers kosmischer Gegensatzlehre Sonnengluten versus Eis des Weltraums. Hörbiger argumentierte, Glutkerne sorgten für die Bewegung im vereisten Universum. Er war der Begründer der »Welteislehre«, nach der selbst der Äther aus feinsten Eispartikeln bestand und die Milchstraße als Eiskonglomerat galt; und den Mond schützte ein Eispanzer.[36] Hörbigers »Glacial-Kosmogenie« war rasch in aller Munde, und es ist durchaus denkbar, dass diese Lehre auch Trakl erreicht hatte. Zu auffällig ist die Eis-Metapher in seinem Dichten gerade in seiner Spätphase.

(III)

O des verfluchten Geschlechts. Wenn in befleckten Zimmern jegliches Schicksal vollendet ist, tritt mit moderndem Schritten der Tod in das Haus. O, daß draußen Frühling wäre und im blühenden Baum ein lieblicher Vogel singe. Aber gräulich verdorrt das spärliche Grün an den Fenstern der Nächtlichen und es sinnen die blutenden Herzen noch Böses. O, die dämmernden Frühlingswege des Sinnenden. Gerechter erfreut ihn die blühende Hecke, die junge Saat des Landmanns und der singende Vogel, Gottes sanftes Geschöpf; die Abendglocke und die schöne Gemeine der Menschen. *Daß er seines Schicksals vergäße und des dornigen Stachels.* Frei ergrünt der Bach, wo silbern wandelt sein Fuß, und ein sagender Baum rauscht über dem umnachteten Haupt ihm. Also hebt er mit schmächtiger Hand die Schlange, und in feurigen Tränen schmolz ihm das Herz hin. Erhaben ist das Schweigen des Walds, ergrüntes Dunkel und das moosige Getier, aufflatternd, wenn es Nacht wird. O der Schauer, da jegliches seine Schuld weiß, dornige Pfade geht. Also fand er im Dornenbusch die weiße Gestalt des Kindes, blutend nach dem Mantel seines Bräutigams. Er aber stand vergraben in sein stählernes Haar stumm und leidend vor ihr. O die strahlenden Engel, die der purpurne Nachtwind zerstreute. Nachtlang wohnte er in kristallener Höhle und der Aussatz wuchs silbern auf seiner Stirne. Ein Schatten ging er den Saumpfad hinab unter herbstlichen Sternen. Schnee fiel, und blaue Finsternis erfüllte das Haus. Eines Blinden klang die harte Stimme des Vaters und beschwor das Grauen. Weh der *gebeugten Erscheinung der Frauen.* Unter erstarrten Händen verfielen Frucht und Gerät dem entsetzten Geschlecht. Ein Wolf zerriß das Erstgeborene und die Schwestern flohen in dunkle Gärten zu knöchernen Greisen. *Ein umnachteter Seher sang jener an verfallenen Mauern und seine Stimme verschlang Gottes Wind.* O die Wollust des Todes. O ihr Kinder eines dunklen Geschlechts. Silbern schimmern die bösen Blumen des Bluts an jenes Schläfe, der kalte Mond in seinen zerbrochenen Augen. O, der Nächtlichen; o, der Verfluchten.

»Befleckt« sind diese Zimmer, weil in ihnen das Vorstellbare und Unvorstellbare, der ultimative Tabubruch als vollzogen imaginiert wurde. Fluchbeladen scheint nunmehr alles. Das Prosagedicht mutiert zur Genealogie der Unmoral. Nun hat ein jeder nicht mehr nur sein »Maß«, wie Hölderlin in seiner »Rhein«-Hymne dichtete, sondern seine »Schuld«, und der Tod kann ein und aus gehen in den Häusern des Bösen. Zwar scheint die Natur noch einmal Erfahrungen zu bieten, die die Schwere der schuldbeladenen Existenz erleichtern, von denen der Mittelteil dieser Sequenz berichtet; am Ende aber nimmt der Gesang des »umnachteten Sehers« diese positiven Erfahrungen in sich auf und verwandelt sie in »Wollust des Todes«, Dunkelheit und (Selbst-)Verfluchung.

Ein Kennzeichen von Trakls dichterischem Verfahren ist die Verbindung von Organischem und Anorganischem; man könnte auch sagen, das Betonen der Prothesenhaftigkeit der menschlichen Existenz. Von der »metallenen Schulter« spricht der erste Teil; von »stählernem Haar« der dritte, als scheint er sagen zu wollen: Der Mensch stellt keine organische Einheit mehr dar. Sein Wesen hat Verrat an der Natur geübt; auch das ist Teil seiner Schuld und seines Fluchs.

Diese lyrische Prosasequenz beginnt und schließt mit einer eigentümlichen Genetiv-Konstruktion, die das Aufrufen des »verfluchten Geschlechts«, »der Nächtlichen« oder »Verfluchten« unabgeschlossen wirken lässt. Im Falle der »Nächtlichen« und »Verfluchten« trennt sie ein Komma vom runden Anrufungsvokal. Man erwartete eine erläuternde Ergänzung, wenn man hört: »O des verfluchten Geschlechts« oder »O, der Nächtlichen«. Handelt es sich um deren Stigma oder Schicksal? Was immer man ihnen zuweisen will, dieser Genetiv erlaubt es und »verschlingt« jede Zuordnung, wie dies sonst nur die Stimme des »umnachteten Sehers« vermag. Auf dem Wort »verschlingen« endet auch die gesamte lyrische Prosadichtung, deren gewaltbetonte Seite aus den Textstücken III und IV nahezu verschwunden ist bis auf den Wolf, der das »Erstgeborene« zerreißt, und das Schlussbild des vierten Teils. Das gilt auch für die Geräusche. Beinahe lautlos endet diese Dichtung, wäre nicht der »rasende Schrei des Geiers« gegen Ende von Teil IV.

(IV)

Tief ist der Schlummer in dunklen Giften, erfüllt von Sternen und dem weißen Antlitz der Mutter, dem steinernen. Bitter ist der Tod, die Kost der Schuldbeladenen; in dem braunen Geäst des Stamms zerfielen grinsend die irdenen Gesichter.

Aber leise sang jener im grünen Schatten des Hollunders, da er aus bösen Träumen erwachte; süßer Gespiele nahte ihm ein rosiger Engel, daß er, ein sanftes Wild, zur Nacht hinschlummerte; und er sah das Sternenantlitz der Reinheit. Golden sanken die Sonnenblumen über den Zaun des Gartens, da es Sommer ward. O, der Fleiß der Bienen und das grüne Laub des Nußbaums; die vorüberziehenden Gewitter. Silbern blühte der Mohn auch, trug in grüner Kapsel unsere nächtigen Sternenträume. O, wie stille war das Haus, als der Vater ins Dunkel hinging. Purpurn reifte die Frucht am Baum und der Gärtner rührte die harten Hände; o die härenen Zeichen in strahlender Sonne. Aber stille trat am Abend der Schatten des Toten in den trauernden Kreis der Seinen und es klang kristallen sein Schritt über die grünende Wiese vorm Wald. Schweigende versammelten sich jene am Tisch; Sterbende brachen sie mit wächsernen Händen das Brot, das blutende. *Weh der steinernen Augen der Schwester, da beim Mahle ihr Wahnsinn auf die nächtige Stirne des Bruders trat, der Mutter unter leidenden Händen das Brot zu Stein ward. O der Verwesten, da sie mit silbernen Zungen die Hölle schwiegen.* Also erloschen die Lampen im kühlen Gemach und aus purpurnen Masken sahen schweigend sich die leidenden Menschen an. Die Nacht lang rauschte ein Regen und erquickte die Flur. In dorniger Wildnis folgte der Dunkle den vergilbten Pfaden im Korn, dem Lied der Lerche und der sanften Stille des grünen Gezweigs, daß er Frieden fände. O, ihr Dörfer und moosigen Stufen, glühender Anblick. Aber beinern schwanken die Schritte über schlafende Schlangen am Waldsaum und das Ohr folgt immer dem rasenden Schrei des Geiers. Steinige Öde fand er am Abend, Geleite eines Toten in das dunkle Haus des Vaters. Purpurne Wolke umwölkte sein Haupt, daß er schweigend über sein eigenes Blut und Bildnis herfiel, ein mondenes Antlitz, steinern ins Leere

hinsank, da in zerbrochenem Spiegel, ein sterbender Jüngling, die Schwester erschien, die Nacht das verfluchte Geschlecht verschlang.

Das Verweste, Tote versteht sich als das negativ Handelnde in
diesem Text. Einzig den Verwesten ist – bei gleicher Genetiv-
konstruktion wie in den zuvor besprochenen Fällen – etwas
Konkretes zugeordnet, ihr Beschweigen der Hölle.

Grün und Purpur sind die dominanten Farben. Das Grün
des Wahnsinns und das Purpur der gereiften Frucht, der
Wolke und Maske, scheinen verwandt mit dem Scharlach des
verfänglich »ehrwürdigen« Priestergewandes aus dem zweiten Teil der Dichtung. Wie paradox die Verhältnisse in diesem Schlussteil sind, belegt der Vergleich zwischen nicht
Vergleichbarem, etwa dem »Fleiß der Bienen« und dem »grünen Laub des Nußbaums«. *Das* herausragende Moment dieses vierten Satzes von Trakls lyrischer Prosakomposition, einer Symphonie des Umnachtens, ist ihr Mitteilteil: »Weh der
steinernen Augen der Schwester, da beim Mahle ihr Wahnsinn auf die nächtige Stirne des Bruders trat, der Mutter unter leidenden Händen das Brot zu Stein ward.« Wieder ist es
die »Stirne« in Trakls eigenwilliger Gesichtstopografie, wo
sich das Entscheidende ereignet: nun die Übertragung des
schwesterlichen Wahnsinns auf »ihn«, den Namenlosen, unter *gleichzeitiger* Verwandlung des Brotes zu Stein in der Hand
der Spenderin verworfenen Lebens, der Mutter.

Die in diesem lyrischen Prosa-Zyklus wie überhaupt in
Sebastian im Traum prägenden Handlungsmomente sind das
Versteinern, Kristallieren und Verwesen, wiederum also die
Verbindung von auf das Anorganische und Organische hin-
weisenden Verben. Bedenkt man den auffallend gedrängten
Zeitraum, in dem diese prosaische Sprachkomposition ent-
standen sein dürfte, wohl nur in den ersten beiden Januar-

wochen des Jahres 1914, dann beeindruckt die Intensität, aber auch die Variationsbreite, mit der Trakl Hauptmotive seines lyrischen Schaffens hier versammelte. Man versteht, weshalb er gerade diese Gedichte zuletzt in seinem galizischen Krankenlager, gebunden, noch einmal sehen wollte.

Und doch, »ausgesungen« hatte er sich mit *Sebastian im Traum* nicht und nicht alle Motive ausgeschöpft. Das »Gewitter« etwa, das in »Traum und Umnachtung« noch vorüberzog, gestaltet er zu einer nach-hölderlinischen Hymne, die er im zwanzigsten Heft des *Brenner* vom 15. Juli 1914 veröffentlichen konnte. Jene Gedichte, die nach *Sebastian im Traum* zu Trakls Lebzeiten noch erschienen oder in jener Spätphase entstanden und im Nachlass überliefert sind, wären wohl der Grundstock für Trakls vierte Sammlung gewesen – nach jener von 1909, den *Gedichten* von 1913 und *Sebastian im Traum*. Was von diesen Gedichten hier noch besprochen wird, sei unter dem Gesamttitel »An Mauern hin« erörtert.

VIII

»An Mauern hin«.
Lyrische Endzeitlichkeiten

Angesichts der kurzen Lebensspanne Trakls verbietet es sich, von einem Spätwerk zu reden. Und doch finden sich nach Abschluss des Manuskripts *Sebastian im Traum* noch zwei Textgruppen, die im *Brenner* 1914/15 erschienen sind oder sich im Nachlass befanden und als späte Gedichte gelten dürfen. Letztere Gruppe, zwischen 1912 und 1914 entstanden, wurde entweder von Trakl nicht in *Sebastian im Traum* aufgenommen, verworfen und nicht für wert befunden, einzeln veröffentlicht zu werden, oder als Vorstufen für künftige Gedichte von ihm zurückgehalten. Zumindest einige von ihnen können als Grundstock für einen weiteren Gedichtband angesehen werden. Unter diesen Gedichten finden sich lyrische Kleinodien, die, sofern sie bislang im Rahmen dieser Studie noch nicht besprochen worden sind, eine eigene Würdigung verdienen. Dies ist auch deswegen erforderlich, weil sich in ihnen abermals die kompositorische Kernfrage im Werk Trakls stellt: Inwieweit belegen diese Gedichte eine Öffnung zu neuen Ausdrucksformen, oder bezeugen sie das Gegenteil: dass dieser Dichter mit Endzeitlichem begonnen hatte, hier als »finale Anfänge« bezeichnet, wobei er in der Folge durch intensivierende Variationen eines deutlich umrissenen Themen- und Formenbestands, einschließlich der poetischen Farben, dieses Endbewusstsein vielfältig auszubreiten verstand, angereichert durch den besonderen suggestiven Ton seiner Sprache?

Das Gebetsmühlenhafte, Rosenkranzartige, das man in vielen seiner Gedichte wahrzunehmen glaubt, erschöpfte sich aber nicht in bloßen Wiederholungen, vielmehr bildet sich in diesen Gedichten ein Gefühl für ungeahnte Intensitäten bei einem vergleichsweise schmalen Motivrepertoire. Hinzu kommt, dass sich Trakl in dieser letzten Schaffensphase verstärkt eines Stilmittels bediente, das er bereits vielfach erprobt hatte: das Offenlassen syntaktischer Bezüge, das befremdende Transitivieren von Verben, überhaupt das Verfremden des konventionellen Satzbaus, der dadurch zweideutig wird, bekannt unter dem Stichwort des sprachlichen »Valenzverstoßes«.[1]

Die einerseits müßigen, andererseits verlockenden Fragen: Hatte sich Trakl »ausgesungen«? Hätte sich diese Lyrik weiter »entwickelt«, wenn er der Hölle des Weltkriegs entkommen wäre? drängen sich beim Betrachten seiner späten Gedichte gleichfalls auf.

Was ihn und seine Gedichte längst geprägt hatte, war das Bewusstsein des Endes, des Todes. Das unterscheidet ihn auch von jenen Dichtern, die, wie August Stramm oder Wilfred Owen, Alfred Lichtenstein oder Siegfried Sassoon, in den Krieg gerieten und erst dort mit dem Tod konfrontiert wurden. In seinem eigenen »Jahrzehnt der Extreme« war Trakl längst auf den Tod eingestimmt gewesen, dessen verheerende Wirkung er in der ersten Phase des Krieges an der österreichischen Ostfront nur bestätigt fand. Was in Trakls Schaffen jedoch auch lebendig blieb, war die bedrängende Frage nach dem angemessenen Ausdruck des Ungeheuerlichen dieser Zivilisationskatastrophe, die für ihn als eine Reihe von persönlichen Lebenskrisen begann. Doch sah er diese Katastrophe in den Krisen seines Inneren sich abzeichnen; sie galten ihm als repräsentativ für die Krisen vieler, ja einer ganzen Kultur. Erschließen konnte er dies nicht diskursiv-kritisch, sondern allein durch Metaphern, Sprachbilder von eigener Klangfärbung. Wenn ihn zeitweise der Gedanke umgetrieben haben mochte, dass er sich damit lyrische Lebenslügen leistete, dann bejahte er diesen Umstand doch und »log« weiter, ganz im Sinne Rasumichins in Dostojewskis Roman *Schuld und Sühne*, der als Freund Raskolnikows im Gespräch mit dessen Mutter, Pulcheria Alexandrowna, zu deren Entsetzen behauptet: »Phantasieren ist das einzige Privileg, das der Mensch vor allen anderen Organismen voraushat. Phantasiert und lügt einer, kommt er zur Wahrheit! Weil man lügt, ist man ja ein Mensch. Keine einzige Wahrheit wäre errungen worden, wäre vorher nicht vierzehnmal oder vielleicht auch hundertvierzehnmal gelogen worden.«[2]

Überhaupt darf man von einer identifikatorischen Lektüre dieses Romans durch Trakl ausgehen. Denkbar nämlich, dass auch er sich, wie Raskolnikow, als eine »ästhetische Laus« gefühlt hat[3], in jedem Fall aber der Charakterisierung dieser Hauptfigur durch den Erzähler einiges abgewinnen und sich darin womöglich selbst erkennen konnte:

> Nicht daß er von Natur feige oder schüchtern gewesen wäre, ganz im Gegenteil; aber seit einiger Zeit war er derart reizbar und lebte er in solcher Spannung, daß sein Zustand fast einer Art Hypochondrie glich. Er hatte sich so sehr in sich selbst versponnen und von allen anderen Menschen abgesondert, daß er vor überhaupt jeder Begegnung Angst hatte, nicht nur vor der Begegnung mit seiner Hauswirtin […] Es ist interessant, was die Menschen am meisten fürchten: einen Schritt ins Ungewisse, ein neues Wort, das sie sprechen könnten, fürchten sie mehr als alles andere.[4]

Und eben dieses »neue Wort« konnte Trakl nur durch Metaphern und lyrische Gleichnisrede gewinnen. In seiner erst postum veröffentlichten Schrift *Über Wahrheit und Lüge im außermoralischen Sinne* stellte sich Nietzsche einen Maler vor,

»dem die Hände fehlen und der durch Gesang das ihm vorschwebende Bild ausdrücken wollte«.[5] Und in dieser Schrift spekulierte er auch über den Zusammenhang von Nervenreiz und Metapher und behauptete, das Wort sei »die Abbildung eines Nervenreizes in Lauten«. Um zu verdeutlichen, worum es ihm ging, zog er das Bild der Chladnischen Klangfiguren heran, Sandfiguren von Tönen, die durch das »Erzittern der Saite« entstehen. Er bringt damit das seit Platon bekannte Benennungsproblem neu auf den Begriff: »Wir glauben, etwas von den Dingen selbst zu wissen, wenn wir von Bäumen, Farben, Schnee und Blumen reden, und besitzen doch nichts als Metaphern der Dinge, die den ursprünglichen Wesenheiten ganz und gar nicht entsprechen.«[6] Nietzsche betont, dass es alles andere als logisch bei der Entstehung der Sprache und der Begriffe zugegangen sei. Denn »wie der Ton als Sandfigur, so nimmt sich das räthselhafte X des Dings an sich einmal als Nervenreiz, dann als Bild, endlich als Laut aus«.[7]

Trakl illustriert Nietzsches Anliegen. Denn auch er »sang« seine Bilder – wie gesehen, mit Ausnahme seines Selbstbildnisses – mit dunkler lyrischer Stimme. »Nervenreize« ergaben Laute und Lautkonstellationen, namentlich die vokalischen Anrufungen, die zumeist dann erfolgen, wenn sich im Gedicht nicht mehr als die Anrufung sagen lässt, ein Phänomen, das Trakls Dichten mit jenem Rilkes teilt. Rilke gebrauchte dieses Stilmittel bezeichnenderweise am exzessivsten in seinem Gedicht »Kindheit« aus dem *Buch der Bilder*, das Trakl gekannt haben konnte (»O Einsamkeit, o schweres Zeitverbringen [...] O Trauer ohne Sinn, o Traum, o Grauen [...] O immer mehr entweichendes Begreifen / o Angst, o Last [...] O Kindheit, o entgleitende Vergleiche«[8]). Noch in Rilkes letztem Gedicht (»Komm du, du letzter, den ich anerkenne«) findet sich ein solcher Anruf: »O Leben, Leben: Draußensein«[9], wobei sich dieses leidende Ich, das um seine Identität bangt

(»Bin ich es noch, der da unkenntlich brennt?«), Erinnerungen geradezu verbietet. Gerade den Unterschied zur Kindheitserfahrung hebt dieses Ich hervor: »Verzicht. Das ist nicht so wie Krankheit war / einst in der Kindheit.«[10]

Trakl dagegen versucht die Einheit der Erfahrung bis in die letzten Gedichte hinein zu wahren. Im »dunklen Abglanz / Kindlicher Jahre« sieht sein Ich den »Garten«, der immer auch »Schwesters Garten« ist, verfallen. (»Herbstliche Heimkehr«, dritte Fassung, HKA I, 349) Die drei Fassungen des Gedichts »Herbstliche Heimkehr« belassen eine Hauptthese unverändert: »Erinnerung, begrabene Hoffnung / Bewahrt dies braune Gebälk«. (HKA I, 347 ff.) Zwar ist die Erinnerung als »begrabene Hoffnung« negativ belegt, doch man kann sie genau verorten, sie im »braunen Gebälk« dingfest machen.

Gebrochene Hymnen

Die 1914/15 im *Brenner* erschienen Gedichte Trakls gleichen gebrochenen Hymnen und Elegien. Entstanden sind sie zwischen Mai und August 1914; nur »Klage« (II) und »Grodek« schrieb Trakl im Feld. Laut Ludwig von Ficker soll selbst das Gedicht »Im Osten« noch in Innsbruck entstanden sein, also vor dem 24. August, als Trakl mit einem Militärtransport Innsbruck in Richtung Ostfront verließ. Es wäre demnach als eine unmittelbare Vorahnung dessen zu lesen, was ihn dort erwartete – Schlimmeres als das einstmals ersehnte reinigende »Gewitter«. »In Hellbrunn« erinnert – auch im Hinblick auf die Sprachform – an das, was er in der *Sammlung 1909* in Gestalt des Gedichts »Die drei Teiche in Hellbrunn« bereits vorgelegt hatte. Vom kompositorischen Ansatz her gehört es nicht zu der Gruppe der hymnisch-elegischen Dichtungen aus Trakls Spätphase.

In Hellbrunn

Wieder folgend der blauen Klage des Abends
Am Hügel hin, am Frühlingsweiher –
Als schwebten darüber die Schatten lange Verstorbener,
Die Schatten der Kirchenfürsten, edler Frauen –
Schon blühen ihre Blumen, die ernsten Veilchen
Im Abendgrund, rauscht des blauen Quells
Kristallne Woge. So geistlich ergrünen
Die Eichen über den vergessenen Pfaden der Toten,
Die goldene Wolke über dem Weiher. (HKA I, 153)

Aus den »drei Weihern« ist *ein* Teich geworden, ein Sammel-
becken für Erinnerungen, die ihre Geltung verlieren und
in Natur übergehen. Denn die »Pfade der Toten« und die
»Schatten lange Verstorbener«, die einst einflussreich gewesen waren, verblassen angesichts des Grünens der Eichen
und lichtdurchfluteten »Wolke«. Selbst die »Klage« in ihrem
Abendblau verliert sich, hat keinen eigentlichen Inhalt, verbleibt im Bereich der Erinnerung. Es handelt sich bei diesem
Gedicht um die letzte konkrete Salzburg-Anspielung in Trakls
Werk; es klingt nach Abschied von dieser Salzburger Welt, die
überraschend geläutert wirkt. Zwar blühen die Blumen hier
»im Abgrund«, aber es taumelt nicht mehr um sie »Fliegenge-
schmeiß« wie im »Hellbrunn«-Gedicht der *Sammlung 1909*.
Hatte jenes Gedicht das Wasser »grünlich-blau« schimmern
gesehen, so trennt das späte Gedicht sorgfältig zwischen beiden Farbbereichen und weist das Blau sowohl der abstrakten
wie konkreten Ebene zu (der »Klage« und dem »Quell«). Über
diesem Hellbrunn klart es sich auf, und es scheint, als sei dies
ein Zeichen dafür, dass auch Gleiches auf das Verhältnis des
Dichters zu seiner Herkunft zutrifft. Doch schon das folgende
Gedicht, »Das Herz«, zeigt, dass ihn die »Angst« wieder ein-

geholt hat. Die Verben »zerknicken«, »zerbrechen« und »zerschellen« prägen diese an Hölderlin und Novalis orientierten
Gedichte. Sie wagen zeilenweise Emphase und ein – mit Rilke
gesagt – »Aufsingen«; aber auch diese Emphase sieht sich sogleich wieder gebrochen.

»Das Herz« ist repräsentativ für diese Gruppe gebrochen
hymnischer Gedichte Trakls, dessen Anrufung unter dem
Vorzeichen »dunkler Angst« steht, die in der Hymne »Das
Gewitter« verwünschend gebannt werden soll: »Angst, du gif-
tige Schlange, / Schwarze, stirb im Gestein!« (HKA I, 158)

Das Herz

Das wilde Herz ward weiß am Wald;
O dunkle Angst
Des Todes, so das Gold
In grauer Wolke starb.
Novemberabend.
Am kahlen Tor am Schlachthaus stand
Der armen Frauen Schar;
In jeden Korb
Fiel faules Fleisch und Eingeweid;
Verfluchte Kost!

Des Abends blaue Taube
Brachte nicht Versöhnung.
Dunkler Trompetenruf
Durchfuhr der Ulmen
Nasses Goldlaub,
Eine zerfetzte Fahne
Vom Blute rauchend,
Daß in wilder Schwermut
Hinlauscht ein Mann.

O! ihr ehernen Zeiten
Begraben dort im Abendrot.

Aus dunklem Hausflur trat
Die goldne Gestalt
Der Jünglingin
Umgeben von bleichen Monden,
Herbstlicher Hofstaat,
Zerknickten schwarze Tannen
Im Nachtsturm,
Die steile Festung.
O Herz
Hinüberschimmernd in schneeige Kühle. (HKA I, 154 f.)

Wie die Gedichte »Die Schwermut«, »Die Heimkehr«, »Nachtergebung«, »Im Osten« ist »Das Herz« dreiteilig aufgebaut, was auch für die Prosadichtung »Offenbarung und Untergang« gilt (zweimal drei Prosaabschnitte). Damit zitieren sie die triadische Struktur Hölderlin'scher Hymnen[11] und erinnern an Trinitätsvorstellungen in poetisch verweltlichter Form.[12]

Das Weiß-Werden des Herzens und Wesenskerns entspricht dem »weißen Antlitz« der Mutter und dem »weißen Sohn« in anderen Gedichten Trakls als der (Nicht-)Farbe des Wahnsinns. Die »goldene Wolke« des »Hellbrunn«-Gedichts ist in ihr Gegenteil verkehrt: Ihr Leuchten erstirbt im Grau. Der Verweis auf das Schlachthaus erinnert an die Szenerie in »Vorstadt im Föhn«: Ekel und Elend paaren sich. Die Angst ist in dieser ersten Strophe freigesetzt und scheint mit der Wildheit des Wahns zu wetteifern. Die zweite Strophe variiert diesen Zusammenhang. Sie liest sich wie eine Anspielung auf Rilkes Dichtung *Die Weise von Liebe und Tod des Cornets Christoph Rilke* (1899), die von einer Fahne weiß, die

»unruhige Schatten« umgeben und die »träumt«, schließlich
verlorengeht, dann in Flammen aufgeht.[13] »Wild« in Trakls
Gedicht ist nun die Melancholie geworden als ein emotionaler Widerspruch in sich selbst. In der dritten Strophe verlagert sich das Wilde auf die Natur, den »Nachtsturm«, der
»schwarze Tannen« zerknickt. Im Mittelpunkt steht eine po-
tenzielle Erlösergestalt, die »Jünglingin«, augenscheinlich
mit der »Fremdlingin« verwandt, einer androgynen Erscheinung.[14] Von einer »grundsätzlichen Auflösung personaler In-
stanzen in Trakls späten Gedichten« kann jedoch nur bedingt
die Rede sein, ebenso wie von der »Tendenz zur Ich-Dissozi-
ation«[15], die Trakl, wie noch zu zeigen sein wird, in »Offenbarung und Untergang« wieder zurückgenommen hat. Die
dritte Strophe des Gedichts »Das Herz« läuft auf einen Übergang zu, auf einen transzendierenden Verweis, nämlich das
»Hinüberschimmern in schneeige Kühle«.

Ersehnt wird Läuterung in diesen versuchten Hymnen, besonders im Gedicht »Das Gewitter«, das am Ende gleichfalls
auf »schneeige Gipfel« zeigt, aber kontrastreicher konstatiert:
»Feuer / Läutert zerrissene Nacht«. (HKA I, 158) Es bemüht
mythopoetische Anleihen (»Ihr wilden Gebirge, der Adler /
Erhabene Trauer. […] Schon zuckt im schwarzen Gewühl /
Der Rosse und Wagen / Ein rosenschauriger Blitz / In die tönende Fichte. / Magnetische Kühle / Umschwebt dies stolze
Haupt, / Glühende Schwermut / Eines zürnenden Gottes«).

Dieser Sehnsucht nach Läuterung geht die Kunst des em-
phatischen Anhebens voraus: »Verflucht ihr dunklen Gifte, /
Weißer Schlaf« (»Der Schlaf«, HKA I, 156), »Mit toten Helden-
gestalten / Erfüllst du Mond / Die schweigenden Wälder«
(»Der Abend«, HKA I, 159), »Dich sing ich wilde Zerklüftung, /
Im Nachtsturm / Aufgetürmtes Gebirge« (HKA I, 160), »Gewaltig bist du dunkler Mund« (»Die Schwermut«, HKA I, 161)
und »Mönchin! Schließ mich in dein Dunkel«. (»Nachterge-

bung«, HKA I, 164) Die »Mönchin« steht in der Reihe der »Fremdlingin« und »Jünglingin«; sie wird zu einer Erlöserin, wenn sie »Über zerbrochenem Männergebein« erscheint, so am Schluss des Gedichts »Die Schwermut«.

Ein weiteres – oft vernachlässigtes[16] – Merkmal dieser letzten Schaffensperiode Trakls nach Abschluss des Manuskripts *Sebastian im Traum* ist sein versuchter Rekurs auf das lyrische Drama, überliefert als ein Fragment in zwei Fassungen ohne Titel. (HKA I, 455–459) Das bedeutet, dass Trakl auch zu diesem Zeitpunkt (spätestens Mitte Mai 1914 in Innsbruck) noch immer glaubte, dramatische Konstellationen mit Motiven entwerfen und erproben zu können, die vom lyrischen Sprachmaterial her bereits ausgereizt schienen. Die szenische Darstellung erfordert eines: identifizierbare Charaktere.

Peter, dunkelster Sohn: Trakls »Dramenfragment«

Zwingend ist es schon allein deswegen, dieses szenische Fragment als gültiges Zeugnis des späten Werks anzusehen, weil es bekannte sprachlich-motivische Elemente des lyrischen Werks noch einmal versammelt und in veränderten Konstellationen neu erprobt.

Trakl nahm zwei Anläufe, um einmal mehr das Unsägliche zu sagen, dem erfahrenen Extremen dramatische Form zu verleihen, um das, was sich im Verborgenen abspielt, szenisch zu veranschaulichen und damit allgemein sichtbar zu machen. Das Trauma »Blutschuld« und das Bedürfnis zu schockieren gehen einmal mehr Hand in Hand bei beiden zeitlich wohl eng beieinander liegenden Versuchen.

Hatte Trakl von der Uraufführung des *Woyzeck* von Georg Büchner im Münchner Residenztheater im November 1913 Kunde gehabt? Kannte er Kokoschkas Drama *Mörder*

Hoffnung der Frauen (1909)? Wie vertraut war er mit Frank Wedekinds subversiven Werken[17], namentlich mit *Erdgeist* (1895) und *Die Büchse der Pandora* (1904)? Oder generierte er diese Schreckensmotive auch in ihrer szenischen Darstellung aus sich heraus, aus dem Bewusstsein einer arachischen Schuld, vererbten Sünde, als deren Träger er sich verstand? »Nimm mir Ohr und Aug! Ich bin verflucht! / Die Nacht ist voll Wahnsinn – und verrucht!«, klagt Herbert in Trakls »Blaubart«-Fragment vom Februar 1910. (HKA I, 437) Ein Vater-Sohn-Dialog präludiert im »Blaubart« dem grausigen Geschehen. Herbert sieht Blut auf jener Schwelle, auf der Blaubarts nächstes Brautopfer, Elisabeth, knien soll. Noch kann der väterliche »Alte« beschwichtigen, indem er das, was sein Sohn für Blut hält, als »der Fackeln flackernde Glut« bezeichnet. Doch wenig später gesteht er Blaubart, dass er noch nie jemanden gesehen habe, der von Gott so durch seine mörderische Veranlagung »gequält« worden sei. (HKA I, 441) Das extreme Bild der bevorstehenden Tat hält dann Blaubart seinem Opfer, Elisabeth, selbst vor Augen, wobei er sich als Handlanger Gottes versteht, als Vollstrecker von *dessen* teuflischem Plan: »Wie dein Knabe – so keusch, o lieb ich dich! / Doch soll ich dich Kindlein ganz besitzen – / Muß ich, *Gott will's* den Hals dir schlitzen! / Du Taube, und trinken dein Blut so rot / Und deinen zuckenden, schäumenden Tod! / Und saugen aus deinem Eingeweid / Deine Scham und deine Jungfräulichkeit«. (HKA I, 444, Hervorh. d. Verf.)

In Trakls letztem Dramenfragment nun steht das Vater-Sohn-Verhältnis im Mittelpunkt, wobei der Alte und Herbert aus dem »Blaubart« in dem Vater-Pächter und Peter neue Gestalt gewinnen. Beide Vaterfiguren sind ihrerseits abhängig – als Diener Blaubarts oder als »Pächter« von einem nicht näher bezeichneten Landbesitzer, was bedeutet, sie sind nicht souverän und können nicht selbstherrlich auftreten. Anders als im »Blaubart« entfaltet sich in Trakls spätem szenischen Fragment ein Familiendrama. Anders auch als im klassischen Generationenkonflikt der Moderne, prototypisch dargestellt in Iwan Turgenjews Roman *Väter und Söhne* (deutsch erstmals 1869), handelt es sich bei Trakl nicht um unterschiedliche Lebensauffassungen oder philosophische Gedanken, an denen sich der Konflikt entzündet. Vielmehr sind sich Vater und Sohn, der Pächter und Peter, in ihrem Nihilismus einig. Erlösung ist beiden nicht mehr vorstellbar; denn Gott sucht das Haus des Pächters nur noch heim. (HKA I, 455)

Bestand das Geheimnis des »Brautgemachs« im »Blaubart« aus »Verwesung und Tod« (HKA I, 444), so ist die »schwarze Verwesung« nun ein allgemeiner Zustand, den die »Waisen des Dorfes« sogar zu singen verstehen. (HKA I, 458) Die in beiden Fassungen identischen Beschreibungen von Wasserleichen, die eines »Knaben« oder »Mönchs«, verfremden die präraffaelitisch-beschönigende, vom Ophelia-Motiv aus *Hamlet* geprägte Vorstellung davon: »Die roten Fische haben seine Augen gefressen und ein Tier den silbernen Leib zerfleischt; das blaue Wasser einen Kranz von Nesseln und wildem Dorn in seine dunklen Locken geflochten.« (HKA I, 455) Das Ophelia-Motiv kehrt wieder in des Vaters albtraumhafter Vision oder realem Anblick seiner (von ihm geschändeten) Tochter Johanna: »Ihr Antlitz sah ich heut' nacht im Sternenweiher, gehüllt in blutende Schleier. Des Vaters Fremdlingin –«. (HKA I, 455) Es vermischen sich »Ruß und Reines« in seinem häuslichen Herd. Der »Wahnsinn im Dorf« und in den Wäldern hat sich bei ihm eingenistet. Er hört Stimmen, die seiner verstorbenen Frau, seines ersten Kindes, schließlich jene Johannas. »Wer spricht? Johanna, Tochter weiße Stimme im Nachtwind, von welch traurigen Pilgerschaften kehrst du heim. O du, Blut von meinem Blute, Weg und Träumende in mondener Nacht – wer bist du? Peter, dunkelster Sohn, ein Bettler sitzest du am Saum des steinigen Ackers, hungernd, daß du die Stille deines Vaters erfülltest.« (HKA I, 456) Die Schande des Vaters, die zur »Stille« zwingt, überträgt sich auf den Sohn.

Die im Ohr des Vaters »weiß« klingende Stimme der Tochter Johanna verwandelt sich in ihr zu »weißen Tänzen im Mond«, Wahnbild wie jenes vom Scharlach, den sie von ihrem Munde rinnen sieht, oder, wieder im Mond, ein »schneeiges Feuer«, das Sinnbild extremer, nicht vereinbarer Gegensätze. Mehr noch: Sie sieht ihre kleine Schwester als eine Erscheinung, die wiederum ihren Mörder zu erkennen glaubt, ihrer beider Vater. Während Johanna in den Dornbusch zurücksinkt, tötet der Vater weiter, jetzt einen »Wanderer«, selbst ein Verlassender und Verlassener. Der »Mörder« wurde seines Gesichts beraubt, sein Herz in »Kalk verwandelt«. Der Gesichtsverlust kehrt wieder, und zwar in »Offenbarung und Untergang«, Trakls letzter Prosadichtung.

Es reicht nicht aus, diese Bilder nur von ihren sexuellen Bezügen her zu deuten. Der Mond stiert auch nicht mehr »wie eine besoffene Dirne« wie noch im »Blaubart«-Fragment. (HKA I, 441) Er bezeugt einen Wahn, dem sich kein Sinn mehr abgewinnen lässt. Trakls Thema ist hier auch der völlige Zerfall der Familie, der Grundlage bürgerlicher Gesellschaft. Dieser fraglos perverse Pächter kann seinen Pachtzins nur noch durch Blutzoll entrichten. Utopie in welcher Form auch immer sieht sich hier annulliert, wie der Vater selbst erkennt (nicht übrigens der Sohn Peter!): »O das Rauschen der Linde von Kindheit an, vergebliche Hoffnung des Lebens, das versteinerte Brot!« (HKA I, 456)

Die zweite Fassung wartet mit einer unbekannten Person namens Kermor auf, Außenseiter auch er wie seine Gastgeber, der Pächter und Peter. Wer ist Trakls Kermor? Das personifizierte schlechte Gewissen von Vater und Sohn? Oder hatte ihn Trakl dem Roman von Jules Verne *Der stolze Orinoko* entlehnt, der seit 1899 auf Deutsch vorlag?[18] Kermors Auftritt in Trakls zweitem Fragment unterstützt diese Vermutung. Bei Verne ein Reiteroberst, wird er hier mit der Bemerkung eingeführt, dass er seinem »Rappen im Wald das Genick« gebrochen habe, »da der Wahnsinn aus seinen purpurnen Augen brach«. (HKA I, 458) Das Bild war Trakl wichtig genug, es auch in »Offenbarung und Untergang« zu verwenden. Wesentlicher ist jedoch, dass, wer immer – und handle es sich um eine bereits eingeführte literarische Abenteurerfigur – in den Trakl'schen Bannkreis des blutschuldhaften Verfalls, der Verwesung und des Wahns gerät, sich diesem nicht mehr entziehen kann. Kermor bricht in diese Welt von außen ein (auch bei Johannas Schlaf), bringt aber keinen »frischen Wind«, keine neue Perspektive, sondern sieht sich alsbald auf die »dornigen Stufen der Verwesung« verwiesen. Auch er nimmt Johanna als »singende Fremdlingin« wahr, empfindet sogleich »Finsternis« in seinem Herzen »wogen« und sieht einen »verfallenen Mond« ihm durchs »morsche Geröll« folgen. (HKA I, 459) Keine Rede davon, dass Trakl nur noch in sich selbst dissoziierte Gestalten ohne Identität schaffen konnte. Kermor, der Pächter, Peter, Johanna – sie verfügen über eigenständige Präsenz, auch wenn ihre Existenz dem Morbiden nicht mehr entkommen kann. Und so knapp diese Szenen sind – es scheint durch sie gesagt, was gesagt werden kann. Sie bieten in poetischer Hinsicht Entsprechungen zu den Prosagedichten und arbeiten mit Motiven, die in den gebrochenen Hymnen und Elegien des Jahres 1914 wiederkehren. Johannas Wahnmonolog nimmt die ekstatische Aufwallung der »Gewitter«-Hymne Trakls vorweg:

Ach noch tönen von wilden Gewittern die silbernen Arme. Fließe Blut von den rasenden Füßen. Wie weiß sind sie geworden von nächtigen Wegen! O das Schreien der Ratten im

Hof, der Duft der Narzissen. Rosiger Frühling nistet in den
schmerzenden Brauen. Was spielt ihr verwesten Träume der
Kindheit in meinen zerbrochenen Augen. (HKA I, 456)

Alle Beteiligten leiden an ihrem eigenen Drama, das sie arti-
kulieren können. Ihre Worte sind nicht ohnmächtig, vegetieren nicht am Rande des Verstummens, vielmehr erzeugen sie
eine Dramatik des Unheimlichen. Ob sie behaust sind oder
unbehaust – alle bleiben sie dem Grauen schutzlos ausgesetzt. Ihre Lust kann gar nicht anders, als zum Mord zu führen. Das Geschlechtliche »verwest« ebenso wie die Hoffnung
auf reine Menschlichkeit. Trakl führt Ausschnitte einer Gesellschaft vor, die längst morsch geworden ist und sich den
Todesstoß bereits gegeben hat. Was sich hier überhaupt noch
bewegt, ist das Nachbeben dieses Stoßes, das Zittern nach
dem Auftreffen des Ungeheuerlichen auf eine Welt, die vor-
gibt, mit dem »Tagewerk« noch etwas geleistet zu haben.

Diese dramatischen Fragmente wirken bedrückend vollendet. Es bleibt danach nichts mehr zu sagen. Der Wanderer stirbt mit dem Wort »purpurner Alb der Kindheit« auf
den Lippen; sein Mörder ruft: »Lachendes Gold, Blut – o verflucht!«, und Johanna bäumt sich auf und wirft Kermor vor,
ihren Todesschlaf gestört zu haben. Diese Menschen haben
sich tödlich verwundet; eine Veränderung ihrer aussichtslo-
sen Lage vermögen sie nicht herbeizuführen.

Die Johanna-Figur ist auch deswegen von besonderem Interesse, weil sie mit einem Gedicht aus dem Nachlass korrespondiert, das den gleichen Namen trägt: »An Johanna«. Es
handelte sich zudem um den Zweitnamen von Trakls Lieb-
lings- und Schicksalsschwester Grete, was wiederum nicht zu
interpretatorischen Kurzschlüssen führen sollte.

An Johanna

Oft hör' ich deine Schritte
Durch die Gasse läuten.
Im braunen Gärtchen
Die Bläue deines Schattens.

In der dämmernden Laube
Saß ich schweigend beim Wein.
Ein Tropfen Blutes
Sank von deiner Schläfe

In das singende Glas
Stunde unendlicher Schwermut.
Es weht von Gestirnen
Ein schneeiger Wind durch das Laub

Jeglichen Tod erleidet,
Die Nacht der bleiche Mensch.
Dein purpurner Mund
Wohnt eine Wunde in mir.

Als kam' ich von den grünen
Tannenhügeln und Sagen
Unserer Heimat,
Die wir lange vergaßen –

Wer sind wir? Blaue Klage
Eines moosigen Waldquells,
Wo die Veilchen
Heimlich im Frühling duften.

Ein friedliches Dorf im Sommer
Beschirmte die Kindheit einst
Unsres Geschlechts,
Hinsterbend nun am Abend-

Hügel die weißen Enkel
Träumen wir die Schrecken
Unseres nächtigen Blutes
Schatten in steinerner Stadt. (HKA I, 330 f.)

Die Sinnbezüge in diesem Gedicht fluktuieren. In der letzten Strophe etwa stellt sich die Frage, ob »Schatten in steiniger Stadt« als erklärende Apposition zu »Blutes« zu deuten ist oder als unzusammenhängende Schlusskadenz. Darf man davon ausgehen, dass »Abend- // Hügel« ein Enjambement darstellt, wodurch zumindest gesichert wäre, dass es die »weißen Enkel« sind, die »hinsterben«? Verstünde sich der Trennstrich nach »Abend« dagegen als Gedankenstrich, blieben Ende und Anfang dieser beiden Strophen in einer Bedeutungsschwebe.

Eine biografische Deutung läge wieder einmal nahe, doch womöglich zu nahe: Das brüderliche »Ich« befindet sich in einer Berliner Schenke (das Gedicht dürfte im März 1914 in Berlin entstanden sein, vielleicht das einzige dort geschriebene), die Fehlgeburt der Schwester, ihren prekären Zustand überdenkend (»Ein Tropfen Blutes / Sank von deiner Schläfe // In das singende Glas«), in einer »Stunde unendlicher Schwermut«, Rückblende auf die gemeinsame »Kindheit« und die »Blutschuld«, angedeutet in den »Schrecken unseres nächtigen Blutes«. Noch deutlicher scheint der Hinweis auf inzestuöse Verfehlungen in den Versen »Dein purpurner Mund / Wohnt eine Wunde in mir.« Denkbar wäre eine solche Deutung. Und doch trägt sich mehr zu in diesen Strophen: Ein kosmischer Wind fegt durch das Laub. Eine stellt die Frage

der Fragen: »Wer sind wir?« Geschwister, Geliebte, Vereinzelte? Das Ich hat wieder zu sich selbst gefunden; dreimal tritt
es in diesem Gedicht in Erscheinung. Der Bezug zwischen Ich
und Du verrätselt sich am intimsten und intensivsten in der
Wendung »Dein purpurner Mund / Wohnt eine Wunde in
mir.« Wieder einer der Trakl'schen Valenzverstöße: Wohnt
dieser Mund *als* Wunde im Ich des Gedichts? Entspringt diese
Frage einer konkreten Erfahrung, oder ist sie poetische Konstruktion? Wie ist es um den Ausdruck »Ein friedliches Dorf
im Sommer / Beschirmte die Kindheit einst unseres Geschlechts« bestellt? Repräsentierten die Geschwister »einst«
eine Art Kindheit der Kultur oder, wie Hölderlin zuletzt geschrieben hatte, die »engen Schranken unserer noch kinder-
ähnlichen Kultur«?[19] Und »das singende Glas« – kann es sein,
dass es nur deswegen »singt«, *weil* ein Tropfen von Johannas
Blut in es fällt? Ist dieses Opfer die Bedingung für das Singen = Dichten-Können? Dann wäre dieses Gedicht zumindest
auch ein – freilich dramatisch – poetologisches.

Gebrochene Elegien, melancholische Gesten und andere Grenzgängereien

Die Dichtungen »Klage« (I), »Klage« (II) und »Grodek« bilden im Spätwerk Trakls ein elegisches Trio. Flankiert werden sie von Gedichten und Gedichtgruppen, die das Melancholische thematisieren, Grenzen (»Mauern« als verfestigte
»Zäune«) anders zu deuten versuchen und »Durchbrüche«
zu einer anderen, freilich noch grausameren Welt ahnen (»Im
Osten«). Draußen, im Feld, in der Hölle des Krieges sind nur
»Klage« (II) und »Grodek« entstanden, poetische Versuche
einer Schockbewältigung, die dadurch auffällt, dass Trakl
nicht nach neuen sprachlichen Möglichkeiten sucht, um die-

ses Grauen auszudrücken, sondern auf die erprobte Semantik und vertraute Einfärbungen des Sprachklanges zurückgreift. »Klage« (II) und »Grodek« hatte Trakl denn auch Ludwig von Ficker bei dessen Besuch im Krakauer Garnisonsspital am 24./25. Oktober 1914 vorgelesen. Bedeutsam ist eine Bemerkung Fickers, Trakl habe diese Gedichte »leise, mit der schlicht hinsagenden Stimme, die ihm eigen war«, gelesen. (HKA II, 311) Das bedeutet, Trakls Stimme korrespondierte nicht mit dem evokativen Pathos seiner Gedichte. Selbst die vokalischen Anrufungen – die im Verlauf dieser Arbeit mehrfach thematisierte O-Anlautung – dürfte demnach Trakl eher *sotto voce* vorgetragen haben, verhalten, »schlicht« oder eben einfach nur »hinsagend«.

Die erste strophisch aufgebaute »Klage« verwendete noch den Reim, wobei jeweils die beiden letzten Verse einer Strophe als Paarreim das Endwort des ersten Verses aufnahmen, als ginge es um eine doppelte Lautbestätigung des Gesagten, das wie in den meisten Hymnen des Sommers 1914 noch durch Ausrufezeichen verstärkt wurde, in den Gedichten Trakls ein auffallendes Novum, das die Dringlichkeit des Gesagten offenbar intensivieren sollte. Trakl zwingt den Reim geradezu herbei, und sei es um den Preis drastischer Umstellungen in der Syntax und im Sinngefüge (»Angst! Des Todes Traumbeschwerde, / Abgestorben Grab und gar / Schaut aus Baum und Wild das Jahr«, HKA I, 163).

Einmal mehr verbindet »die Schwester« motivisch die Trias der Elegien: »Schwester, deine blauen Brauen / Winken leise in der Nacht. / Orgel seufzt und Hölle lacht / Und es faßt das Herz ein Grauen; / Möchte Stern und Engel schauen.« (»Klage« [I], HKA I, 163) In »Klage« (II): »Schwester stürmischer Schwermut / Sieh ein ängstlicher Kahn versinkt / Unter Sternen, / Dem schweigenden Antlitz der Nacht.« (HKA I, 166) Und in »Grodek«: »Es schwankt der Schwester Schatten durch den schweigenden Hain, / Zu grüßen die Geister der Helden, die blutenden Häupter.« (HKA I, 167) Entscheidend ist, dass auch die Schwester zum Gespenst wird; sie ist eine lebende Tote wie nahezu alle »Personen« in diesen Gedichten, die »sterbenden Krieger«, der »Jüngling«, in den der Abend eine »so tiefe Wunde schlägt«, der »Hirt«; gesteigert sieht sich dieser Zustand nur noch in den »ungeborenen Enkeln«. Sie sind mehr finale denn erläuternde Apposition zu der *ganzen* Aussage: »Die heiße Flamme des Geistes nährt heute ein gewaltiger Schmerz.« (HKA I, 167)[20] Es klagt in diesen elegischen Dichtungen eine »dunkle Stimme«, mit der die »dunklen Flöten des Herbstes« in »Grodek« korrespondieren.

Zu den anderen Gedichten Trakls des Sommers 1914 gehören »Nachtergebung«, dessen fünfte Fassung er zum Druck freigab, sowie »Im Osten«. Ihnen sei hier ausführlichere Aufmerksamkeit geschenkt, da sie in noch stärkerem Maße als die elegischen Dichtungen Kontraste und Extreme zum Ausdruck bringen. Im Falle der »Nachtergebung«, und das mag die fünf Anläufe begründen, die Trakl nehmen musste, kommt die abermalige Thematisierung des Tabubruchs hinzu.

Nachtergebung
5. Fassung

Mönchin! schließ mich in dein Dunkel,
Ihr Gebirge kühl und blau!
Niederblutet dunkler Tau;
Kreuz ragt steil im Sterngefunkel.

Purpurn brachen Mund und Lüge
In verfallner Kammer kühl;
Scheint noch Lachen, golden Spiel,
Einer Glocke letzte Züge.

Mondeswolke! Schwärzlich fallen
Wilde Früchte nachts vom Baum
Und zum Grabe wird der Raum
Und zum Traum dies Erdenwallen. (HKA I, 164)

Wieder tritt sie in Erscheinung, als Gegenstand einer Anrufung sogar: aus der »Fremdlingin« und »Jünglingin« ist die
»Mönchin« geworden, keineswegs eine eindeutige Chiffre für
die »Schwester«, eher, wie bereits vermutet, für eine andro-
gyne Gestalt, eine *femme fatale* vielleicht, eine blasphemische
Figur. Oder gilt es diesen Eindruck zu korrigieren? In Hölderlins Elegie »Brot und Wein« tritt erstmals eine »Fremdlingin«
in Erscheinung, und zwar als die Nacht: »[…] die Schwär-
merische, die Nacht kommt, / Voll mit Sternen und wohl
wenig bekümmert um uns, / Glänzt die Erstaunende dort,
die Fremdlingin unter den Menschen / Über Gebirgeshöhen
traurig und prächtig herauf.«[21] Bedenkt man Trakls Vertraut-
heit mit Hölderlin zu jener Zeit, darf vermutet werden, dass
die »Fremdlingin« als Wort ihn zu Analogbildungen angeregt hat. Auszuschließen freilich ist, dass Trakl die Zweitbe-
deutung der »Fremdlingin« bei Hölderlin, nämlich die der
»menschenbildenden Stimme« als einer »Erweckerin« unseres Bewusstseins, gekannt haben konnte, da sie sich in der
fragmentarischen Hymne »Am Quell der Donau« findet, die
in den Trakl zugänglichen Hölderlin-Ausgaben nicht enthalten war.[22]

Trakls »Mönchin« verweist aber auf einen Innenbezirk, das
Kloster, wo sie als Mönch und Nonne in einer Person wirkt.
Aufgehoben ist nicht das Kloster, sondern die Geschlecht-
lichkeit dieser sakralen Figur. Das Ich des Gedichts versinkt
im Gebirge ihres Körpers, oder es wird Opfer einer Travestie,
Lustobjekt einer Nonne im Mönchsgewand, die mithin so
geschlechtslos nicht ist: »Niederblutet dunkler Tau«, das kann

ein direkter Verweis auf das Menstruationsblut der Nonne sein. Niemand hält ihnen das Kreuz beschwörend vor, so wie Ketzern einst mit dem Kreuz gedroht wurde; vielmehr ragt es allein empor als Verweis auf eine längst verlorene Reinheit. Der Innenraum, die Klosterzelle, verfällt und nimmt als solcher das marode Fallobst in sich auf wie überhaupt alles – auch das moralisch – Gefallene.

Das Gedicht schließt mit einem Wort, das schon 1914 eher altertümlich geklungen haben dürfte: »Erdenwallen« für Weg auf Erden. Assoziationen mit Franz Schuberts Trinklied »Brüder! Unser Erdenwallen« (D. 148, op. 131/2) werden auch deswegen wach, weil Trakls Gedicht sich zwischen »Mönchin!« und »Erdenwallen« entfaltet. »Nachtergebung« antwortet jedoch auch auf Trakls Hymne aus jener Zeit »Die Nacht«, wobei die »Mönchin« hier als »erglühende Windsbraut« in flüchtige Erscheinung tritt. Diese Antwort nimmt die Gestalt einer Abschwächung der Hymne an. Dröhnt in der Hymne »Gewaltig die Glocke im Tal« (HKA I, 160), so hört »Nachtergebung« der Glocke letzte Züge. Und stürmen in der Hymne die »dunklen / Spiele der Wollust den Himmel«, so ragt eben ein Kreuz über den Ort des sinnlich-sündigen Geschehens gen Firnament und wahrt symbolisch den Anschein eines Transzendenzbezugs.

Buchstäblich wilder geht es im Gegengedicht zur »Nachtergebung« zu, das keine »Ergebung«, nur rasende Aufwallung kennt und eine im Sommer – das Gedicht entstand im Sommer 1914 – imaginierte Winterkälte und damit krasse Gegensätzlichkeit:

Im Osten

Den wilden Orgeln des Wintersturms
Gleicht des Volkes finstrer Zorn,
Die purpurne Woge der Schlacht,
Entlaubter Sterne.

Mit zerbrochnen Brauen, silbernen Armen
Winkt sterbenden Soldaten die Nacht.
Im Schatten der herbstlichen Esche
Seufzen die Geister der Erschlagenen.

Dornige Wildnis umgürtet die Stadt.
Von blutenden Stufen jagt der Mond
Die erschrockenen Frauen.
Wilde Wölfe brachen durchs Tor.

Trakl mobilisiert in diesem Gedicht alle rhetorischen Reserven, frei von Larmoyanz. Wird »Grodek« den »gewaltigen Schmerz« aufrufen, so zeugt »Im Osten« von Gewalt und dem Gewaltigen schlechthin. Das Gedicht setzt mit einem Vergleich an voll sprachlicher Wucht. Es löst ein Sprachbeben aus, das – nicht zuletzt durch das Wort »Zorn« – einmal mehr an Hölderlin erinnert.[23] Reime können diese Sprachgewalt nicht mehr bändigen. Eine Ahnung des Unerhörten artikuliert sich in diesem Gedicht in konkreten Sprachbildern, die den Eindruck erwecken, als finde die »Schlacht« bereits statt. Der doppelte Genetiv, der erklären soll, was es mit der »purpurnen Woge« auf sich hat, verharrt im Zweideutigen: Gemeint sein kann eine wirkliche Kriegsschlacht, in der sich der Zorn des »Volkes« entlädt, oder die astrale Sphäre. Diese Entfesselung von Gewalt hat demnach kosmische Dimensionen. Bis auf den letzten Vers steht das Gedicht im Präsens, evoziert also wie so oft bei Trakl das Gefühl unmittelbarer Geschehensgegenwart. Das eine Präteritum (»brachen«) fällt daher umso mehr auf, was auch für das einzige Farbadjektiv des Gedichts gilt: »purpurn«, ein Farbwert, der zahlreiche späte Gedichte koloriert, eine Intensivmischung aus den von Trakl früher favorisierten Farben Blau und Rot, das Sehnsuchtsvolle und das dem Tod geweihte Leben bezeichnend.

Auch die zweite Strophe stellt nur fest, schildert, verweist auf Untergang. Wie später »Grodek« ruft »Im Osten« nicht zum Frieden auf oder zum Widerstand gegen den Krieg. Das Entfesselte bricht sich Bahn, stranguliert die Stadt. Das Emblem romantischer Sehnsucht verkehrt sich in sein Gegenteil: Der Mondschein verjagt die »erschrockenen Frauen«. Die »wilden Wölfe«, kompositorisch Entsprechungen zu den »wilden Orgeln« des Anfangs, können ihrerseits zerstörerischen Energien »gleichen« oder ganz einfach wilde, zum Zerfleischen bereite Tiere *sein*. Denn so ausgeprägt Trakl mit Metaphern arbeitet, nie ist auszuschließen, dass er – wie mit den Farbwörtern – genau das meint, was er sagt.

Stufen, Stiegen, Treppen verfielen in Trakls Gedichten bis zuletzt. Dass sie in diesem Gedicht sogar selbst »bluten« und nicht einfach nur blutig oder blutüberlaufen sind, belegt: Leben ist in ihnen (gewesen). Auf Treppen hört Trakl »Kammerkonzerte verklingen« (HKA I, 307), aber führen können sie zu nichts mehr. Entwicklungsstufen sind sie nicht wie die Stufen im Werk Hofmannsthals oder Hesses.

In Trakls Versen schreiben sich finale Zustände fest. Jener des Entlaubtseins, der sich in unserem Gedicht sogar auf die Sterne bezieht, verheißt keine neuen Knospen: »O die entlaubten Buchen und der schwärzliche Schnee.« (HKA I, 323) Oder jener der »dornigen Stunde des Grams«, nicht jener des Gottes Pan wohlgemerkt, in der die »gewaltige Nacht« an »frierender Mauer sinkt«. (HKA I, 327) Veränderungen scheinen diese Gedichte nicht vorzusehen, wohl aber zeugen sie von subtiler Wahrnehmung und stellen zage Fragen, wie dies die beiden Schlussstrophen der »Stunde des Grams« belegen:

> Trunken von Wein und nächtigem Wohllaut.
> Immer folgt das Ohr
> Der sanften Klage der Amsel im Haselgebüsch.

> Dunkle Rosenkranzstunde. Wer bist du
> Einsame Flöte,
> Stirne, frierend über finstere Zeiten geneigt. (HKA I, 327)

Gramgebeugt (man denkt an Max von Esterles zweite Trakl-Darstellung, siehe Seite 166) auf Pans Relikt, die Flöte, hörend wie auch auf den Amsellaut, so unternimmt dieser Dichter, Gedicht um Gedicht, Fassung um Fassung, eine Bestandsaufnahme (seiner) untergehenden Welt. Es ist kein Kalauer, wenn man vermutet, dass Trakls viele Fassungen, die er von Gedichten entwarf, auch Ausdruck seiner Bemühung gewesen sind, selbst Fassung zu gewinnen angesichts dessen, was er vom Zustand (seiner) Welt sah oder zu erkennen glaubte.

Selten genug konnte er diesem Blick auf die Welt Hoffnungsvolles abgewinnen. Ein solches Beispiel liefert das Gedicht »An Mauern hin«, auch wenn dieser Blick in der zweiten Strophe die Welt durch einen Tränenschleier wahrnimmt:

> Es geht ein alter Weg entlang
> An wilden Gärten und einsamen Mauern.
> Tausendjährige Eiben schauern
> Im steigenden fallenden Windgesang.

Die Falter tanzen, als stürben sie bald,
Mein Blick trinkt weinend die Schatten und Lichter.
Ferne schweben Frauengesichter
Geisterhaft ins Blau gemalt.

Ein Lächeln zittert im Sonnenschein,
Indes ich langsam weiterschreite;
Unendliche Liebe gibt das Geleite.
Leise ergrünt das harte Gestein. (HKA I, 309)

Das durch die Mauern Begrenzende und emotionale Entgrenzende (»unendliche Liebe«) bilden in diesem Gedicht ebenso eine Einheit wie der »steigende« und »fallende Windgesang«, eine für Trakl ungewöhnliche Wendung. Das »Wilde«
der Gärten bildet einen Kontrast zu dem sonst eher bedächtigen Gedicht, bezeichnet insgesamt aber ein – mit Hölderlin gesprochen »aorgisches« – Grundwort in der späten Dichtung Trakls und, wie gesehen, ein Hauptwort des Gedichts
»Im Osten«. In Verbindung mit »Rosen«, so in den Gedichten
»Lebensalter« und »So ernst o Sommerdämmerung«, nimmt
Trakl unmittelbar ein Motiv Hölderlins auf, die »wilden Rosen« des Gedichts »Hälfte des Lebens«. Mit dem Gedicht
»Lebensalter« knüpft er unmittelbar an einen der »Nachtgesänge« Hölderlins gleichen Titels an. Hierbei fällt auf, dass
Hölderlins Gedicht die Entgrenzung feiert, das Über-die-
Grenze-Gehen und die dadurch mögliche räumliche Erweiterung des Gesichtskreises (»Ihr Städte des Euphrats! / Ihr
Gassen von Palmyra! / Ihr Säulenwälder in der Eb'ne der
Wüste, / Was seid ihr?«[24]). Trakl ruft anderes, aber auch dreifach an, jeweils versehen mit einem halb staunend, halb hilflos klingenden »O«: die Stille, die Reinheit, die Liebe, verbleibt aber in der heimischen Welt, die der »Gartenzaun«
durchzieht. Das Wort ist ihm so wichtig, dass er es in jener

letzten Schaffensphase in drei verschiedenen Gedichten gebraucht, womöglich auf Erinnerungen an seine Kindheitserlebnisse im Salzburger Garten anspielend. Das Gedicht »Lebensalter« beschränkt sich auf drei knappe Dreizeiler, die Hölderlins hymnischen Ton, den er in seinem »Lebensalter«-Gedicht anstimmt, vergessen lassen.

Ein beide Arten des Dichtens vergleichender Befund lässt sich hier wagen: Was die Nachwirkung Trakls angeht, ist festzustellen, dass es ihm insgesamt gesehen nicht zu seinem Vorteil gereichte, vor allem durch Martin Heidegger »hölderlinisiert«, will sagen nur unter Hölderlin'schen Vorzeichen gelesen worden zu sein.

Trakls poetisch vermittelte Farbontologie, in der die Farben als Wesenheiten verstanden wurden, entspricht bei Hölderlin eine poetische Ontologie des Wortes, die dem Wort an sich Seinscharakter zuschrieb. Hölderlins Dichtung gibt sich vergleichsweise farbenarm (Ausnahmen wie die »liebliche Bläue« und das »Goldene« in »Patmos« bestätigen diese Regel).

Dafür ist Trakls Dichtung eher arm an rhythmischen Variationen oder – mit Hölderlin gesagt – »Wechseln von Tönen«. Bei Hölderlin herrscht lautliche, klangliche und syntaktische Vielheit. Trakl wirkt hier vergleichsweise monoton, aber auf magische Weise. Verwandt sind beide jedoch – wie gesehen – in der Art, wie die Landschaft sich als Wortraum gestaltet findet.

Schließen soll dieses Kapitel mit einem genauen Blick auf Trakls letztes Gedicht in Prosa, das ein letztes Mal nahezu alle Hauptmotive der späten Lyrik in einen scheinerzählerischen Zusammenhang bringt, so als lasse sie sich erzählen, die Geschichte vom endlosen Ende.

»Offenbarung und Untergang« oder
Die Rückkehr des Ichs

Auf tritt der »weiße Sohn« mit der »schwarzen Hölle« im Herzen. Er befindet sich auf dem Weg zur negativen Apotheose eines ganzen Werks. Dieser »weiße Sohn« verfügt jedoch wieder über ein Ich. Was sich in zahlreichen anderen Gedichten aus jener Zeit bereits abgezeichnet hatte, bestätigt sich in diesem Prosagedicht: Das lyrische Subjekt tritt nun unverstellt in Erscheinung.

Das sprachliche Gefüge dieses letzten sechsteiligen Prosagedichts gewinnt an Komplexität. Die Aussagen wirken mehr ineinander verschränkt, die Geschehnisse nach einer poetischen Logik aufeinander bezogen. Dieses Ich weiß, was mit ihm geschieht, weiß auch, dass es um es geschehen ist. Es sieht sich bei seinem Untergang zu; er offenbart sich ihm.

Offenbarung und Untergang

(I)
Seltsam sind die nächtigen Pfade des Menschen. Da ich nachtwandelnd an steinernen Zimmern hinging und es brannte in jedem ein stilles Lämpchen, ein kupferner Leuchter, und da ich frierend aufs Lager hinsank, stand zu Häupten wieder der schwarze Schatten der Fremdlingin und schweigend verbarg ich das Antlitz in den langsamen Händen. Auch war am Fenster blau die Hyazinthe aufgeblüht und es trat auf die purpurne Lippe des Odmenden das alte Gebet, sanken von den Lidern kristallne Tränen geweint um die bittere Welt. In dieser Stunde war ich im Tod meines Vaters der weiße Sohn. In blauen Schauern kam vom Hügel der Nachtwind, die dunkle Klage der Mutter, hinsterbend wieder und ich sah die schwarze Hölle in meinem Herzen, Minute schim-

mernder Stille. Leise trat aus kalkiger Mauer ein unsägliches Antlitz – ein sterbender Jüngling – die Schönheit eines heimkehrenden Geschlechts. Mondesweiß umfing die Kühle des Steins die wachende Schläfe, verklangen die Schritte der Schatten auf verfallenen Stufen, ein rosiger Reigen im Gärtchen.

Niemand erschrickt ob dieser unerhörten Vorgänge; nur einmal, im vierten Teil dieser Dichtung, ist von Erschütterung und Erschrecken die Rede. Das Ich konstatiert, was sich zuträgt auf den »nächtigen Pfaden«. Der Text beginnt mit einer allgemeinen Feststellung in der Gegenwartsform, deren Trefflichkeit sich in der folgenden Schilderung bewahrheitet, die – wie sonst nur im Prosagedicht »Sebastian im Traum« – in der Vergangenheit spielt. Das Leitthema lautet: ein Leben im Toten. Thema ist auch die Heimkehr einer Generation, die draußen scheinbar nichts mehr erreichen kann und nur noch ihrer eigenen (unfruchtbaren) »Schönheit« genügt.

(II)
Schweigend saß ich in verlassener Schenke unter verrauchtem Holzgebälk und einsam beim Wein; ein strahlender Leichnam über ein Dunkles geneigt und es lag ein totes Lamm zu meinen Füßen. Aus verwesender Bläue trat die bleiche Gestalt der Schwester und also sprach ihr blutender Mund: Stich schwarzer Dorn. Ach noch tönen von wilden Gewittern die silbernen Arme mir. Fließe Blut von den mondenen Füßen, blühend auf nächtigen Pfaden, darüber schreiend die Ratte huscht. Aufflackert ihr Sterne in meinen gewölbten Brauen; und es läutet leise das Herz in der Nacht. Einbrach ein roter Schatten mit flammendem Schwert in das Haus, floh mit schneeiger Stirne. O bitterer Tod. Und es sprach eine dunkle Stimme aus mir: Meinem Rappen

brach ich im nächtigen Wald das Genick, da aus seinen purpurnen Augen der Wahnsinn sprang; die Schatten der Ulmen
fielen auf mich, das blaue Lachen des Quells und die
schwarze Kühle der Nacht, da ich ein wilder Jäger aufjagte
ein schneeiges Wild; in steinerner Hölle mein Antlitz erstarb.
Und schimmernd fiel ein Tropfen Blutes in des Einsamen
Wein; und da ich davon trank, schmeckte er bitterer als
Mohn; und eine schwärzliche Wolke umhüllte mein Haupt,
die kristallenen Tränen verdammter Engel; und leise rann aus
silberner Wunde der Schwester das Blut und fiel ein feuriger
Regen auf mich.

Morbide Dramatik bestimmt diese zweite Sequenz. Lebte zuvor das Ich als »weißer Sohn« im »Tod meines Vaters«, erscheint nun die »Gestalt der Schwester« aus den Verwesungs-
dämpfen des »toten Lammes«. Handelt es sich um das Lamm
Gottes? Ist der »schwarze Dorn« gleichfalls ein sakraler Verweis auf die Dornenkrone oder ein phallisches Symbol, aufge-
fordert von der »Schwester« zu oralem Verkehr mit dem »blutenden Mund«?

Später heißt es, ein »roter Schatten« sei ins das Haus ein-
gebrochen und mit ihm das grammatische Präsens in diese
Dichtung, was nur noch einmal geschehen wird, und zwar in
Teil IV: das allgegenwärtige Wort der »Schwester«, die zuvor
noch »Fremdlingin« war. Was sie zu sagen hat, bleibt unver-
rückbare Gegenwart.

Anders die Stimme, die aus dem Ich spricht, aber wieder in
die Vergangenheit zurückfällt, wo jedoch mindestens ebenso
Unerhörtes vorgefallen ist: Das Ich tötet (wie im »Dramenfragment«) seinen »Rappen«, seine Nachtmahr vermutlich –
eine vergebliche Tat, wie die folgende Sequenz erweisen wird.
Doch erst der letzte Abschnitt von (II) verdeutlicht, was zu
Beginn dieses Teils nur Vermutung sein konnte: Diese quasi

dionysische Phantasie besteht aus Weinrauschbildern. Im Umkreis dieser Dichtung entstanden das Lied »Beim jungen Wein«, aber auch das in drei Fassungen vorliegende Gebet mit dem Titel »An Luzifer«, das den Verweis auf die »kristallenen Tränen verdammter Engel« mit erklärt, aber auch das Motiv des Lammes und Verblutens erscheint in den »Luzifer«-Varianten: »[…] so sich dargebracht / Das sanfte Lamm, der Schmerzen tiefsten duldet«, »Gemordet Lamm, des Blut die Welt entschuldet« und »[…] wo vor Zeiten / Verblutet ein sanftes Lamm, der Schmerzen tiefsten / Erduldet«. (HKA I, 333 ff.)

(III)

Am Saum des Waldes will ich ein Schweigendes gehn, dem aus sprachlosen Händen die härene Sonne sank; ein Fremdling am Abendhügel, der weinend aufhebt die Lider über die steinerne Stadt; ein Wild, das stille steht im Frieden des alten Hollunders; o ruhlos lauscht das dämmernde Haupt, oder es folgen die zögernden Schritte der blauen Wolke am Hügel, ernsten Gestirnen auch. Zur Seite geleitet stille die grüne Saat, begleitet auf moosigen Waldespfaden scheu das Reh. Es haben die Hütten der Dörfler sich stumm verschlossen und es ängstigt in schwarzer Windesstille die blaue Klage des Wildbachs.
Aber da ich den Felsenpfad hinabstieg, ergriff mich der Wahnsinn und ich schrie laut in der Nacht, und da ich mit silbernen Fingern mich über die schweigenden Wasser bog, sah ich daß mich mein Antlitz verlassen. Und die weiße Stimme sprach zu mir: Töte dich! Seufzend erhob sich eines Knaben Schatten in mir und sah mich strahlend aus kristallnen Augen an, daß ich weinend unter den Bäumen hinsank, dem gewaltigen Sternengewölbe.

Die dritte Phase dieses Prosagedichts lässt das Ich die »kristallenen Tränen verdammter Engel« verflüssigen, um mit ihnen das Schicksal der »Stadt« zu beweinen. Der Hauptgegensatz dieser Sequenz ist jener zwischen Lautlosigkeit und Schrei, Stummheit (der Häuser) und Klage des »Wildbachs«. Das Ich erkennt seinen »Wahnsinn« und wundert sich daher auch dann nicht, als der Schatten eines Knaben aus ihm tritt, dessen Anblick ihn erneut weinen lässt, offenbar erneut überwältigt von Schönheit, die einzige wirklich menschliche Regung, der dieses Ich nachgibt.

(IV)
Friedlose Wanderschaft durch wildes Gestein ferne den Abendweilern, heimkehrenden Herden; ferne weidet die sinkende Sonne auf kristallner Wiese und es erschüttert ihr wilder Gesang, der einsame Schrei des Vogels, ersterbend in blauer Ruh. Aber leise kommst du in der Nacht, da ich wachend am Hügel lag, oder rasend im Frühlingsgewitter; und schwärzer immer umwölkt die Schwermut das abgeschiedene Haupt, erschrecken schaurige Blitze die nächtige Seele, zerreißen deine Hände die atemlose Brust mir.

Das verstörte Ich befindet sich in einer gestörten Abendidylle, wobei es die natürlichen Kräfte selbst sind, die diese Störungen verursachen. Oder ist es das Ich, das sie imaginiert wie den Auftritt eines Du, womöglich die Schwester, das die Zerstörung, gar Vergewaltigung des Ichs bewirkt.

(V)
Da ich in den dämmernden Garten ging, und es war die schwarze Gestalt des Bösen von mir gewichen, umfing mich die hyazinthene Stille der Nacht; und ich fuhr auf gebogenem Kahn über den ruhenden Weiher und süßer Frieden

rührte die versteinerte Stirne mir. Sprachlos lag ich unter den
alten Weiden und es war der blaue Himmel hoch über mir
und voll von Sternen; und da ich anschauend hinstarb, starben Angst und der Schmerzen tiefster in mir; und es hob sich
der blaue Schatten des Knaben strahlend im Dunkel, sanfter
Gesang; hob sich auf mondenen Flügeln über die grünenden
Wipfel, kristallene Klippen das weiße Antlitz der Schwester.

Das sterbende Ich, von dem das Böse gewichen scheint, ge-
biert imaginierte Gestalten, den »blauen Schatten des Knaben« und einmal mehr die »Schwester«. Das Schöne, ver-
sinnbildlicht durch die »hyazinthene Stille der Nacht«, hat
das »Wilde« verdrängt, womöglich das Böse überwunden.
Die Wendung aus den Fassungen zum »Luzifer«-Gedicht, die
auf das Lamm (Gottes) bezogen war, gewichtet diese Sequenz
besonders: Mit dem Ich-gewordenen »Lamm« stirbt »der
Schmerzen tiefster«.

(VI)
Mit silbernen Sohlen stieg ich die dornigen Stufen hinab und
ich trat ins kalkgetünchte Gemach. Stille brannte ein Leuchter darin und ich verbarg in purpurnen Linnen schweigend
das Haupt; und es warf die Erde einen kindlichen Leichnam
aus, ein mondenes Gebilde, das langsam aus meinem Schatten trat, mit zerbrochenen Armen steinerne Stürze hinab-
sank, flockiger Schnee. (HKA I, 168–70)

Die Schlusskadenz führt wieder in einen Innenraum; die
(wahn- und rauschhaft imaginierte) »friedlose Wanderschaft«
über Felsenpfade und durch Scheinidyllen hat ein Ende, aber
nur, um einem totgeborenen Kind zu begegnen. Das letzte
Wort hat der »Schnee«, vorbereitet durch das Weiße der Gestalten, die »schneeige Stirne« und das »schneeige Wild«, den

Nebenmotiven dieses Prosagedichts, die auf diese Weise zum Hauptmotiv werden, obzwar zu einem Motiv, das sich auflöst, flockenleicht.

Aber das eigentlich Besondere dieser letzten Sequenz ist, dass das Ich-Subjekt unversehrt bleibt. Dreimal genannt, scheint es demonstrativ seine ungeteilte, nicht-dissoziierte Existenz zu bekräftigen. Dem Aufruf zur Selbsttötung, der am Ende des dritten Teils stand (»Und die weiße Stimme sprach zu mir: Töte dich!«), folgte dieses Ich nicht. Es sieht am »Anderen«, dem »kindlichen Leichnam« und seiner Auflösung, was Zerfall bedeutet. Denkbar ist durchaus auch, dass dieses »Kind« sein geträumtes *alter ego* ist, das Ich, wie es als Kind gewesen war, aber dann verbliebe dies im Bereich der Projektion. Dieses Ich wirkt einerseits abgehärtet, denn seine »silbernen Sohlen« können sogar über Dornen gehen; andererseits bleibt es sensitiv verwundbar und hüllt sich deswegen in »purpurne Linnen«. Wie auch immer: Es erhält sich, kann ich sagen und ist damit mehr als nur ein »mondenes Gebilde«. Es beobachtet, bezeugt den »Untergang«, aber offenbar ohne ihm selbst geweiht zu sein. Von einer Subjekt-Objekt-Spaltung kann daher nicht die Rede sein. Sie wird erst zum Programm von Lyrikern der Generation nach Trakl, die sich ihm verpflichtet sahen wie etwa der junge Johannes Urzidil, der im Jahre 1919, gleichfalls in der Reihe »Der Jüngste Tag« des Kurt Wolff Verlages seinen Band *Sturz der Verdammten* veröffentlichte. Darin findet sich die Zeile: »Zerspalten bin ich in Du und Ich, in Sinn und Gebilde.«[25] Mit dieser poetischen These glaubte Urzidil offenbar eine erste und letzte Konsequenz aus dem lyrischen Vermächtnis eines seiner großen Vorbilder gezogen zu haben.

IX

Nachleben im Ungeborenen

Furchtbar ist der Tod meines Bruders.
Gott gebe mir bald die Erlösung auf die ich harre.

Grete Langen (geb. Trakl), Berlin-Wilmersdorf,
am 19. November 1914 an Ludwig von Ficker

Das Ende oder
Der Abspann zum Auftakt des Danach

Trakls Nachleben sollte zu seinem eigentlichen Leben werden – mit seinen ganzen Widersprüchen, Missverständnissen
und unzulänglichen Vereinfachungen: Trakl, der Expressionist, der Baudelaire- und Rimbaud-Epigone, Trakl, der morbide, todesverliebte Dichter mit vermeintlich präfaschisto-
iden Zügen, Trakl, der Unzucht treibende pathologische Fall
unter den Dichtern – wir sind allen diesen Deutungen begegnet. Zu ihnen gehört auch eine Widmung eines Exemplars der
ersten, von Karl Röck besorgten, bei Kurt Wolff in Leipzig erschienenen Gesamtausgabe der Dichtungen Georg Trakls.
Datiert auf den 24. Oktober 1938, steht auf dem Vorsatzblatt,
in Amsterdam geschrieben: »Für David de Jong dies Zeugnis des wahren, innerlichen Deutschlands, dessen Geist nicht
aus der gellenden Trompete Hitlers, wohl aber aus der sanften
Flöte Trakls ertönt.«[1] War Trakl auch ein Vorbote des »geheimen Deutschland« gewesen?

   Festzuhalten ist: Trakls (blut)schuldbewusstes Dichten er-
eignete sich im Bodenlosen; ihn unter den Vorzeichen des
Antisemitismus zu deuten, ist haltlos; und nichts beweist den

vollzogenen Inzest, wohl aber den imaginierten. Seine Welt war die des Halbtraums, der scharfen Sicht auf die Dinge und Lebensverhältnisse und gleichzeitig deren wortfarbengesättigte Überformung. Trakl verklärte nicht das Böse; er exponierte es mit einer Intensität, die man leicht mit Identifikation verwechselt. Dieser Gejagte jagte sich als »wilder Jäger« selbst; er war ein von sich selbst Getriebener, dann wieder ein Narziss, der sein Spiegelbild mit Steinen bewarf oder mit Pfeilen beschoss, um auf diese Weise auch noch ein Sebastian zu werden.

Trakl steht seiner literarischen Bedeutung nach in einer Reihe mit Stefan George, Hugo von Hofmannsthal, Rainer Maria Rilke und Gottfried Benn. Mit wünschenswerter Deutlichkeit hat dies Frank Schirrmacher in seiner Studie *Fünf Dichter – Ein Jahrhundert* begründet.[2] Hinzugefügt sei Else Lasker-Schüler. Es ist ein Werk, das mit den anderen dazu beigetragen hat, jene Jahrhundertwende (1900) zur längsten in der Kulturgeschichte werden zu lassen. Doch eines unterscheidet Trakl von den anderen: Radikaler als sie alle führte er in seinen Dichtungen die »Ohnmacht des Subjekts« vor. Im Gegenzug konnte es bei Trakl umständehalber zu keiner wirklichen Ausprägung einer Persönlichkeit kommen – weder im Werk noch im Leben, so deutlich umrissen ihre Konturen sind, geprägt von verinnerlichter Widerständigkeit, aber auch vom Willen zum Untergang.[3] Die Ohnmacht des Subjekts eignet sich deswegen zur Charakterisierung der Trakl'schen Sprachkunst, weil, wie gesehen, Reste eines nicht gespaltenen Ichs in seiner Dichtung durchaus vorhanden sind, meist verdrängt, zuletzt wieder sichtbar. Nur eben zu handeln vermag es nicht; es verfügt über keine soziale Potenz, kein Durchsetzungsvermögen, dafür über eine geradezu maßlose Empfindungsfähigkeit.

Doch dieses oft kaum sichtbare und doch vorhandene Ich

vermag eines: den ihm zugewiesenen Ort, das Gedicht, von innen heraus gegen die Lebenswirklichkeit abzudichten – durch unzählige Korrekturen und in sich stimmige, aber von außen betrachtet oft surreal wirkende Wortfolgen. Dieses Ich lebt von seiner eigenen Stille und wortmächtiger Sprachlosigkeit, wenn es um das *eine* geht: das Verhältnis zur Schwester, zum »Geschlecht«, den Ahnen, die nicht unbedingt im Familienumfeld zu suchen sind, sondern eher, wie gesehen, bei Hölderlin, Rimbaud, Novalis und Verlaine, mit dessen (und Wassermanns) lyrischer Figur »Gaspard Hauser« Trakl poetisch und im Beisel Bruderschaft getrunken hatte. Wie Verlaine sollte einer von seiner Verlassenheit »singen können«. Wie Kaspar Hauser sah sich Trakl als Findling am Rande der Selbstzerstörung. Denn Zukunft, der Entwurf von Perspektiven, das kam in Trakls Vokabular nicht vor, allenfalls in Gestalt albtraumhafter Visionen oder – im übertragenen Sinne – in seinem in perfektem Amtsdeutsch verfassten, an das Königlich-Niederländische Kolonialamt in 's-Gravenhage am 12. Juni 1914 gerichteten Gesuch, »in Ihren Kolonien« im Sanitätsdienst als Apotheker aufgenommen zu werden. (HKA II, 725 f.) Dass der das Gesuch bearbeitende Beamte van Gogh hieß, mag man als Pointe goutieren. Ansonsten taucht Zukunft im Zusammenhang mit Trakl noch einmal auf, in der über ihn im Garnisonsspital 15 in Krakau angefertigten Krankengeschichte. Dorthin wurde er zur »Beobachtung seines Geisteszustandes« überführt aufgrund auffälliger »Erregungszustände« während und nach der Schlacht bei Grodek am 13. Oktober 1914. Dort habe er »unbedingt in [sic!] die Front« gewollt »und mußte durch 6 Mann entwaffnet werden«. (HKA II, 729) Im Garnisonsspital nun soll Trakl geäußert haben, er stamme von einem Kardinal ab und werde »in Zukunft ein großer Herr« werden. (Ebd.) Er wollte also nicht wie Rimbaud als Kaufmann in die Wüste, um in den Oasen Handel zu treiben, sondern Größe erlangen, zuletzt frei nach Nietzsche (übersteigerte) Selbstermächtigung wagen.

Dieser Krankenbericht, man hat ihn zu Recht eine »Kurzerzählung über Trakls Krankheit zum Tode« genannt[4], lässt sich nicht widerlegen und nicht bestätigen. Unklar ist, was hier ärztliche Interpretation, Behauptung oder kritischer Befund ist. Zuweilen finden sich in diesem Bericht ironisch-sarkastische Einsprengsel: »Nebenbei sei bemerkt, daß er [Trakl, d. Verf.] in Zivil seinen Beruf nicht ausübt, sondern ›dichtet‹.« (HKA II, 729) Oder: »Mutter lebt nervenkrank – Opiumesserin. [...] Die jüngste Schwester leidet an Hysterie.« Oder: »Zum ersten Mal als 5jähriges Kind in's Wasser gesprungen. Das letzte Mal im Frühjahr l.[etzten] J.[ahres]. – Sonst ›vollkommen gesund‹«. (Ebd.) Was wir sonst noch erfahren?

Zeitweise Lustigkeit dann furchtbarer Katzenjammer. Während des Depressionszustandes Alkoholgenuß. [...] Ob er sich auffällig benommen hätte weiß er nicht [bei der Überführung von Wadowice nach Krakau ins Spital, d. Verf.], getrunken hat er nicht aber sehr viel Cocain zu sich genommen. [...] Seit Jahren schon leidet er zeitweise an schweren psychischen Depressionen mit Angstzuständen, dann fängt er an stark zu trinken, um sich von dieser Angst zu befreien. Seit seiner Kindheit hat er zeitweise Gesichtshallucinationen, es kommt ihm vor wie wenn hinter seinem Rücken ein Mann mit gezogenem Messer steht. Von 12–24 Jahren hat er keine solche Erscheinungen gehabt, jetzt seit 3 Jahren leidet er wieder an diesen Gesichtstäuschungen außerdem hört er sehr oft Glockenläuten. Seinen Vater hat er nicht für eigenen gehalten, sondern er hat vermutet, daß er von einem Kardinal abstammt und das [sic!] er in der Zukunft ein großer Herr wird.

Status praesens: Mittelgroß, mittelkräftig, gutgenährt. Pupillen stark erweitert, rechte breiter als die linke, reagieren etwas träge auf Licht und Akkommodation, leichter Tremor der Finger und Zunge, Herzaktion etwas beschleunigt, sonst ohne Befund.

10/X Verhält sich ziemlich ruhig, nachts gewöhnlich schlaflos, schreibt verschiedene Gedichte

16/X Zeitweise drängt er stark auf die Entlassung, fühlt sich ganz gesund, will in die Front gehen

26/X Status unverändert. Im ganzen verhält er sich ruhig. Hat eine Angina durchgemacht

4/XI Vorgestern abends ganz munter, gestern in der Frühe in tiefem bewußtlosen Zustande, Pupillen erweitert, reaktionslos. Reagiert nicht auf Nadelstiche, tiefes soporöses Athmen. Puls verlangsamt, gespannt (Suicid durch Cocainintoxication!). Trotz Excitationsmitteln hat sich sein Zustand nicht gebessert, um 9 abds exitus letalis. (HKA II, 729 f.)

Das sind jene Details, die Ludwig Wittgenstein zu erfragen verschmähte, als er drei Tage nach Trakls Tod durch Herzlähmung in Krakau ankam, wo er, Mäzen und angehender Philosoph, den Dichter hatte besuchen wollen. Über Ludwig von Ficker waren Trakl wenige Wochen vor Ausbruch des Weltkriegs 20 000 Kronen aus einer Zuwendung Wittgensteins an bedürftige und verdiente Künstler im Umkreis des *Brenner* zugeteilt worden. »Es widerstrebte mir«, schrieb Wittgenstein aus Krakau an Ficker, »mich auf diese Nachricht hin noch weiter nach Umständen zu erkundigen, wo doch das einzig Wichtige schon gesagt war.« (HKA II, 739) Worüber man nicht reden kann ... Der Bericht freilich, abgefasst in halb knöchernem Amtsdeutsch, halb mit überraschenden Wendungen gespickt, musste »reden«, Auskunft geben, insgesamt erstaunlich ausführlich. Trakl war nicht der einzige Frühtraumatisierte an der galizischen Front. Dieser Bericht, den in der Abfolge verschiedene Ärzte oder Arzthelfer verfassten, betont das Pathologische unter den weiblichen Familienmitgliedern, als sollte damit Trakls Zustand erklärt werden. Trakl selbst scheint kein Wort über seine anderen Geschwister verloren zu haben.

Auch der Mediziner Franz Schwab, der Salzburger Schul- und Studienfreund, wollte, selbst leicht verwundet, Trakl noch aufsuchen; Krakau erreichte er am Abend des »Unglücks«, wie Erhard Buschbeck brieflich Ludwig von Ficker im Januar 1915 mitteilte. Weiter schreibt er:

> Und auch mir ist es etwas ganz Furchtbares, daß sich in dieses tieftraurige Geschehen für uns Zunächstblickende ein Gefühl von etwas vielleicht Überflüssigem zieht, daß dieser Tod nicht geschehen wäre, wenn im richtigen Moment die richtigen Menschen bei ihm gewesen wären, sei es, daß Sie [L. v. Ficker, d. Verf.] länger in Krakau hätten bleiben dürfen, sei es daß sonstwer, der ihn kannte und dem er vertraute, in einer unmittelbaren Verbindung mit ihm gewesen wäre. Und gerade das Bewußtsein, daß man in späteren Augenblicken auch darin eine schließliche Notwendigkeit sehen wird, hat nichts Trostvolles sondern Entsetzliches.
> (HKA II, 742)

Wäre Trakl am Ende doch auf Erden noch zu helfen gewesen, wie Freund Buschbeck nahelegte? Man antwortet auf solche Fragen gewöhnlich mit einem »müßig«, was eine Spur zu einfach scheint. Zumindest eines zeigt der Krankenbericht: Trakl vermochte recht genau über sich und seinen Zustand Auskunft zu geben. Sie mag durchmischt gewesen sein mit poetischen Imaginationen, etwa dem Bild vom Ende Kaspar Hausers, das Trakl auf sich bezieht: der Mann mit dem Messer, der hinter ihm steht. Auch das »Glockenläuten« mag

Trakl übertrieben, sprich: in Deckung gebracht haben mit der Präsenz der Glocken in seinen Dichtungen. Er wusste offenbar um die Abfolge seiner Zustände, vermochte sich aber durchaus »ruhig« zu verhalten. »Nachts gewöhnlich schlaflos«, offenbar wollte Trakl einmal wirklich schlafen können und nahm der betäubenden Mittel zu viele … Oder gehörte das Dichten auch zu diesen Betäubungsversuchen, dieses Betörende der Sprache – war es eine Form der poetischen Selbsthypnose? »Schlaf und Tod, die düstern Adler / Umrauschen nachtlang dieses Haupt.« (»Klage« [II], HKA I, 166) Verdankte sich das Gedicht »Grodek« nicht einem solchen Versuch? Da sich mit diesem Gedicht der Vorhang über Trakls Leben und Schaffen schloss, und zugleich hob für die Darstellung seines Nachlebens, sei es noch einmal vollständig (in seiner zweiten Fassung) zitiert:

Grodek

Am Abend tönen die herbstlichen Wälder
Von tödlichen Waffen, die goldnen Ebenen
Und blauen Seen, darüber die Sonne
Düstrer hinrollt; umfängt die Nacht
Sterbende Krieger, die wilde Klage
Ihrer zerbrochenen Münder.
Doch stille sammelt im Weidengrund
Rotes Gewölk, darin ein zürnender Gott wohnt
Das vergoßne Blut sich, mondne Kühle;
Alle Straßen münden in schwarze Verwesung.
Unter goldnem Gezweig der Nacht und Sternen
Es schwankt der Schwester Schatten durch den
        schweigenden Hain,
Zu grüßen die Geister der Helden, die blutenden Häupter;
Und leise tönen im Rohr die dunklen Flöten des Herbstes.

O stolzere Trauer! ihr ehernen Altäre
Die heiße Flamme des Geistes nährt heute ein gewaltiger
    Schmerz,
Die ungebornen Enkel. (HKA I, 167)

Der Eindruck, dass es sich beim Schreiben dieses Gedichts um den Versuch einer Selbstbetäubung gehandelt haben mag, entsteht allein schon durch die Art des Aussparens von Bildern des Grauens. Zwar lesen wir von »sterbenden Kriegern«, »zerbrochenen Mündern«, »vergoßnem Blut«, »blutenden Häuptern« und »schwarzer Verwesung«, aber die »tödlichen Waffen« tönen ebenso wie später, wenn auch »leiser«, die »dunklen Flöten des Herbstes«. Den Bildern der Versehrung stehen solche des Unversehrt-Gebliebenen gegenüber, die »herbstlichen Wälder«, der »schweigende Hain«, das »goldne Gezweig der Nacht und Sterne«, die »mondne Kühle«. Zwar zürnt ein Gott, aber die »ehernen Altäre« stehen, die Trauer kann noch »Stolz« empfinden, und der »Geist« kann etwas »nähren«, und sei es einen »gewaltigen Schmerz«. Das Gedicht weiß von keinem Schrei, keiner Zerfleischung der Krieger oder Verwüstung der Landschaft durch die Schlacht, nichts von Leichenbergen und traumatisiert herumirrenden Soldaten oder apathisch wirkenden Gefangenen. »Grodek« wirkt im Vergleich zu anderen Gedichten jener Zeit – man denke allein an Georg Heyms visionäres Gedicht »Der Krieg« – eher gefasst.[5] Lesbar ist dieses Gedicht jedoch auch als verdecktes Eingeständnis, dass die lyrische Form überfordert sein könnte, wenn es um die Darstellung solchen Grauens geht. Gerade die frühen Kriegstagebücher Ernst Jüngers zeigen – und darin liegt ihre besondere Bedeutung[6] –, wie ein junger Schriftsteller angesichts des Krieges neue Darstellungsformen erprobt.

Um aber bei den lyrischen Reaktionen auf den Anfang des

Krieges zu bleiben, vergleichend heranzuziehen wäre ein Gedicht des ersten Lektors von Trakl im Kurt Wolff Verlag, Franz Werfel, und zwar »Die Wortemacher des Krieges« (geschrieben im August 1914), in dem er die Rhetorik der Gewalt geißelte, und sein zweites bedeutendes Antikriegsgedicht, »Der erste Verwundetentransport 1914«, in dem er das expressionistische Zeichen schlechthin, den Ausruf, mobilisiert, ihn dabei jedoch auch überstrapazierend:

Leise! Kein Ausbruch jetzt! Bebt! Schweigt!
Ihr Menschen, du Volk, es ist wahr! Ja es ist wahr!
Weint nicht kurz auf, ihr Leute!
Haltet fest in eurer Kehle den Schrei!
Still! Neigt euer Haupt,
Das nun für je gebeugt ist, ihr Frauen!
Das Tuch, die Hand tut vor die Munde! Schweigt!
Menschen, du Volk, es ist wahr!
Kein Wort mehr, kein Jammer mehr!
Gebt weiter, still, den entsetzensvollen Blick
Und rührt euch, Ihr Gedrängten, rührt euch leise an!
Seht hin, dorthin, wo jetzt meine Hand hinzeigt!
Beugt euch tiefer, Schlafwandelnde, Schmerzgeborne,
Du elendes, oh du jammervolles Geschlecht![7]

Werfel, der 1915 an der galizischen Ostfront zum soldatischen Einsatz kommen sollte, hatte sich dem Hurrapatriotismus im August 1914 verweigert und den Krieg auch nicht als negative Konsequenz einer europäischen Verfallskultur verstanden, sondern als Ergebnis von Manipulationen verheerenden Ausmaßes. Und doch beginnt sein Gedicht mit dem Aufruf, »leise« zu sein, das Weinen aufzusparen, nicht zu »jammern«, weil alles kurzzeitige Jammern den das ganze »Geschlecht« befallenden Jammer entstellen müsste. Diese stakkatohaften

Ausrufe jedoch, auch wenn sie das Schweigen einfordern, wirken ihrerseits wie kurze Aufschreie. Was unter diesen Umständen noch entstehen kann, ist »schmerzgeboren«, verwundet. Denn das Verwundetsein ist ja – für sich genommen – ein neuer Zustand. Werfel sieht in den Versehrten die Zeugen einer »jammervoll« gewordenen Menschheit. Und doch geht von diesem Gedicht noch eine Kraft aus, die Trakls »Grodek« nicht mehr aufbringen konnte, so wahlverwandt beide Gedichte sein mögen, vor allem ihre Schlusswendungen. Werfel kann sich den langen Aufschrei in der Zukunft vorstellen, wenn ihn die Kehlen der Leidenden und Trauernden nicht mehr festhalten können oder wollen. Trakl kennt zwar eine »wilde Klage« in »Grodek«, aber angesichts der »zerbrochenen Münder« bleibt sie stumm, Anklage nur dann, wenn man die zerschmetterten Kiefer tatsächlich sieht.

Im Trakls Gedicht läuft alles auf die »ungeborenen Enkel« zu, das untergehende, »verfluchte« Geschlecht. Nicht die »Mutter« erscheint in diesem Gedicht, ob als Greisin, versteinert oder Gespenst, sondern »der Schwester Schatten«. Die Mütter werden um ihre Enkel gebracht durch die Geschwisterliebe[8], die ihrerseits Teil der »schwarzen Verwesung« bürgerlicher Moral wird.

Im »Helian« hatte Trakl antizipiert, was »Grodek« als nicht hinterfragbares Wissen behauptet: das Ungeborene der »Enkel« und damit das Ende aller Überlieferung, den Geschichtsbruch: »Erschütternd ist der Untergang des Geschlechts.« (HKA I, 71) Man mag in Ingeborg Bachmanns Zeile: »träum dein Geschlecht, das dich besiegt« aus dem Gedicht »Große Landschaft bei Wien« eine späte Antwort auf Trakl erkennen in Gestalt einer imaginierten Möglichkeit, sich durch die eigene Niederlage fortzusetzen. Bachmanns vermeintliche Antwort auf Trakl mag jedoch eher jenem »Sprachklima« geschuldet sein – »das Österreichische in einem sehr weiten

Sinne«, das sie als gemeinsame Grundlage zwischen seinem und ihrem Dichten angab, und weniger dessen Vorbildcharakter für ihr Dichten.[9]

Wenn das Nachleben beginnt

Zum Jahreswechsel 1914/15 konnte der Kurt Wolff Verlag *Sebastian im Traum* des verstorbenen Georg Trakl ausliefern. Das Jahrbuch 1915 des *Brenner* eröffnete, als eine Art Gedenkbuch für den verstorbenen Dichter konzipiert, mit Georg Trakls »Letzten Gedichten«: »Die Schwermut«, »Klage« (I), »Nachtergebung«, »Im Osten« sowie »Grodek« und brachte nach Kierkegaards fiktiver Rede »Vom Tode« die lyrische Prosa »Offenbarung und Untergang«. Als Motto des Bandes wählte der Herausgeber, Ludwig von Ficker, das von Trakl an ihn in Innsbruck zum Abschied gerichtete, hier bereits zitierte Wort von Ende August 1914; man kann es nicht oft genug lesen: »Gefühl in den Augenblicken totenähnlichen Seins: Alle Menschen sind der Liebe wert. Erwachend fühlst du die Bitternis der Welt; darin ist alle deine ungelöste Schuld; dein Gedicht eine unvollkommene Sühne.« Es folgte eine schwarz umrandete Fotografie, die Trakl in Uniform zeigt, mit seiner Unterschrift.

Den Band begleiteten »Verse« Rainer Maria Rilkes im unmittelbaren Anschluss an Trakls Prosagedicht, und zwar das im Februar 1913 entstandene Gedicht »So angestrengt wieder die starke Nacht«, das fragt: »[…] wer darf noch an den Nacht-Raum / die Stirne lehnen wie ans eigne Fenster?«[10] Der Leser durfte sich diese Frage selbst mit dem Namen »Georg Trakl« beantworten, und die Vermutung liegt nahe, dass Rilke selbst diese Zeilen mit Bezug auf Trakl wieder gelesen und diese »Verse« gerade deswegen dem Herausgeber des *Brenner*-Jahrbuchs auf dessen Anfrage hin überlassen hatte. Rilkes Brief an Ficker vom Februar 1915 zeigt, dass er bis zuletzt erwogen hatte, auf ein neues Gedicht zu Trakls Gedenken zu warten: »Ich könnte Ihnen sofort etwas aus meinen Papieren schicken, ein paar Verse, da indessen noch etwa zehn Tage, oder wenigstens acht, mir zugestanden sind, lasse ich es darauf ankommen, ob nicht vielleicht irgend ein Gedicht entsteht, ein neues, jetziges, – sei es auch nicht mehr als das Geräusch, mit dem ein Stück Schweigens abbröckelt von der großen Masse Stummseins in mir [...].«[11] Rilkes Äußerungen zeigen, wie nachdrücklich ihn die Lektüre Trakls beeindruckt hatte; Ficker berichtete er, er sei noch im Juli 1914 in Paris »sehr viel, sehr ergriffen umgegangen«, um hinzuzusetzen: »[...] inzwischen hat sich sein Schicksal um ihn geschlossen, und nun ist freilich noch deutlicher zu erkennen, wieweit sein Werk schon aus dem schicksalhaft Untergänglichen ausgetreten und ausgeworfen war.«[12]

In einer ausführlichen Nachschrift reagierte Rilke noch auf den ihm von Ficker zugeschickten »Helian«. Er schrieb dazu: »Trakls Gestalt gehört zu den linoshaften Mythischen; instinktiv faß ich sie in den fünf Erscheinungen des Helian. Greifbarer hat sie wohl nicht zu sein, war sie es wohl nicht aus ihm selbst.«[13] Die Mythisierung Trakls konnte ihren Lauf nehmen. Auf welchen Höhen Ludwig von Ficker das Werk seines Freundes angesiedelt sehen wollte, illustrierte nichts augenfälliger als seine redaktionelle Entscheidung, Trakls Prosagedicht »Traum und Umnachtung« unmittelbar auf eine deutsche Übersetzung der Episode »Nacht« aus Rabindranath Tagores Dichtung *Gitanjali* folgen zu lassen, für die dem indischen Dichter, unterstützt von William Butler Yeats, im November 1913 der Nobelpreis für Literatur zuerkannt worden war.[14]

Eine besondere Note verlieh Ficker dann auch seinem Gedenk-Jahrbuch des *Brenner* für Trakl durch einen Text von Carl Dallago, »Der Anschluß an das Gesetz«, eine Deutung des *Taoteking* als Meditation über Leben und Tod: »Ins Leben treten heißt ins Sterben eingehen.«[15] Doch dann wartete das 1915er-Jahrbuch des *Brenner*, das danach für die Dauer des Krieges sein Erscheinen einstellte, mit einer scharfen Polemik Theodor Haeckers auf: »Der Krieg und die Führer des Geistes«, denen er Geschmacksverwirrung und Verlogenheit vorwirft, von Oscar Bie, dem Herausgeber der *Neuen Rundschau*, bis Gerhart Hauptmann, Wilhelm Wundt und Richard Dehmel. Vor allem eines klagte Haecker an, darin Karl Kraus und Franz Werfel verwandt: »Die Gewalt der Phrase hat sich über alle andere Gewalt gesetzt.«[16] Mit diesem wuchtig-polemischen Schlusspunkt versuchte von Ficker offenbar zu zeigen, dass Trakl – und gerade seine letzten Gedichte – gegen die »Gewalt der Phrase« geschrieben gewesen seien.

Hatte Trakls Nachleben damit begonnen? Oder erst mit der ersten Gesamtausgabe seiner *Dichtungen*, die Karl Röck 1917 erarbeitet hatte (sie erschien 1919)? Kurt Wolff begann 1920 mit dem Anthologisieren bestimmter Gedichte und Gedichtgruppen, nämlich mit der Auswahledition *Der Herbst des Einsamen*; sie eröffnete die bibliophile »Stundenbücher«-Reihe, die zum ästhetisch Ansprechendsten (und heute unter Sammlern Wertvollsten!) gehört, was deutsche Buchkunst zu jener Zeit vermochte.

Doch mit dieser Editionskanonisierung verlor man leicht jenen Trakl aus den Augen, der sich sein Nachleben nur im »Ungeborenen« vorstellen konnte, herumirrend als lebendiger Toter, als verfemter Sohn einer maroden, morschen Kultur. So sah ihn Max von Esterle in seiner vermutlich dritten bildlichen Auseinandersetzung mit dem Dichter, die als Emblem eines solchen Nachlebens gelten darf. Esterle schuf das Gemälde unter dem Titel *Winternacht* wohl unmittel-

bar, nachdem er von Trakls Tod erfahren hatte. Es zeigt eine
Gestalt – die Familie Ludwig von Fickers sah in ihr wahr-
scheinlich zu Recht eine Trakl-Allegorie – als ein unheimli-
ches Gespenst in unwirtlicher Winterlandschaft, die den Fluss
überschritten hat, im Tiefschnee watend, ein Schatten ihrer
selbst und des schneelosen kahlen Geästs eines windschie-
fen Baumes; der Kopf gleichfalls kahl, die Haltung bedroh-
lich, raubtierhaft angriffslustig, keinesfalls friedvoll, etwas im
Blick habend, was sich dem Blick des Betrachters entzieht.

Das ist kein Orpheus, sondern ein planlos Irrender, ausgesetzt im diesseitigen Jenseits oder jenseitigen Diesseits, hilflos verwegen wirkt er, finster, noch immer zu allem bereit und
doch stecken geblieben im Grauen an allem, auch der Natur.

Diese Gestalt in ihrem zu kurzen, schwerlich wärmenden
Gewand schickt sich an, nach etwas zu greifen; man vermutet:
ins Leere. Doch eben deswegen wirkt sie ergreifend in ihrer
beängstigenden Hilflosigkeit. Dieser Schnee hat etwas von

einer weißen Flut, in der dieser Unheimliche unterzugehen droht. Denn er kämpft sich durch den Tiefschnee, wie man sonst in Hochwasser watet. Esterle malte einen Ertrinkenden in den erbarmungslosen Schneefluten der Zeit oder in dem, was Rilke in seinem zuvor zitierten Brief an Ficker die »große Masse des Stummseins« genannt hat.

Kommen wir noch einmal auf Rilkes briefliche Mitteilungen über Trakl zurück, da sie die Tonlage angeben, die schon bald das Nachwirken dieses Frühverstorbenen bestimmen sollte. Trakl als Linos, griechischer Halbgott und Erfinder von Melodie und Rhythmus, Musiklehrer des Herakles, der diesen mit seiner Leier erschlug, weil der Lehrer den Schüler anscheinend zu Unrecht getadelt hatte. In Trakl, seinem Dichten und Schicksal glaubte Rilke offenbar seinen eigenen Mythos von Linos, wie er ihn am Ende der zwei Jahre zuvor abgeschlossenen »Ersten Duineser Elegie« entworfen hatte, bestätigt:

> Ist die Sage umsonst, daß einst in der Klage um Linos
> Wagende erste Musik dürre Erstarrung durchdrang;
> Daß erst im erschrockenen Raum, dem ein beinah göttlicher
> 	Jüngling
> Plötzlich für immer enttrat, das Leere in jene
> Schwingung geriet, die uns jetzt hinreißt und tröstet und
> 	hilft. (KA II, 203 f., V. 91–95)

Wohl auch deswegen konnte Rilke kein »neues jetziges Gedicht« zu Fickers Jahrbuch beitragen, weil er es schon geschrieben hatte: eine vorweggenommene Klage über den frühen Tod eines Dichters, den er zum Zeitpunkt ihrer Niederschrift freilich noch gar nicht kannte.

Die erstaunte (wenn auch rhetorisch gemeinte) Frage, wer dieser Trakl wohl in Wahrheit gewesen sein mag, stellte Rilke nach der Lektüre von *Sebastian im Traum*. »Viel gelesen« hatte er darin, »ergriffen, staunend, ahnend und ratlos«, wie er hinzufügte, gleichsam im »erschrockenen Raum«, von dem die »Erste Duineser Elegie« wusste. Und weiter:

> [...] denn man begreift bald, daß die Bedingungen dieses Auftönens und Hinklingens unwiederbringlich einzige waren, wie die Umstände, aus denen eben ein Traum kommen mag. Ich denke mir, daß selbst der Nahstehende immer noch wie an Scheiben gepreßt diese Aussichten und Einblicke erfährt, als ein Ausgeschlossener: denn Trakl's Erleben geht wie in Spiegelbildern und füllt seinen ganzen Raum, der unbetretbar ist, wie der Raum im Spiegel.

Das Bild eines von Spiegeln umstellten, für andere unzugänglichen Raumes, in dem sich eine Traumwelt abbildet, durchdrungen aber von einzigartigen Sprachklängen, verweist auf einen hermetischen Bezirk, der hermeneutische Versuche der Annäherung, gar ein umfassendes Verstehen verunmögliche. Mit Verve wendet sich Rilke hier gegen Interpretation, um Susan Sontags Schlagwort zu gebrauchen. Und daraus wurde denn auch ein Charakteristikum der Nachwirkung Trakls, nämlich das analoge Sprechen über Trakl und sich seiner Sprachsuggestion Ergeben, was stets gleichbedeutend ist mit einem Absehen von den Entstehungszusammenhängen und damit einer zeitlichen Entkontextualisierung seiner Dichtung. Das Ergebnis eines solchen Zugangs lautete zwangsläufig: Trakls Dichtung entstammte einem Dichten an sich.

Die Gegenposition bestand in einer klischeehaft-reduktionistischen Deutung. Davon zu unterscheiden ist die Methode Fühmanns, die mit Verweis auf Charles Baudelaire nach denjenigen Worten in Trakls Werk suchte, die am häufigsten vorkommen, um auf diese Weise erkennen zu können, wovon dieser Dichter »besessen« war.[17] Dass damit keine Erbsenzählerei gemeint sein kann, versteht sich von selbst. Vielmehr ging es Fühmann, wie eingangs erwähnt, um ein Erfassen der Trakl'schen Wortsubstanz und ihrer geistigen Durchdringung. Und dieses Durchdringen-Wollen oder Arbeiten mit Trakls poetischem Vermächtnis ist es, was als komplexester Aspekt der Wirkungsgeschichte in den folgenden Teilen dieses Schlusskapitels an einigen wenigen, aber bedeutsamen Beispielen erwogen werden soll.

Um mit Lasker-Schüler zu beginnen: Sie reagierte auf die Nachricht vom Tod Trakls mit einem Epitaph: »Georg Trakl erlag im Krieg von eigener Hand gefällt. / So einsam war es in der Welt. Ich hatt ihn lieb.«[18] Das knappe Gedicht ist vom Gehalt her scheinbar so spärlich wie die Dokumente über die Begegnung der beiden in Berlin.[19] Und doch sagt es Wesentliches aus; denn es hebt hervor, dass Trakl in einer Zeit des Massensterbens seinem Leben selbst ein Ende setzen konnte. Angesichts des Gefühls der Einsamkeit, das diese Nachricht auslöste, vergewissert sich dieses Ich seiner Gefühle für den, der hier Hand an sich gelegt hatte.

Diesen epitaphähnlichen Ansatz, Zweizeiler, die auch sonst ihre Gedichte an Freunde oder lyrische Freundesporträts kennzeichneten, entwickelte Lasker-Schüler einige Zeit später in einem gleichfalls mit »Georg Trakl« überschriebenen Gedicht weiter, das 1915/16 in der Zeitschrift *Im Zeit-Echo* erschien:

Seine Augen standen ganz fern.
Er war als Knabe einmal schon im Himmel.

Darum kamen seine Worte hervor
Auf blauen und auf weißen Wolken.

Wir stritten über Religion,
Aber immer wie zwei Spielgefährten,

Und bereiteten Gott von Mund zu Mund.
Im Anfang war das Wort.

Des Dichters Herz, eine feste Burg,
Seine Gedichte: Singende Thesen.

Er war wohl Martin Luther.

Seine dreifaltige Seele trug er in der Hand,
Als er in den heiligen Krieg zog.

– Dann wußte ich, er war gestorben –

Sein Schatten weilte unbegreiflich
Auf dem Abend meines Zimmers.[20]

Den fremd und entfernt wirkenden Dichter, dessen Worten
scheinbar etwas Ätherisches eignete, gerade in Fragen der Religion als »Spielgefährten« zu haben, dürfte in etwa Lasker-
Schülers höchstes Kompliment gewesen sein, das sie aussprechen konnte; denn ihr war bekanntlich alles am liebsten
Spiel. Das Gedicht schlägt danach um ins Parodistisch-Ironi-
sche, mit dem ihr offenbar jedoch ernst war: Trakl, der Protestant unter den Dichtern, weil für die Kraft des Gefühls und die
Unbedingtheit des Wortes protestierend; ein Reformator aber
ohne ausgeprägtes Ich-Bewusstsein. Lasker-Schülers Wort
von den »singenden Thesen« trift das Eigentümliche vieler
Gedichte Trakls genau, nämlich die rhythmisch und sprachklanglich in Bewegung versetzten Perioden und Reihen von
Hauptsätzen: jeder Vers ein Satz und eine These.

Sich in der Hand habend sei er in den Krieg gezogen, in eine Art christlichen Dschihad aller Nationen gegen alle, was er nur um den Preis der Selbstauslöschung vollbringen konnte, so das Gedicht. Es schließt mit einem an Trakls poetischer Bildwelt und Diktion angelagerten Stimmungsbild: der Schatten, der den Abend überschattet, das aber in einem geschlossenen Raum, dem Zimmer des lyrischen Ichs.

Als Alfred Ehrenstein unmittelbar nach dem Ersten Weltkrieg eine Sammlung mit Erinnerungsblättern an Dichterkollegen unter dem Titel *Den ermordeten Brüdern* (1919) zusammenstellte, eröffnete er diese mit einem Gedenkblatt für Georg Trakl. Es kann als Entsprechung oder in stilistischer Hinsicht als Gegenstück zu Erhard Buschbecks poetischer Würdigung Trakls von 1917 gelesen werden.[21] Ehrensteins Würdigung beginnt mit einem Gedicht:

In dem Baum, der aufwärts wandert,
Geht die Glocke Abend unter,
Bis zum Schatten blauer Tiefe,
Die zur Seele singend spricht.

Dunkel wird in Dir das Feuer,
Lichte Reise ahnt der Körper.
Wiegt sich schluchzend über Wassern,
Jenseits toter Lebensheimat.

Dämmert Dir die neue Weihe,
Schwinge führt zum stillen Reigen,
Hoch und höher über allem
Wo, warum und wann und wie.[22]

Das Gedicht arbeitet mit Motiven Trakls (»Glocke«, »Abend«, »Schatten«, »blaue Tiefe«), versucht sie elegisch anders zum Singen zu bringen als Übergang in eine Welt im Danach. Die Untergangsstimmung in den Gedichten Trakls kontert Ehrenstein mit Aufwärtsbewegungen: der aufwärts wandernde Baum (Rilkes im Ohr steigendem Baum aus den *Sonetten an Orpheus* präludierend), das Hinauf in die »neue Weihe« jenseits aller Fragewörter. Das Gedicht klingt melodischer als andere lyrische Arbeiten Ehrensteins, so als habe er Trakls Sprachklang einholen wollen. Nur die Zeile »Jenseits toter Lebensheimat« holpert; das zusammengesetzte Hauptwort lässt den Höhenflug für einen Moment abstürzen. Aber er, der Höhenflug, kann neu ansetzen, unterstützt durch das Alliterieren von »Dämmert« und »Dir«.

Darauf erzählt Ehrenstein die Geschichte von Trakls Ende mit schonungsloser Deutlichkeit, die sich Trakl in seinem Gedicht versagt hatte:

Wochenlang war Georg Trakl als Leutnant in einer Sanitätskolonne hin und her Galizien durch gezogen [sic!], ohne helfen zu können. Dann gingen sie freiwillig in Eilmärschen schlachtwärts nach Grodek, wo ein Hilfsplatz ohne Ärzte und Verbandzeug war. Zwei Tage lagen dort Verwundete ohne Hilfe in Schmerzen. Einer, ein »Selbstmörder«, antwortete auf einen Blasenschuß mit einem Kopfschuß, daß das Hirn an die Wand sprang. Auf dem Hauptplatz von Grodek baumelten sieben gehängte Ruthenen nebeneinander. Der letzte hatte sich selbst die Schlinge um den Hals gelegt.[23]

Ehrenstein spielt die Todesursachen durch, um sie auf diese Weise zu relativieren:

Ob die Lähmung, Vergiftung Georg Trakls selbstgesetzter Tod war oder – behutsam einschläfernder Wahnsinn des Schicksals, Wohltat der höchsten Medikamentenverwaltung – ein absichtsdunkel zufälliges Zuviel an Schlafmitteln? Er neigte auch in Friedenszeiten zur Selbstbetäubung. Und Ärzte, Spital und Krieg: Grodek spülte den Leidenden zu früh in den ganz tiefen Schlaf.

Es starb Trakl in Krakau, starb um Galizien, starb für uns, nahm das Leid auf sich, bis er es nicht mehr ertrug und dahinschwand. [...] Ein starker Eindruck seines friedlichen Lebens war es gewesen, daß er einst vom vierten Stock eines Hauses einen Zigarettenstummel abwärts fallen und dann glimmen, hinglimmen, verglimmen sah, übergehen in ein Nichts, in graue Asche. Und stundenlang konnte er von einem gräßlichen Anblick sprechen, einer scheußlich dahockenden Kröte, irgendwo in der Nähe eines schwarzen Tunnels.[24]

Das Paradoxe (»absichtsdunkel zufällig«) bestimmte dieses Leben laut Ehrenstein, der Trakl sogar eine christologische Bedeutung zuschreibt (»starb für uns«), das ungeheuerlich große Ganze bedenkend und die kleinste Kleinigkeit als Symbol deutend, den verglimmenden Zigarettenstummel. Völlig unwichtig, ob das, was Ehrenstein hier als Augenzeuge vorträgt, sich auch so zugetragen hat. Es zählt hier das poetische Arbeiten mit dem nun bereits Stoff gewordenen Trakl, aus dem sein Nachleben entsteht – unter auffallend rhetorischem Aufwand (»Es starb Trakl in Krakau ...«). Dabei findet Ehrenstein eine bemerkenswerte Formel, um das Besondere von Trakls toxischem Schaffen zu beschreiben, und das aus der Leserperspektive: »Man sieht bei Trakl einem beherrschten Wirbel verlangsamter Haschischvisionen zu«[25], wobei er bereits ein Hauptthema der kritischen Auseinandersetzung mit Trakl der nächsten Jahrzehnte deutlich anspricht: Wie habe »dichterische Form« seinen »Lebensekel« für einige Zeit in Schranken halten können? Wie war es möglich, dass dieser dem Widrigen und Widerwärtigen verfallene Dichter so ausgesprochen »schöne Verse« habe schreiben können? Und schließlich das Problem Entwicklung oder Nicht-Entwicklung in diesem Schaffen. Vehement vertritt Ehrenstein letztere These:

> Sein letztes Gedicht »Grodek« ist von den frühen kaum verschieden. Er war in hohem Sinn unverbesserlich [...] In *Sebastian im Traum* singt er sein monotones Lied bereits mit so großer Inbrunst, daß Unterschiede nicht mehr vorhanden sind und nur die Prosastücke in diesem ekstatischen Buch einen Weg hinaus über die unübertreffliche Vollkommenheit der Gedichte andeuten. Die düster prophetischen Prosavisionen lassen eine nun zerstörte Entwicklungsfähigkeit gewaltig ahnen. Aber man ließ diesen stillen Dichter, der mehr Suicid als Cid war, als Kriegsfreiwilligen aufs Mordfeld! So ist er ganz still geworden. Im siebenundzwanzigsten Jahr seines Lebens. In Salzburg geboren, in Krakau gestorben – dazwischen liegt das alte Österreich. Einige in Wien und Innsbruck und Berlin kannten ihn. Wenige wissen, wer er war; wenige wissen um sein Werk: daß keiner in Österreich je schönere Verse schrieb als Georg Trakl.[26]

Längst glauben wir, es besser zu wissen; wir kennen die Streichungen Trakls, die Versionen, die immense Wortarbeit, die ihnen zugrunde liegt, das Verdichten und Verwerfen – alles, was Ehrenstein nicht bekannt sein konnte. Und doch verdankt sich viel von der Suggestivität dieser Verse ihrer motivischen und sprachkünstlerischen Konstanz. Dass in der *Sammlung 1909* die Diktion und Grundthematik auch der späteren Ge-

dichte angelegt war, scheint ebenso offenbar wie Trakls Be-
mühen um ein Entwickeln der lyrischen Kontinuität und ein
Entfalten seiner Wortstoffe.

Ehrensteins Würdigung verblüfft in ihrer Treffsicherheit
auch dann, wenn er an einer Stelle sich zu kalauern gestattet:
Trakl sei »mehr Suicid als Cid« gewesen, mehr zur Selbstauf-
gabe bereit als zur Nachahmung des gefühlvollen und tragi-
komischen Helden Don Rodrigue, genannt *Le Cid*, des Pierre
Corneille.

Was Ehrenstein zu den Prosagedichten Trakls an Urteil andeutet, dass er sie überhaupt in dieser Weise hervorgehoben
hatte, trifft ihren Nerv und ihre Bedeutung: sie sind – auch unsere Arbeit hat dies erwiesen – ein, wiederum paradox gesagt,
in sich geschlossener Durchbruch, ein poetisches Experimen-
tierfeld, deutlich umrissen, aber offen in seinem Potenzial.

Kritische Stimmen und eine Nebenstimme

Soweit bekannt, versuchte als Erster Felix Braun eine kritische Würdigung Trakls auf vergleichender Grundlage. So geschehen in seinem Feuilleton »Lyrische Gestalten und Begabungen«, erschienen in der *Neuen Freien Presse* im Mai 1914.[27]
Die Bedeutung dieser Würdigung erfordert, Brauns Bewer-
tung von Trakl vollständig zu zitieren; denn Trakl findet sich
hier neben anderen mit Stefan George, Rainer Maria Rilke,
Francis Jammes und Franz Werfel genannt, wobei Braun jedem Dichter ungefähr gleich viele Zeilen zubilligt, um deren
Gleichwertigkeit zu betonen:

Ein neuer Name: Georg Trakl – und eine neue Szene schlägt
sich auf. Die Gestalt des einsamen Träumers, sich verlierend
in ferne Landschaft, voller Gesichte, taumelnd über schwan-

kende Erde, unter schwankendem Himmel, in ein Chaos des
Ineinandersturzes innerer und äußerer Welten; erhabene
Trunkenheiten und Visionen, ungeheuere Einsamkeiten und
Fremdnisse, Urstimmen tiefen Naturgeschehens, reine
Erklingungen der Seele, Traurigkeiten vergessener Dörfer,
nächtigen Landes, halb erlauschte Lebensrufe der Menschen
und Tiere, die voll der Einsamkeiten von Baum und Blume
sind, immer wieder der Dichter, verloren inmitten tausend-
fältiger Weltmagie: – all das ist in dem Buch »Gedichte« des
jungen Oesterreichers Georg Trakl (Verlag Kurt Wolff, Leipzig, in der Bücherei »Der jüngste Tag«) dargestellt und ange-
ahnt. Auch Trakl hat die Sehnsucht des neuen Geschlechts
nach einem möglichst weiten Besitz an Welt, einer tiefen
Erstreckung des Horizonts, einer vielfachen Empfindung
gleichzeitigen Schicksals, Fülle des Lebens, darin aufzu-
gehen. Er kommt hier von der Lyrik des frühverstorbenen
Georg Heym her, dem er auch in der Form der strengen jam-
bischen Strophe, darin jede Zeile durch einen einzigen be-
schreibenden Satz gebildet ist, nachfolgt: Aufzählungs- und
Festhaltungsgedichte, die eine Konsequenz des Rilkeschen
Stils sind und in einen äußersten Expressionismus münden,
der über der starken Ausprägung der Kontur die Atmosphäre
über ihr vergißt. Diesen Zwang, der letzten Endes in eine
starke metrische Inventarisierung des Weltalls führte, durch-
brach Trakl: seine Gedichte schweifen wie die Werfels aus,
ungebunden, ohne Maß und Reim, Luftgebild, das leuchtet
und vergeht. Aber auch Werfels Weg ist nicht der seine; er
zielt nicht mit seinem Willen irgendhin, er will nichts, als
irren, ihn treiben seine Dämonen, er ist der Trunkene, dem
Welt zu Gesicht ward, den Irrlichter ablocken, süße Stimmen
betören, und Engel erscheinen ihm, Tote und Seelen. »Herrlich: betrunken zu taumeln durch dämmernden Wald. Durch
schwarzes Geäst tönen schmerzliche Glocken. Auf das Ge-

sicht tropft Tau.« Musik voll dunkler Süße sind seine Verse, eine Ahnung hölderlinschen Gesangs geht da und dort von ihnen aus wie etwa in diesen wundervollen Zeilen aus dem Gedicht »In ein altes Stammbuch«:

> Schaudernd unter herbstlichen Sternen
> neigt sich jährlich tiefer das Haupt.[28]

Das Bild vom nichts wollenden, irrenden, dämonisch getriebenen Trakl nahm hier seinen Anfang. (Fraglos hätte dieser Trakl auch in Stefan Zweigs Konzeption vom Dämonischen seinen Platz gehabt, der ihn aber – schwer begreiflich – übergangen hat.[29] Felix Braun, der überdies einen Nachruf auf Trakl verfasste[30], blieb Trakl (und seinem Trakl-Bild) auch später treu, wobei er die religiöse Komponente in dessen Schaffen bald deutlicher herausstellte.[31]

Zwar kann von einer Kanonisierung Trakls in dieser frühen Phase der Auseinandersetzung mit seinem Werk noch nicht die Rede sein, wohl aber von einer beginnenden Mythisierung, ein Schicksal, das er mit zahlreichen im Krieg umgekommenen Dichtern teilte. Eher unterschwellig denn offen regte sich auch Kritik an seinem Werk. Sie entzündete sich besonders an den vermeintlichen Rimbaud-Imitationen in Trakls Dichtungen. Trakl – ein Plagiator? Welche Formen diese Kritik oder Vorwürfe annahmen, illustriert am sinnfälligsten ein Brief Ludwig von Fickers an Karl Kraus vom 29. Mai 1929. Er nennt auch jenen jungen Dichter beim Namen, der den Plagiatsvorwurf besonders lautstark ins Gespräch gebrachte hatte: Alexander Lernet-Holenia, der sich selbst der Kritik ausgesetzt sah, als Lyriker ein Rilke-Imitator zu sein. Aufgrund seines dokumentarischen Werts sei dieser besagte Brief gleichfalls ausführlich zitiert:

Verehrter Herr Kraus!

Bitte, lesen Sie die beiliegenden Proben der Lyrik des Herrn Lernet-Holenia, und urteilen Sie selbst, ob sich ein possierlicheres Quidproquo denken läßt als seine coram publico gewagte Behauptung, Trakl sei ein Abschreiber und Artist gewesen. Gewiß – wer weiß es nicht? –: Trakl ist unter dem Einfluß von Hölderlin und Rimbaud gestanden; und sicher ist, daß er die Kenntnis Rimbauds der trefflichen von ihm selbst gerühmten Übersetzung K. L. Ammers verdankte. Aber wenn es mit dem Verhältnis Trakls zu seinen Vorbildern keine tiefere Bewandtnis hätte als die von Herrn Lernet-Holenia törichterweise angemerkte, wenn also das, was sein offenes Geheimnis ausmachte und das Maß seiner Bedeutung bestimmte, auf eine solche Unbeträchtlichkeit zu reduzieren wäre, dann müßte man sich doch erstens fragen, woher das Interesse stammt, das dieser Dichter, gerade dieser, gefunden hat, und alle Abhandlungen, die über ihn erschienen sind und heute noch erscheinen, wären überflüssig.«[32]

Bemerkenswerter ist, was Ficker in seinem Briefentwurf noch an Klartext geäußert hat: »Es wird ihn [Lernet-Holenia, d. Verf.] daher nicht wundern zu hören, daß mir noch mehr als ihm bewußt ist, wie verheerend Trakl – und soweit eben Trakl selbst unter dem Einfluß von Vorbildern wie Hölderlin und Rimbaud gestanden ist [verbessert zu ›stand‹], indirekt auch diese auf die Lyrik der Nachkriegsgeneration gewirkt haben.«[33] Das Interessante daran ist, dass Ficker diese Art von Nachahmungspoesie für einen Wesenszug, er sagt: »verallgemeinernde Erscheinung der neueren Literatur« überhaupt gehalten hat. Trakl sei in dieser Hinsicht nur Vorreiter gewesen.

Zwar lässt sich der Artikel Lernets nicht mehr ermitteln, den Karl Kraus an Ficker geschickt hatte, doch ist dessen spätere Auseinandersetzung mit Trakl belegbar, und zwar in Gestalt von Briefen und Essays.

In einem Brief an den Trakl-Herausgeber Wolfgang Schneditz vom 2. Februar 1947 skizzierte Lernet seine neue, vergleichsweise radikale Position zu Trakl: Er sah ihn nun – vor allem in der poetischen Gestaltung von Landschaft – von »Ossian« her kommen, also den Dichtungen von James Macpherson aus dem Jahre 1760, sowie der römischen Hymnik, die er in »Grodek« angelegt zu sehen glaubte. »Wenn er über ›Grodek‹ hinausgekommen wäre, so hätten wir gewiß eine ganz große, im besten Sinn klassizistische Hymnik, mit quasi napoleonisch-einfachen Sprachelementen von ihm erwarten können.«[34] Damit begann die (müßige) Diskussion darüber, ob Trakl sein Werk »erfüllt« hatte, oder ob sein Leben und Werk »unterbrochen« worden seien, wie Rilke in einem verlorengegangenen Brief meinte.

Lernet hatte danach in zwei weiteren Texten diese These weiter ausgefaltet. Den wichtigsten publizierte er in der Wiener Zeitung *Die Presse* am 29. Januar 1955 unter dem Titel »Größe und Elend Georg Trakls«; übrigens hatte sich Ludwig von Ficker ihn ausgeschnitten und aufbewahrt. Lernet beginnt seinen Versuch wie so oft mit zwei Paukenschlägen:

Georg Trakl gehört zu den wenigen Dichtern, die keine Abwege in der Entwicklung kennen, sondern bei denen eine unbeirrt ansteigende Linie bis zum Ende führt; sein letztes Gedicht war auch sein bestes, und unmittelbar danach ist er ins Nichts gestürzt.
Er war eine der stärksten, zugleich aber beeinflußtesten dichterischen Persönlichkeiten, das heißt: durch die Stärke seiner

eigenen Persönlichkeit hat er alle fremden Einflüsse, deren uns viele bekannt sind, zu seinem unbedingten Eigentum gemacht. Hierin glich er Hölderlin.[35]

Lernet versuchte, Trakl zu entprovinzialisieren, aus deren »unangenehmer Atmosphäre« er sich mühsam und tragischerweise erst am Ende »losgewunden« habe; entsprechend betont Lernet die weltliterarischen Bezüge, in denen Trakl stehe, kehrt also das »Einfluss«-Verdikt entschieden ins Positive. Neben Ossian verweist er auf Dostojewski, Klabund, Übersetzungen aus dem Chinesischen, desgleichen auf die »keltische Farbigkeit« seiner Lyrik.

Der Parallelfall Friedrich C. Heinle

Neben dem Rilke-Ton verführte der Trakl-Ton ganze Lyrik-Generationen zur bloßen Nachahmung. Mit den *Statischen Gedichten* kam in der folgenden Nachkriegsgeneration noch der Benn-Ton hinzu. Man mag dies mit Ficker »verheerend« nennen oder schlicht als Aufweis der Wirkungsmächtigkeit bestimmter lyrischer Ausdrucksformen. Theodor W. Adorno hatte dazu eine sehr dezidierte Ansicht. Er sprach in seinen *Minima Moralia* von den »hilflosen Versen« Trakls, über denen »die Wellen des Traums zusammenschlagen«. Und weiter behauptete er, Trakl allzu eindeutig dem Expressionismus zuordnend:

In Trakls [Gedicht] »Entlang« findet sich der Vers: »Sag wie lang wir gestorben sind«; in [Theodor] Däublers »Goldenen Sonetten«: »Wie wahr, daß wir schon alle lang starben«. Die Einheit des Expressionismus besteht im Ausdruck dessen, daß die einander ganz entfremdeten Menschen, in

294

welche Leben sich zurückgezogen hat, damit eben zu Toten wurden.[36]

Die Vorstellung vom Leben, das sich in »entfremdete Menschen« zurückgezogen habe, findet eine eigentümliche Entsprechung in einem 1913/14 entstandenen Text von Walter Benjamins Dichterfreund Friedrich C. Heinle (1895–1914), in dem sich die Behauptung findet: »Wie in Begriffe fahren wir in uns selbst zurück [...].«[37] Die Person wird zum Begriff; das In-sich-Selbst-Zurückziehen begründet den Zustand der wechselseitigen Entfremdung. Heinle an anderer Stelle, die nicht weit entfernt ist von Trakls Skepsis gegenüber dem Ich: »Das Ich ist in Sozialphantomen entseelt, wir gewahren nur das Gegenüber.«[38]

Heinle, der aus Protest gegen den Krieg 1914 gemeinsam mit seiner jüdischen Freundin Rika Seligson den Freitod wählte[39], wartete mit frühreifen Versen auf, die man Heym und Trakl an die Seite stellen kann, auch wenn Werner Kraft zu Recht betont hat, dass Heinle auf die orgiastische Feier des Todes in seinen Gedichten verzichtet hat. Das Wort »Tod« komme in seinen Gedichten nicht vor; er sei »traurig, aber nicht schwermütig« gewesen.[40] Was die wenigen, aber wichtigen Gedichte Heinles zeigen: Es gab um 1913/14 ein mehr an Hölderlin und Stefan George orientiertes Dichten zwischen Expressionismus und Symbolismus, zwischen Trakl und Heym, das mit diesen Zeilen verstummte: »Purpurschäumiger Äpfel / Gelbes Laub / Trug die Frucht / Überall.«[41] Heinle, dem Walter Benjamin mit seinen »Sonetten« ein poetisches Grabmal setzte, verstand sich auf das Farbenspiel wie Trakl (und man darf davon ausgehen, dass er dessen *Gedichte* von 1913 kannte) und die sprachliche Pointierung wie Heym. Das belegt dieses Strophenpaar:

In Gärten Schimmel und ein gelbes Grün.
Schwarz liegen Schatten weithin abgewandt
Von weißen Wolken, die zu Fluten glühn
In gleißer Sonne spitzem Silberbrand.

Zu Strichen schäumt des Himmels Wasserblau.
Ein greller Rauch fetzt wie ein Tuch empor
Blitzschatten jagend, flimmernd mattes Grau –
Verscheuchtes Blau schleicht blaß und stutzend vor.[42]

Heinles Gedichte widerstehen dem Verfall, der Verwesung und dem Tod. Sie scheinen sich nicht dem Unabänderlichen ergeben zu wollen, auch wenn sie zuweilen hart an die Grenze zur »Ermattung« – so der Titel eines Gedichts – vordringen: »Der Abend kam so bang, / Wie eine müde Hand im Haar, / Und eine ferne Stimme war, / Daß ich in deinen Schlummer sank, // Und horchte, wie ein Nebel fiel: der zog die schwarze Nacht herauf, / Regen flog wie ein Vogel auf, / Und wiegte alle Lichter still.«[43] Anders als Trakl kannte Heinle »längst verbrauchte Träume« (im Gedicht »Nach dem Sturm«[44]); aber er teilte mit ihm jene Atmosphäre der Dämmerung, in der Wahrscheinliches und Unwahrscheinliches ineinander übergehen. Zunächst Heinles Gedicht »Abends am Fenster«:

Licht umspielten dich Gedanken –
Schüsse dröhnen dumpf und nah,
Daß die Fenster klirrend wanken:
Tiefverdunkelt stehst du da:

Leise hellen sich die Scheiben,
Drin die Lampe mild erscheint,
Aus verschwommnen Schatten treiben
Kleine Lichter wie verweint.[45]

Nun Trakls »In den Nachmittag geflüstert« aus dem Band *Gedichte* von 1913:

Sonne, herbstlich dünn und zag,
Und das Obst fällt von den Bäumen.
Stille wohnt in blauen Räumen
Einen langen Nachmittag.

Sterbeklänge von Metall;
Und ein weißes Tier bricht nieder.
Brauner Mädchen rauhe Lieder
Sind verweht im Blätterfall.

Stirne Gottes Farben träumt,
Spürt des Wahnsinns sanfte Flügel.
Schatten drehen sich am Hügel
Von Verwesung schwarz umsäumt.

Dämmerung voll Ruh und Wein
Traurige Guitarren rinnen.
Und zur milden Lampe drinnen
Kehrst du wie im Traume ein. (HKA I, 54)

Was bei Heinle konkret als »Schüsse« dröhnt, verbrämt Trakl mit der Wendung »Sterbeklänge von Metall«. Die »Schatten« sind in beiden Gedichten gegenwärtig, dieses Mal kontur-schärfer bei Trakl. Beide Gedichte teilen das Motiv der »mil-den Lampe«, auch die Zeichen der Traurigkeit, die bei Trakl – anders als Kraft meint – nicht schwermütiger klingen: hier die Guitarre, dort die »verweint« aussehenden Lichter. Trakl be-jaht das Quasi-Träumerische als Ort der Einkehr; Heinle kann sich dagegen nicht mehr auf den Traum zurückziehen. Trakl wartet vermittels literarischer Anspielung mit einer Pointe auf und gewinnt auch dadurch eine Komplexität, die Heinle nicht anstrebt: »Spürt des Wahnsinns sanfte Flügel« kann als verfremdeter Bezug auf Schillers Bild vom »sanften Flügel« der Freude (in der Ode »An die Freude«) gelesen werden.

Ausklänge

Was also leistet Trakls Sprache wirklich? Ludwig Wittgenstein schrieb über dessen Gedichte: »Ich verstehe sie nicht; aber ihr *Ton* beglückt mich.«[46] Damit ist in erster Linie gesagt, dass diese Sprache klinge, ob betörend melancholisch, schmerzlich oder hart. Harald Hartung behauptet zutreffend, dass dieser Ton »Artistik und Realität, Sprachmagie und Wahrheit« in einem erklingen lasse.[47] Diese Sprache behauptet den ästhetischen Schein als leidvoll wahres Sein.

Was das bedeutet, sah Heidegger im Wesentlichen in einer einzigen Trakl-Zeile ausgesprochen: »Schmerz versteinerte die Schwelle« (aus: »Ein Winterabend«). Keinen Vers kommentierte Heidegger eingehender, wobei er nur eine Bedeutungsvariante, die naheliegendste, nicht erwähnt: dass der Schmerz, indem er die Schwelle versteinert, auch in sie eingeht und damit zu einer Form des Dazwischen wird; hatte doch Heidegger zutreffend die Schwelle als etwas bezeichnet, welches »das Zwischen« trage.[48] Hofmannsthals Wort im »Lebenslied«, dass jede Stelle zu einer Schwelle werden könne, bewahrheitet sich in Trakls Dichtung durchgängig: In ihr kann in der Tat jede Wort-Stelle zur Schwellenerfahrung werden, die jedoch vor ihrer Transzendierung haltmacht. Denn diese Gedichte sind dem Immanenz-Prinzip verpflichtet. Ihr Farbgehalt ergibt sich aus ihrer spezifischen Weltlichkeit oder Welthaltigkeit.

In seinen (unpublizierten) Aufzeichnungen zu Trakls Gedicht »Grodek«, verfasst im Österreichischen Kulturinstitut in Rom im Jahre 1959, hatte Heimito von Doderer einige überraschende Thesen entwickelt.[49] Er nannte Trakl »den größten österreichischen Dichter seit 1900 – Hofmannsthal und Rilke weit hinter sich lassend«. Er habe »seinen Untergang besungen, nicht mit ihm (wie Beethoven) gerungen«. Trakls Leben, so Doderer weiter, habe aus »diskontinuierlichen Episoden« bestanden; er führt die »dreimalige Flucht aus Wien« als Beweis an. Dann kommt er auf »Grodek« zu sprechen. Erst in diesem Gedicht habe die »dem Untergange innig zugewandte Schwermut ihre hinreissende Macht« erreicht, wobei auch er »Tonalität und Rythmik [sic!] von ›Grodek‹ in früheren Gedichten praeformiert« fand. Darauf jedoch lässt Doderer seine Hauptkritik an diesem und anderen Gedichten folgen: Die drei Schlusszeilen von »Grodek« kämen einem »Absturz ins Sentenziöse« gleich. (»O stolzere Trauer! ihr ehernen Altäre / Die heiße Flamme des Geistes nährt heute ein gewaltiger Schmerz, / Die ungebornen Enkel.«)

»Verwesung traumgeschaffner Paradiese / Umweht dies trauervolle, müde Herz« (HKA I, 242) – zu den Eigentümlichkeiten der Lyrik Trakls gehört, dass sich in ihr vielfach motivische Wiederholungen ereignen, ohne den Leser zu ermüden. Man glaubt, Verse wie diesen in anderen Gedichten Trakls längst gelesen zu haben; und doch findet sich die Art der »Verwesung« auf diese Weise nirgends sonst ausgedrückt. Was sich demnach wiederholt, sind Stimmungen, Stimmungsbilder, Befindlichkeiten, wobei auffällt, dass Trakls Schaffen für ihn selbst geradezu reflexionsresistent gewesen zu sein schien. Nie kommt es zu dem Versuch einer theoretischen Reflexion gewisser Stilmittel oder poetischer Ansätze. Was gesagt ist, ist mit einer eindringlichen Selbstverständlichkeit gesagt. Doch das Beunruhigende in dieser So-und-nicht-anders-Schreibgeste lässt selten lange auf sich warten. Auf das zitierte Verspaar folgen die Zeilen: »Das Ekel nur sich trank aus aller Süße, / Und das verblutet in gemeinem Schmerz.« Der Ekel, der Abscheu, dahinter verbargen sich für Trakl gleichermaßen subjekt- und kulturkritische Befunde; solcher »Ekel« konnte sich aber auch auf ein »unbesoldetes Amt« beziehen, wie aus einem Brief vom 4. Juli 1913 aus Wien hervorgeht. Es ist ein Ekel, den Ilse Aichinger in ihrem Essay über Trakl mit Georg Büchners *Leonce und Lena* in Beziehung gesetzt hat. Sie sieht Trakl als einen »geheimen anderen Leonce«, womit sie meint, dass Trakl das erfüllt habe, was Valerio seinem Leonce prophezeite: ein Narr zu werden, eine breite Allee entlangzugehen, an einem eiskalten Wintertag, »den Hut unter dem Arm, wie er sich in die langen Schatten unter die kahlen Bäume stellt und mit dem Schnupftuch fächelt«.[50] Damit, mit dieser Art Narrentum, könnte auch Robert Walser gemeint sein, ohne das sich der sogenannte Normalzustand ja ohnehin nicht aushalten lässt. Nur teilte Trakl nicht Walsers manisches Schreibenmüssen im kaum noch entzifferbaren, anti-topografischen Bleistiftgebiet, sondern er vermochte es, die Form zu wahren. In Trakls Sprache bewahre sich, so Ilse Aichinger, was von uns verlangt wird: »eine Hineingenommenheit ins Äußerste, die die Möglichkeit hat, sich zu Hilfe und Leuchtkraft zu wandeln. Die Offenheit allen Möglichkeiten des Endes gegenüber, die Anfänge wieder möglich macht.«[51]

Diese Sprache ist ein Existenzmodus, der jedoch, wie gesehen, seit dem »Kaspar Hauser Lied« paradoxerweise auch das »Ungeborene« einbezieht und sich am »schwarzen Schatten des Enkels« orientiert. (HKA I, 95) Trakls Gedichte rechnen mit dem Ungeborenen, gegen das sie anklingen und dem ihr schwermütig wahnreicher Klang gleichzeitig präludiert.

Im »Stundenlied« nehmen wir die Spur des Ungeborenen auf, die tangential als »Pfad an finsteren Dörfern« vorbeiführt

(HKA I, 80) und am Ende bis nach Grodek führt. »Und aus verfallener Bläue tritt bisweilen ein Abgelebtes.« (Ebd.) Wie soll man benennen, was Trakls Sprache hier leistet? Sie bewirkt eine Art sinnliche Abstraktion, was bedeutet: eine Abstraktion, die sinnlich bleibt, indem sie buchstäblich, wenn auch gespenstisch in Erscheinung tritt.

Verwandelte Dinge treten dabei nicht oder nur kaum auf. Zwar gebraucht Trakl das Wort »Verwandlung«, wenngleich eher in Bezug auf eigene Traum- oder Rauscherfahrungen (»seltsame Schauer von Verwandlung« in einem Brief vom Februar 1913, HKA I, 503), aber zu den Schlüsselwörtern seiner Dichtungen gehört es nicht. Von einem Rilke'schen Willen zur Wandlung kann schon gar keine Rede sein; nicht einmal von einer wirklichen Entwicklung seiner Sprache, sosehr dies die Forschung nachzuweisen versucht hat.[52] Diese Sprache mit ihren farbgetränkten Bildern beharrt auf sich selbst. »Trauriger Langeweile« sei sie abgenötigt, ein Ausdruck, den Trakl als Grußformel in einem Brief an Buschbeck gebraucht (HKA I, 550), dessen Datum bezeichnenderweise schwer zu ermitteln ist, weil dieses Empfinden einen Dauerzustand darstellte, durchbrochen nur von Sprachtraumphantasien, poetischen Wahnbildern und Verfallsängsten, die er dadurch zu bannen versuchte, dass er sie aussprach.

Trakls poetisches Verfahren ist ein, paradox gesagt, offen zutage liegendes Mysterium. In seiner Farbigkeit leuchtet es unmittelbar ein; sein Klang ist unverwechselbar; und doch bleibt es schwer nachvollziehbar, wie Gedicht um Gedicht scheinbar Gleiches ausgesprochen wird und doch so anspricht, als sei es zuvor in diesem Werk noch nie gesagt worden.

Wer im Falle Trakls erklärend nach gesellschaftlichen Bewusstseinsvorlagen fragt, greift augenscheinlich zu kurz. Fraglos gehört dieser Dichter ins Umfeld des *fin de siècle*, der *décadence*, des Überdrusses am Stillstand der Vorkriegswelt, aus dem sich eine Art ästhetischer Mehrwert ergab, den Trakl wie ein Juwelier der Sprache bearbeitete und gleichzeitig wie ihr Fermentierer. Doch das Eigentümliche an diesen Dichtungen, die selbst in szenischer Form unzweifelhaft Gedicht bleiben, ist, dass sie »das Bewusstsein des Autors besiegt« zu haben schienen – und dessen Unbewusstes ohnehin.[53] Trakls Panpoetismus überwältigte von Anbeginn – ihn selbst. Seine Gedichte inszenieren einen Mahlstrom des Schönen als dessen toxisches Tonikum in einer ernüchterten Welt.

Schiller hatte einst sein Gedicht »Die Götter Griechenlands« mit dem Befund enden lassen:

Ja, sie kehrten heim, und alles Schöne,
alles Hohe nahmen sie mit fort,
alle Farben, alle Lebenstöne,
und uns blieb nur das entseelte Wort.
Aus der Zeitflut weggerissen, schweben sie gerettet auf des
      Pindus Höhen,
was unsterblich im Gesang soll leben,
muß im Leben untergehen ...

In einer säkularisierten Welt steht selbst der Künstler mit leeren Händen da. Das »entseelte Wort« hatte Trakl jedoch mit »Farben« und »Lebenstönen« anzureichern verstanden, auf dass es die Möglichkeit habe, des Dichters Untergang und den seiner Zeit zu überleben.

Im Ungeborenen

Seltsam ist, dass der Dichter und sein einstiger kurzzeitiger Lektor, der selbst Dichter war und Romanschriftsteller wurde, dass Trakl und Werfel mit ein und demselben Wort ihr Werk beenden: mit dem negativen Zustandbegriff »ungeboren«, Trakl im Gedicht, Werfel im Roman. Das Ungeborene klingt zukunftsträchtig; es kann aber auch für einen Zustand stehen, der Zukunft verweigert. Werfel nannte seinen letzten Roman *Stern der Ungeborenen*; er bezeichnete ihn als einen »Reiseroman«, anschaulich und kryptisch zugleich, eine Reise in den Kosmos des Weltinneren, in den »uterus terrae matris«, wo die Mütter im Sinne Fausts wohnen und das »Mnemodrom« steht, ein abstraktes Kunstwerk, ein Fetisch und Orakel, wo man die Verehrung der Erinnerung glaubt erreicht zu haben, wo aber nur »Entinnerung« einen erwartet.

Werfel nennt den Titelgeber seines allegorischen Romans, den antiken Reiseschriftsteller Diodor, der um 300 v. Chr. geschrieben hat: »Wenn es Sache der Politiker und Rhetoren ist, die Intrigen des Alltags zu deuten, so besteht die Aufgabe der Dichter und Geschichtenerzähler darin, die Fabelwesen auf den Inseln zu besuchen, die Toten im Hades und die Ungeborenen auf ihrem Stern.«[54] Oder hatte sich Werfel zuletzt wieder des Werks des einst von ihm kurzzeitig betreuten Georg Trakl erinnert? War die Geschichte von dessen »ungebornem Enkel« ihm als Auftrag zugewachsen? Wollte er ihretwegen zum »Historiker der Zukunft« werden – und das als ein betont unwilliger Icherzähler, der im Vorwort zu diesem »Reiseroman« ins Andere genau jene Schwierigkeiten mit seinem eigenen Ich bekundete, die auch, wie gesehen, Trakls Gedichte auszeichnen?

Ich hätte es aus angeborener Unlust, in Schwierigkeiten zu geraten, lieber vermieden, auf diesen Blättern ich selbst zu sein, aber es war nicht nur der natürliche, sondern der einzige Weg, und ich konnte leider keinen »Er« finden, der mir zulänglicher Weise die Last des »Ich« abgenommen hätte. So ist also das Ich in dieser Geschichte ebensowenig ein trügerisches, romanhaftes, angenommenes, fiktives Ich wie diese Geschichte selbst eine bloße Ausgeburt spekulierender Einbildungskraft ist.[55]

Abgesehen davon, dass dieser Abschnitt eine ganze Erzähltheorie ersetzt (oder eine solche parodiert), besteht der Hauptunterschied zu Trakl in seinem (selbst)ironischen Ton, der jedoch glaubwürdig und authentisch wirkt. Auf die Problematik des lyrischen Ichs wäre Werfels Wort unmittelbar übertragbar und damit auch auf Trakls Lebens- und Schaffensproblematik.

Werfel-Kenner bestätigen zwar die Unwahrscheinlichkeit eines direkten Trakl-Bezuges in Werfels letztem Roman, und eindeutige Quellenbelege lassen sich dafür auch nicht auffinden.[56] Aber was wissen wir schon Verbindliches über unterschwellig wirkende Einflüsse, spontane Querverbindungen, Assoziationen, aber auch das bewusste Verdecken von Einwirkungen, zumal bei einem Autor, der auf die »Entinnerung« zusteuerte? Selbst die subtilsten Kreativitätstheorien müssen an diesen Fragen scheitern. Vielleicht dass im »Ungeborenen« das eigentlich schöpferische Potenzial liegt und von beiden auch als Quelle des Künftigen gemeint war?

Überliefert ist des Zen-Meisters Yekiwo Wort, nach dem das Jenseits von Geburt und Tod eben das Ungeborene sei. Carl Dallago, der Mystiker des *Brenner*-Kreises, dürfte mit dieser Vorstellung ebenso vertraut gewesen sein wie Hermann Graf Keyserling, der diesen Gedanken in seine *Betrachtungen* aufgenommen hatte.[57]

Was *ist* das Ungeborene? Ein Gezeugtes, dem die Geburt verweigert wird, oder das sich dem Geborenwerden verweigert? Wusste der früh mit Richard Wager vertraute Trakl um die Ambivalenz des Ungeborenen bereits aus dem *Ring des Nibelungen*, wo in der *Walküre* Brünnhild das Leben Siegelindes rettet und damit jenes des noch ungeborenen Siegfried,

der Frucht eines Inszests also? Wäre der ungeboren geblie-
bene Siegfried nicht die Lösung des Mythosrätsels gewesen?
Wallte in Trakl und Grete auch »Wälsungenblut«? Und durfte
deren vermeintliche »Frucht«, Gretes Kind, eben deswegen
nicht das dunkle Licht der Welt erblicken? Oder sind Trakls
»ungeborne Enkel« gerade das Nicht-Gezeugte und nur Ge-
dachte, nur Phantasierte, weil der Dichter nun einmal befand, dass »groß die Schuld des Geborenen« sei und immer
zweideutig die zeugende Kraft der Liebe, zwischen Eros und
Agape schwankend, verkörpert durch die Hure und die Heilige, durch Venus und Afra.

Sie wurden lyrisches Ereignis in diesem buchstäblich gewaltigen Todeslebenswerk des Georg Trakl, dieses agnostisch-
protestantischen Katholiken und agnostisch-katholischen
Protestanten unter den Dichtern der Moderne: die Geburt
und das Ungeborene, das Frühverstorbene und Überlebte, Tod
und seine Verklärung, doch nur im Zustand des Dämmerns.
Erst die Nachgeborenen Trakls, die Kinder des 20. Jahrhunderts, haben leidvoll zu ermessen gelernt, was er mit »Schuld«
meinte; ihre »Sühne« als der tragende Wert der Menschheits-
kultur wartet noch immer auf ihre Geburt.

Anhang

Anmerkungen

Vorworthafter Dreiklang

1 Sigmund Freud, Totem und Tabu. In: Ders., Studienausgabe. Bd. 9: Fragen der Gesellschaft/Ursprünge der Religion. Hrsg. v. Alexander Mitscherlich u. a., Frankfurt am Main 2000, S. 311.

2 Georg Trakl, Dichtungen und Briefe in zwei Bänden. Historisch-kritische Ausgabe Bd. 1. Hrsg. v. Walther Killy und Hans Szklenar. 2., ergänzte Aufl. Salzburg 1987, S. 141 (künftig im Text zitiert als HKA mit römischer Bandzahl und Seitenangabe).

3 Vgl. dazu u. a. Michael Braun, Was ist tabu? Geheimes Wissen, verborgene Sprache, verbotene Bilder. In: Stimmen der Zeit 231 (2013), Heft 2, S. 96–110.

4 In: Robert Creeley, Autobiographie. Aus dem Amerikanischen von Erwin Einzinger. Salzburg und Wien 1993, S. 60.

5 Vgl. dazu besonders Hans Weichselbaum, Georg Trakl. Eine Biographie mit Bildern, Texten und Dokumenten. Salzburg 1994, S. 11–21.

6 Aus einem Brief an Ludwig von Ficker vom Februar 1915. Zit. nach: Otto Basil, Georg Trakl mit Selbstzeugnissen und Bilddokumenten. Reinbek 1965, S. 163.

7 Vgl. u. a. Iris Denneler, Konstruktion und Expression. Zur Strategie und Wirkung der Lyrik Trakls. Salzburg 1984.

8 Die meisten Abbildungen finden sich in Weichselbaum und Basil, a.a.O.

9 In: Johann Christian Günther, Werke in einem Band. Hrsg. v. Hans Dahlke. Wien 1958, S. 290. Die von Trakl vermutlich benutzte Ausgabe hatte Berthold Litzmann in der Reclam Universalbibliothek 1295/96 erstmals ediert (Leipzig 1879). Sie schließt mit dieser Verszeile. Die Ausgabe befindet sich im Brenner-Archiv, Innsbruck. Für den Hinweis danke ich Eberhard Sauermann.

10 Jean-Paul Sartre, Baudelaire. Ein Essay. Mit einem Vorwort von

Michel Leiris. Deutsch von Beate Möhring. Hrsg. und mit einem Nachwort v. Dolf Oehler. Reinbek 1978, S. 61.

11 Ebd., S. 19.

12 Gottfried Benn (Hrsg.), Lyrik des expressionistischen Zeitalters. Von den Wegbereitern bis zum Dada. 6. Aufl. München 1974.

13 Ebd., S. 14.

14 Ebd.

15 Ebd., S. 15.

16 Vgl. u. a. Wolfgang Schednitz (Hrsg.), Georg Trakl in Zeugnissen der Freunde. Salzburg 1951.

17 Karl Heinz Bohrer, Zersprungene Paradiese. Vor fünfzig Jahren starb Georg Trakl. In: Die Welt, Nr. 258 v. 4. November 1964, S. 7.

18 Ebd.

19 Ebd. Grundlegend dazu noch immer: Reinhold Grimm, Georg Trakls Verhältnis zu Rimbaud. In: Germanisch-Romanische Monatsschrift, N. F. 9 (1959), S. 288–315; Giuseppe Dolei, Trakl e Rimbaud. In: Annali. Sezione Germanica. Studi Tedeschi 17 (1974), 1, S. 139–162.

20 Es handelt sich um den österreichischen Dragonerleutnant Karl Klammer, den Richard Dehmel entdeckt und gefördert hatte. Klammer hatte nach Auskunft Otto Basils Rimbaud auf einsamen Ritten in Galizien übertragen, aber aus Rücksicht auf seine militärische Stellung unter Pseudonym veröffentlicht. Vgl. Basil, Trakl, a.a.O., S. 85.

21 In: Rimbaud, Poésies. Gedichte. Zweisprachige Ausgabe. Hrsg. v. Rüdiger Görner, Frankfurt am Main und Leipzig 2007, S. 112/13 u. 116/17.

22 »Pourquoi un monde moderne, si de pareils poisons s'inventent!« Ebd., S. 132/33

23 Auch Oskar Kokoschkas erstes bedeutendes Werk, »Der träumende Knabe« (1908), ist als »halluzinatorische Traumphantasie« bezeichnet worden. Vgl. Alfred Doppler, Die Musikalisierung der Sprache in der Lyrik Georg Trakls. In: Rémy Colombat/ Gerald Stieg, Frühling der Seele. Pariser Trakl-Symposion. Innsbruck 1995, S. 181.

24 Ebd., S. 67.

25 Vgl. Rémy Colombat, Les poèmes hallucinés de Trakl. Quelques aspects de la contamination rimbaldienne. In: Colombat/Stieg, Der Frühling der Seele, a.a.O., S. 65–80.

26 Überliefert von Ludwig von Ficker, Das Vermächtnis Georg Trakls. In: Der Brenner, 18. Folge 1954, S. 248–269, hier: S. 251.

27 Vgl. Ludwig von Ficker, Der Abschied (1926). In: Ders., Denkzettel und Danksagungen. Aufsätze. Hrsg. v. Franz Seyr. München 1967, S. 80–101, hier: S. 80.

28 Unverzichtbares Forschungsmittel ist nach wie vor: Walter Ritzer, Neue Trakl-Bibliographie. Trakl-Studien XII. Salzburg 1983; Hans Weichselbaum, Georg Trakl, a.a.O. mit fortgeführter Bibliografie; die bibliografisch ergänzte Ausgabe von 2003 von: Georg Trakl, Werke – Entwürfe – Briefe. Hrsg. v. Hans-Georg Kemper und Frank Rainer Max. Stuttgart 1995; sowie die letzte Auflage von Otto Basils Rowohlt-Trakl-Monografie in der 19. Auflage 2010 (a.a.O.).

29 Vgl. dazu den aufschlussreichen Beitrag von Eberhard Sauermann, Zur Entstehung und Ignorierung der ersten Trakl-Gesamtausgabe. In: Euphorion 106 (2012), Heft 1, S. 137–149.

30 Vgl. auch den instruktiven Beitrag von Hans Weichselbaum, »Er kannte keinerlei Verlockung des Ruhms«. Anmerkungen zur Publikationsgeschichte und zu heutigen Ausgaben der Werke Georg Trakls. In: Aporie und Euphorie der Sprache. Studien zu Georg Trakl und Peter Handke. Akten des Internationalen Europalia-Kolloquiums Gent 1987. Hrsg. v. Heidy M. Müller und Jaak De Vos. Leuven 1989, S. 77–90.

31 Die philologische Trakl-Forschung ist ohne die grundlegende Arbeit des Innsbrucker Brenner-Archivs nicht denkbar. Der größte Teil der Bestände ist nun online verfügbar, was eine unschätzbare Erleichterung für Forschende und andere Interessierte darstellt. Zugang unter: www.uibk.ac.at/brenner-archiv/ Unter den vorliegenden Auswahleditionen überzeugt am meisten die von Hans-Georg Kemper und Frank Rainer Max bei Reclam 1984/1995 besorgte Ausgabe. Die in dieser Studie aufgeführten Trakl-Textstellen werden nach der HKA zitiert. Sofern aus anderen Ausgaben zitiert wurde, ist dies entsprechend vermerkt.

32 Franz Fühmann, Vor Feuerschlünden – Erfahrung mit Georg Trakls Gedicht. Anhang: Dichtungen und Briefe Georg Trakls. Hrsg. v. Franz Fühmann/Uwe Kolbe: Worum es geht. Paralipomena zu Franz Fühmann »Vor Feuerschlünden«. Rostock 2000. Vgl. dazu auch: Eberhard Sauermann, Fühmanns Trakl-

Essay – das Schicksal eines Buches. Zur Autorisation der Ausgaben in der DDR und der BRD. Bern u.a. 1992. Sowie Heinz Wetzel, Franz Fühmanns Erfahrung mit Trakls Gedicht. In: Adren Finck/Hans Weichselbaum (Hrsg.), Antworten auf Georg Trakl. Salzburg 1991, S. 170–185.

33 In: Albert Ehrenstein, Werke. Bd. 5: Aufsätze und Essays. Hrsg. v. Hanni Mittelmann. Göttingen 2004, S. 78–81.

34 Egon Vietta, Georg Trakl. Eine Interpretation seines Werkes. Hamburg 1947, S. 11.

35 Ebd., S. 28.

36 In: Martin Heidegger, Unterwegs zur Sprache. 6. Aufl. Pfullingen 1979, S. 39.

37 In: Merkur 1953, Nr. 61, S. 226–258.

38 In: Heidegger, Unterwegs zur Sprache, S. 11–33, hier: S. 28, 30, 33.

39 Vgl. den Faksimiledruck Nr. 20 (1976) des Schiller-Nationalmuseums in Marbach am Neckar mit Heideggers bibliografischen Vermerken. Vgl. dazu auch: Diana Orendi-Hinze, Heidegger und Trakl: Aus dem unveröffentlichten Briefwechsel Martin Heidegger – Ludwig von Ficker. In: Orbis Litterarum 32 (1977), S. 247–253.

40 In: Heidegger, Unterwegs zur Sprache, a.a.O., S. 27.

41 In: Walter Muschg, Die Zerstörung der deutschen Literatur und andere Essays. Hrsg. v. Julian Schütt und Winfried Stephan. Mit einem Nachwort von Julian Schütt. Zürich 2009, S. 621–692; Muschgs zweiter Trakl-Text ist vergleichsweise eher supplementärer Natur: Trakl und Hofmannsthal, ebd., S. 693–711.

42 Ebd., S. 682 f.

43 Grundlegend dazu: Kurt Mautz, Die Farbensprache der expressionistischen Lyrik. In: Deutsche Vierteljahrsschrift für Literaturwissenschaft und Geistesgeschichte 31 (1957), S. 198–240; exemplarisch in seinem vergleichenden Ansatz bereits Karl Ludwig Schneider, Der bildhafte Ausdruck in den Dichtungen Georg Heyms, Georg Trakls und Ernst Stadlers. Studien zum lyrischen Sprachstil des deutschen Expressionismus. Heidelberg (1954) 1968; Heinz Wetzel, Klang und Bild in den Dichtungen Georg Trakls. Göttingen (1968) 2. Aufl. 1972. Aus dem Interesse an Bild-Konstruktionen bei Trakl ergab sich auch eine Fülle sprach- und stilkritischer Untersuchungen, z.B. von Rudolf Dirk Schier, Die

Sprache Georg Trakls. Heidelberg 1970; früh auch Einzeluntersuchungen zu spezifischen Lautkonstellationen wie etwa durch Karl Magnuson, Consonant repetition in the lyric of Georg Trakl. In: The Germanic Review 37 (1962), S. 263–281.

44 Vgl. Andrew Webber, Sexuality and the sense of self in the works of Georg Trakl and Robert Musil. Bithell Series of Dissertations. MHRA Texts and dissertations 30. London 1990; Hans Weichselbaum (Hrsg.), Androgynie und Inzest in der Literatur um 1900. Trakl-Studien XXIII. Salzburg/Wien 2005.

45 Als einer der Ersten hatte Kurt Wölfel diese Frage aufgeworfen in: K.W., Entwicklungsstufen im lyrischen Werk Georg Trakls. In: Euphorion 52 (1958), S. 50–81; Ingrid Strohschneider-Kohrs, Die Entwicklung der lyrischen Sprache in der Dichtung Georg Trakls. In: Literaturwissenschaftliches Jahrbuch, N.F. Bd. 1 (1060), S. 211–226; weiterhin grundlegend: Eberhard Sauermann, Entwicklung bei Trakl. Methoden der Trakl-Interpretation. In: Zeitschrift für deutsche Philologie 105 (1986), S. 151–181.

46 Max Picard, Wort und Wortgeräusch. Hamburg 1963, S. 20.

47 Vgl. Andreas Felber, Geschützte Werkstätten: Die Entstehung der Wiener Free-Jazz-Avantgarde im Umfeld der 1950er und 1960er Jahre. In: Elisabeth Großegger und Sabine Müller (Hrsg.), Teststrecke Kunst. Wiener Avantgarden nach 1945. Wien 2012, S. 68–78.

48 Ebd., S. 75. Vgl. auch: Rolf Schwendter, Subkulturelles Wien. Die informalle Gruppe (1959–1971). Literatur, Kultur, Politik. Wien 2003.

49 In: Thomas Kling, schädelmagie. Ausgewählte Gedichte. Hrsg. v. Norbert Hummelt. Stuttgart 2008, S. 44–45, hier: S. 44. Das Gedicht erschien erstmals 1999 im Band »Fernhandel«. Vgl. dazu auch: Hermann Korte, Zurückgekehrt in den Raum der Gedichte. Deutschsprachige Lyriker der 1990er. München 2004, S. 127–146. Zu berücksichtigen ist hierbei auch Klings Gedicht »mühlau,†« in: Thomas Kling, Gesammelte Gedichte 1981–2005. Hrsg. v. Marcel Beyer/Christian Döring. Köln 2006, S. 269. Vgl. dazu: Atsuhiro Hina, Der Ort : gedicht. Über Thomas Klings Gedicht *mühlau,†*. In: Germanistenverband der Universität Tokyo (Hrsg.), Dichtung/Sprache 76 (2012), S. 31–42.

50 Kling, schädelmagie, a.a.O., S. 45.

51 Vgl. dazu die bahnbrechende Studie von Burkhard Meyer-

Sickendiek, Lyrisches Gesprür. Vom geheimen Sensorium moderner Poesie. München 2012.

52 Ebd., S. 44.

I Finale Anfänge: Die *Sammlung 1909*

1 In: Weichselbaum, Trakl, a.a.O., S. 42.
2 Hellmuth Haug, Erkenntnisekel. Zum frühen Werk Thomas Manns. Studien zur deutschen Literatur Bd. 15. Tübingen 1969.
3 Vgl. Ernst Hanisch/Ulrike Fleischer, Im Schatten berühmter Zeiten. Salzburg in den Jahren Georg Trakls (1887–1914). Trakl-Studien XIII. Salzburg 1986, S. 116 f.
4 Vgl. Trakls Anfrage bei Karl Ritter von Görner, dem seinerzeit wichtigsten Redakteur der Stadt, die auf eine Empfehlung Streichers zurückgeht. In: HKA I, 470.
5 Zit. nach Weichselbaum, Trakl, a.a.O., S. 55.
6 Ebd., S. 60.
7 Ebd., S. 55.
8 Erhard Buschbeck in einem Brief an Ludwig von Ficker v. 23. Oktober 1925. In: Ludwig von Ficker, Briefwechsel 1914–1925. Hrsg. v. Ignaz Zangerle, Walter Methlagl, Franz Seyr, Anton Unterkircher. Innsbruck 1988, S. 440.
9 Georg Trakl, Sämtliche Werke und Briefwechsel. Innsbrucker Ausgabe. Hist.-kritische Ausgabe mit Faksimiles der handschriftlichen Texte Trakls. Hrsg. v. Eberhard Sauermann und Hermann Zwerschina. Frankfurt am Main und Basel 2007, S. 15.
10 In: Maurice Maeterlinck, Gedichte. Verdeutscht von K. L. Ammer und Friedrich von Oppeln-Bronikowski. Jena 1906, S. 25. (Diese Ausgabe befindet sich im Innsbrucker Brenner-Archiv.)
11 Ebd., S. 11.
12 Novalis, Schriften.
13 Baudelaire: Die Blumen des Bösen. Umdichtungen von Stefan George. Berlin 1901. (Diese Ausgabe befindet sich im Innsbrucker Brenner-Archiv.) Vgl. Dominique Iehl, Trakl et Baudelaire. In: Colombat/Stieg, Frühling der Seele, a.a.O., S. 9–20.
14 Ebd., S. 5.
15 Ebd., S. 150.
16 Ebd., S. 132.

17 Stefan Zweig, Verlaine. Berlin/Leipzig 1905, S. 32. (Diese Ausgabe befindet sich im Innsbrucker Brenner-Archiv.) Vgl. Adrien Fink, Über Trakl und Verlaine. In: Colombat/Stieg, Frühling der Seele, a.a.O., S. 49–64.

18 Ebd., S. 58.

19 In: Gedichte von Paul Verlaine. Eine Anthologie der besten Übertragungen. Hrsg. v. Stefan Zweig. 2. Aufl. Berlin und Leipzig 1907 (Erstauflage 1902). (Diese Ausgabe befindet sich im Innsbrucker Brenner-Archiv.)

20 Ebd., S. 23.

21 Ebd., S. 25.

22 Arthur Rimbaud, Leben und Dichtung. Übertragen von K. L. Ammer. Eingeleitet von Stefan Zweig. Leipzig 1907, S. 3.

23 Ebd., S. 6.

24 Ebd., S. 9.

25 K. B. Heinrich, Briefe aus der Abgeschiedenheit, a.a.O., S. 509.

26 Ebd.

27 Doppler, Die Musikalisierung der Sprache. In: Colombat/Stieg, Frühling der Seele, a.a.O., S. 194, Anm. 9. Teilnachlass von Hauer im Nachlass von Ferdinand Ebner, Brenner-Archiv M01, Opus 13. Über die Klangfarbe.

28 In: Samuel Lublinski, Ein Wort über Lyrik. In: Ders., Ausgewählte Schriften. Bd. 2: Der Ausgang der Moderne. Tübingen 1976, S. 194. Vgl. dazu auch: Meyer-Sickendiek, Lyrisches Gespür, a.a.O., S. 16.

29 Drei grundlegende Arbeiten sind in diesem Themenzusammenhang anzuführen: Walter Methlagl, Nietzsche und Trakl. In: Colombat/Stieg, Frühling der Seele, a.a.O., S. 81–118; Hanna Klessinger, Krisis der Moderne. Georg Trakl im intertextuellen Dialog mit Nietzsche, Dostojewskij, Hölderlin und Novalis. Würzburg 2007, S. 23–57; Mathias Mayer, Nietzsche-Verwerfungen bei Georg Trakl. In: Thorsten Valk (Hrsg.), Friedrich Nietzsche und die Literatur der klassischen Moderne. Berlin 2009, S. 87–100.

30 Romano Guardini, Vom Geist der Liturgie. Zur aktuellen Situation, mit einem Nachwort von Hans Maier. Freiburg 1983. Vgl. dazu auch den Kommentar zu Guardinis Schrift von Johannes Ratzinger (Papst Benedikt XVI.), Der Geist der Liturgie. Eine Einführung, Freiburg 2000.

31 Vgl. Alfred Doppler, Bruder und Schwester in den Gedichten

Georg Trakls. In: Weichselbaum (Hrsg.), Androgynie, a.a.O., S. 9–27, bes. S. 11–14.

32 Zit. nach: Weichselbaum, Inzest bei Georg Trakl – ein biographischer Mythos? In: Ders. (Hrsg.), Androgynie, a.a.O., S. 43–59, hier: S. 49. Dieser Band versammelt auch alle der von Margarethe Langen, geb. Trakl (1891–1917) an Buschbeck gesandten Briefe. In: Ebd., S. 208–231. Vgl. dazu neuerdings auch: Hilde Schmölzer, Dunkle Liebe eines wilden Geschlechts. Georg und Margarethe Trakl. Tübingen 2013. Auch diese subtil differenzierende biografische Studie betont »das große Fragezeichen« in der Beziehung der Geschwister zueinander, S. 129.

33 So Laura Cheie, Die Poetik des Obsessiven bei Georg Trakl und George Bacovia. Trakl-Studien XXII. Salzburg 2004.

34 Hugo Friedrich, Die Struktur der modernen Lyrik. Von der Mitte des neunzehnten bis zur Mitte des zwanzigsten Jahrhunderts. 8. Auflage der erweiterten Neuausgabe. Hamburg 1977, S. 206.

35 Doppler, Die Musikalisierung der Sprache, a.a.O., S. 181.

36 Vgl. Ebd., S. 182.

37 Nietzsche, KSA 7, S. 202.

II »Im Rausch begreifst du alles.« Trakls toxisches Schaffen

1 In: Walter Benjamin, Gesammelte Schriften. Hrsg. v. Rolf Tiedemann und Hermann Schweppenhäuser unter Mitwirkung von Theodor W. Adorno und Gershom Scholem. Bd. VI: Fragmente, Autobiographische Schriften. Frankfurt am Main 1991, S. 568.

2 Ebd., S. 604.

3 Ebd., S. 569.

4 Robert Walser, Geschwister Tanner. Sämtliche Werke in Einzelausgaben. Hrsg. v. Jochen Greven. Bd. IX. Frankfurt am Main 1986, S. 87.

5 In: Novalis, Werke, Tagebücher und Briefe Friedrich von Hardenbergs. Hrsg. v. Hans-Joachim Mähl und Richard Samuel. Bd. 2. Darmstadt 1978, S. 477.

6 Ebd., Bd. 1, S. 109–110.

7 In: Friedrich Nietzsche, Sämtliche Werke. Kritische Studienausgabe in 15 Bänden (= KSA). Bd. 6. Hrsg. v. Giorgio Colli und Mazzino Montinari. München 1988, S. 116.

8 Oscar A.H. Schmitz, Haschisch. Erzählungen. Mit dreizehn Zeichnungen von Alfred Kubin. Hrsg. mit einem einleitenden Essay von Wilhelm W. Hemecker. Wien 2002.

9 Georg Trakl/Alfred Kubin, Offenbarung und Untergang/Die Prosadichtungen. Salzburg 1995. Vgl. auch: Diana Orendi-Hinze, Trakl, Kokoschka und Kubin. Zur Interdependenz von Wort- und Bildkunst. In: Germanisch-Romanische Monatsschrift, N.F. 21 (1971), Heft 1, S. 72–78. Zur literarischen Bedeutung dieser Thematik in der Folgezeit vgl. u.a. Stephan Resch, Rauschblüten. Literatur und Drogen von Anders bis Zuckmayer. Göttingen 2009.

10 Schmitz, Haschisch, a.a.O., S. 29.

11 Ebd.

12 Ebd., S. 29 f.

13 Ebd., S. 30.

14 In: Hugo von Hofmannsthal, Alkestis. Ein Trauerspiel. Insel-Bücherei Nr. 134. Wiesbaden 1959, S. 37 f.

15 Ich danke dem Archiv der Universität Wien für wertvolle Unterstützung beim Auffinden der einschlägigen Matrikel und Prüfungsprotokolle. Hier: Protokoll des Jahres 1910, Prüfung v. 9. Juli 1910, S. 210.

16 Hofmannsthal, a.a.O., S. 47.

17 Nietzsche, KSA 6, S. 117.

18 Nietzsche, KSA 6, S. 117 f.

19 Oskar Vonwiller, Die Kirche und die Kultur. In: Der Brenner, II. Jahr, Innsbruck/1. April 1912, Heft 21, S. 743–750.

20 Vgl. Max von Esterle, Karikaturen und Kritiken. Hrsg. v. Wilfried Kirschl und Walter Methlagl. Salzburg 1971.

III Entgrenzungsversuche: Wien–Innsbruck–Venedig–Berlin oder Ist überall Salzburg?

1 Vgl. Weichselbaum, Trakl, a.a.O., S. 117.

2 Ebd., S. 127 f.

3 Zit. nach: Hans Weichselbaum, Georg Trakl. Eine Biographie mit Bildern, Texten und Dokumenten. Salzburg 1994, S. 144.

4 Vgl. Franz Lösel, »In Venedig«. Erstarrung im Raum. Eine Interpretation. In: Literatur und Kritik 10 (1977), S. 365–371.

5 Brigitte S. Fischer, Sie schrieben mir oder Was aus meinem Poesiealbum wurde. 12. Aufl. München 1990, S. 30.

6 Ebd., S. 34.

7 Vgl. zum Kontext des Gedichts »In Venedig« meinen Aufsatz, Lido an der Donau – Café Griensteidl am San Marco. Tödliches Venedig, kakanische Kontexte und Hofmannsthals Andreas-Fragment. In: Auf schwankendem Grund. Dekadenz und Tod im Venedig der Moderne. Hrsg. von Sabine Meine, Günter Blamberger, Björn Moll und Klaus Bergdolt. Paderborn 2014, S. 227–241.

8 Eine Einzelausgabe dieses Nicht-Zyklus liegt inzwischen vor: Georg Trakl, Die »Salzburg«-Gedichte. Hrsg. v. Hans Weichselbaum. Salzburg 2012.

9 Zu diesem Motivkomplex vgl. vor allem: Alan F. Bance, The Kaspar Hauser Legend and its literary survival. In: German Life & Letters, N. F. 28 (1974/75), S. 199–210.

10 Die zuvor genannte Ausgabe schließt auch die Gedichte »Ein Winterabend« und »Im Dunkel« in ihren jeweils zweiten Fassungen ein; dies erscheint jedoch wenig schlüssig, da in ihnen – wie auch in deren ersten Fassungen – kein erkennbares Salzburg-Motiv vorkommt.

11 Die in dieser Hinsicht notorischste Stelle in seinem Werk ist eine zusammen mit Karl Hauer verfasste, an Buschbeck in Wien gerichtete Karte aus Salzburg vom 13. November 1911, auf der steht: »Wenn ein Jüdl fickt, kriegt er Filzläuse! Ein Christenmensch hört alle Engel singen.« In: HKA I, 485.

12 Vgl. die noch immer hilfreiche Studie von Michael Paul Hammes: Waldeinsamkeit. Eine Motiv- und Stiluntersuchung zur Deutschen Frühromantik, insbesondere zu Ludwig Tieck. Limburg 1933. Neben Tieck und Eichendorff wäre der poetische Zyklus »Waldeinsamkeit« von Joseph Viktor von Scheffel zu nennen, aber auch Ralph Waldo Emersons Gedicht dieses Titels (1854). Platen, Uhland und Lenau bedienten sich gleichfalls dieses Motivs.

13 Das Gedicht spielt auf den städtischen Schlachthof an, heute in Salzburg der Ort des Fernheizwerks. Buschbeck wohnte in der Ernest-Thun-Straße in nächster Nähe, was darauf hindeutet, dass Trakl dessen noch genauere Ortskenntnis für dieses Gedicht nutzen wollte.

14 In: Hermann Bahr, Zur Überwindung des Naturalismus. Theoretische Schriften 1887–1904. Ausgewählt, eingeleitet und erläutert von Gotthart Wunberg. Stuttgart 1968 (= Sprache und Literatur 46), S. 60.

15 In: Friedrich Hölderlin, Sämtliche Werke und Briefe in drei Bänden (= SWB). Bd. 1. Hrsg. v. Jochen Schmidt. Frankfurt am Main 1992, S. 320.

16 In: Walser, Geschwister Tanner, a.a.O., S. 51.

17 Kurt Drawert, Schreiben. Vom Leben der Texte. München 2012, S. 276.

18 In: Karl Röck, Tagebuch 1891–1946. Bd. 1: 1891–1926. Hrsg. v. Christine Kofler. Brenner-Archiv Bibliothek online: www.uibk. ac.at/brenner-archiv/pdf/roeck-1–gesamt.pdf (Eintrag v. 15. Dezember 1912, Tagebuch, S. 192).

19 Vgl. hierzu Gerald Stieg, Der Brenner und Die Fackel. Ein Beitrag zur Wirkungsgeschichte von Karl Kraus. Salzburg 1976 (= Brenner-Studien Bd. 3) sowie Walter Methlagl, Eberhard Sauermann u. Sigurd Paul Scheichl (Hrsg.), Untersuchungen zum »Brenner«. Festschrift für Ignaz Zangerle zum 75. Geburtstag. Salzburg 1981.

20 Röck, Tagebuch, a.a.O., S. 184 (Eintrag v. 13. April 1912).

21 Detlev von Liliencron, Poggfred. Kunterbuntes Epos in neunundzwanzig Kantussen. Stuttgart, Berlin und Leipzig 1896. Röck, Tagebücher Bd. 1, a.a.O., S. 190.

22 Röck, Tagebücher Bd. 1, S. 243.

23 Röck, Tagebücher Bd. 1, S. 240 (summarischer Eintrag zum Sommer 1913).

24 Christian August Sinding (1856–1941), norwegischer Komponist. Galt als Nachfolger Edvard Griegs. Komponierte Lieder, vier Sinfonien, drei Violinkonzerte, ein Klavierkonzert sowie Kammermusik. Im April 1914 Uraufführung der Oper »Der heilige Berg«. Lebte zumeist in Deutschland und trat zwei Monate vor seinem Tod der Nasjonal Sameling, der norwegischen nationalsozialistischen Partei, bei.

25 Gemeint ist der Maler, Illustrator und Vertreter der Lebensreformbewegung Hugo Reinhold Karl Johann Höppener (1868–1948), genannt »Fidus«, im Sinne des »Getreuen« der Lichtkult-Bewegung und Freikörperkultur um 1900.

26 Röck, Tagebücher Bd 1., S. 241.

27 In: Ebd., S. 172 (Eintrag v. 28. April 1913).

28 In: Ebd., S. 246.

29 Ebd., S. 239.

30 Ebd., S. 240.

31 Zit. nach: Johannes Urzidil, Hinternational. Ein Lesebuch von Klaus Johann und Vera Schneider. Potsdam 2010, S. 22 (Kriegsausbruch, 1964).

32 Heinrich, Briefe aus der Abgeschiedenheit (II), a.a.O., S. 511.

33 Röck, Tagebücher, a.a.O., S. 189 (Eintrag für den 27. Juli 1912).

34 Ebd., Nachtrag, S. 240 (Sommer 1913).

IV *Gedichte*, 1913

1 Florian Illies, 1913. Der Sommer des Jahrhunderts. Frankfurt am Main 2012.

2 Zit. nach: Thomas Anz, Michael Stark, Expressionismus. Manifeste und Dokumente zur deutschen Literatur 1910–1920. Stuttgart 1982, S. 360.

3 Die Pforte. Eine Anthologie Wiener Lyrik. Heidelberg 1913.

4 Vgl. Walter Höllerer, Thesen zum langen Gedicht. In: Akzente 12 (1965), S. 128–130; Judith Ryan, The Long German Poem in the Long Twentieth Century. In: German Life & Letters 60 (2007), S. 348–364.

5 Vgl. Grimm (Anm. 19, S. 310). Zur Interpretation vgl. Manfred Kux, »De profundis« – aus dem Abgrund. In: Gedichte und Interpretationen. Bd. 5: Vom Naturalismus bis zur Jahrhundertmitte. Hrsg. v. Harald Hartung. Stuttgart 1983, S. 167–174.

6 Vgl. Klaus Ziegler, Georg Trakls »Psalm«. In: Studien zur deutschen Sprache und Literatur. Hrsg. v. der Abteilung für deutsche Philologie an der Universität Istanbul. Bd. 5. Istanbul 1966, S. 87–97. Vgl. auch die wichtige Anthologie von Paul Konrad Kurz (Hrsg.), Psalmen. Vom Expressionismus bis zur Gegenwart. Freiburg, Basel, Wien 1978.

7 Vgl. Peter Kropmanns, Peitschenhiebe statt Zuckerbrot. Zur frühen Gauguin Rezeption in Wien. In: Paul Gauguin, von der Bretagne nach Tahiti. Ein Aufbruch zur Moderne. Graz, 2000. S. 133–135. Vgl. auch: Tymofiy Havryliv, Trakl – zwischen Baudelaire und Rimbaud. In: Károly Csúri (Hrsg.), Georg Trakl und die literarische Moderne. Tübingen 2009, S. 165–182, hier: S. 178. Zum

Kontext vgl. u. a. Jens-Malte Fischer, Fin de siècle. Kommentar zu einer Epoche. München 1978; Jens-Malte Fischer, Jahrhundert-dämmerung. Ansichten eines anderen Fin de siècle. Wien 2000; sowie: Wolfgang Asholt, Walter Fähnders (Hrsg.), Fin de siècle. Erzählungen, Gedichte, Essays. Stuttgart 1993.

8 Vgl. Mircea Eliade, Schamanismus und schamanische Ekstase-technik. Frankfurt am Main 2001, S. 14 f.

V Poetische Farbwelten oder Schwierigkeiten mit dem (lyrischen) Ich

1 Dieses Kapitel geht teilweise auf einen Vortrag zurück, den der Verfasser am 19. Mai 2006 im Austrian Cultural Forum in London gehalten hat. In überarbeiteter und erweiterter Form erschien er unter dem Titel: Farbintervall und Wortverschattung. Versuch über Trakl. In: Euphorion 102 (2008), S. 187–201.

2 In: Thomas Mann/Heinrich Mann, Briefwechsel 1900–1949. Hrsg. v. Hans Wysling. Frankfurt am Main 1984, S. 128.

3 Thomas Mann, Betrachtungen eines Unpolitischen. Mit einem Vorwort von Hanno Helbling. Frankfurt am Main 1988, S. 31 u. 32.

4 Das entspricht in etwa jenem Bedeutungsumfeld, wie es Konrad Ehlich definiert hat in: Sprache und Sprachliches Handeln. Bd 1: Pragmatik und Sprachtheorie. Berlin/New York 2007, S. 274.

5 Mann, Betrachtungen, a.a.O., S. 561.

6 Vgl. Klaus Harpprecht, Thomas Mann. Eine Biographie. Reinbek 1995, S. 365.

7 Henri Poincaré, La valeur de la science. Paris 1920, S. 262.

8 In: Ludwik Fleck, Denkstile und Tatsachen. Gesammelte Schriften und Zeugnisse. Hrsg. v. Sylwia Werner und Claus Zittel. Frankfurt am Main 2011, S. 315.

9 Dazu u. a. Renate Brosch, Empowering the Spectator: Ekphrasis as a Strategic Response to the Power of Images. In: Symbolism. An International Annual of Critical Aesthetics 8 (2008), S. 179–195; James A. W. Heffernan, Museum of Words: The Poetics of Ekphrasis from Homer to Ashberry. Chicago 1993.

10 Vgl. Murray Krieger, Das Problem der Ekphrasis: Wort und Bild, Raum und Zeit – und das literarische Werk. In: Gottfried Boehm

und Helmut Pfotenhauer (Hrsg.), Beschreibungskunst – Kunst-beschreibung. München 1995, S. 41–58, hier: S. 43.

11 Ein ähnliches Verfahren hat Rohda L. Flaxman auch für die (spät) viktorianische Sprachkunst in der Lyrik herausgearbeitet und mit John Ruskins Bildbeschreibungen in Verbindung gebracht. In: Rohda L. Flaxman, Victorian Word-Painting and Narrative toward the Blending of Genres. Ann Arbor/Michigan 1987.

12 HKA I, 214 (Br. v. 5. Oktober 1908).

13 Matthias Politycki, Die Farbe der Vokale. Von der Literatur, den 78ern und dem Gequake satter Frösche. München 1998, S. 168–176.

14 Zum Kontext vgl. u. a. Kurt Mautz, Die Farbensprache der expressionistischen Lyrik. In: Deutsche Vierteljahresschrift für Literaturwissenschaft und Geistesgeschichte 31 (1957), S. 198–240.

15 In: Martin Heidegger, Unterwegs zur Sprache, a.a.O, S. 24. Vgl. dazu u. a.: Walter Falk, Heidegger und Trakl. In: Literaturwissenschaftliches Jahrbuch, N. F. 4 (1963), S. 191–204.

16 Jacques Derrida, De l'esprit. Heidegger et la question. Paris 1987, S. 102.

17 In: Gottfried Keller, Gedichte und Schriften. München o. J., S. 112.

18 Oswald Spengler, Der Untergang des Abendlandes. Umrisse einer Morphologie der Weltgeschichte. Nachwort von Detlef Felken. 16. Aufl. München 2003, S. 326.

19 Ebd., S. 325.

20 Heidegger, a.a.O., S. 30.

21 Vgl. Hans-Georg Kemper, Gestörter Traum – Zur Interpretierbarkeit von Georg Trakls Lyrik. Festvortrag, gehalten am 2. Februar 1974 im Trakl-Haus Salzburg (Maschinenschriftl. vervielfältigt). Vgl. auch: Rudolf Dirk Schier, Die Sprache Georg Trakls. Heidelberg 1970.

22 Dazu: Laura Cheie, Die Poetik des Obsessiven bei Georg Trakl und George Bacovia. Salzburg 2004 (= Trakl-Studien XXII).

23 Goethe, Zur Farbenlehre. Didaktischer Teil. In: Hamburger Ausgabe. Hrsg. v. Erich Trunz. Bd. 13. München 1986, S. 315 u. 323.

24 In: Nachwort zu WEB, a.a.O., S. 305.

25 In seiner Rezension der Dichterlesung von Gustav Streicher in: HKA I, 208.

26 Johann Wilhelm Ritter, Fragmente aus dem Nachlasse eines jungen Physikers (1810). Heidelberg 1969, S. 233.

27 In: Eduard Mörike, Sämtliche Werke in zwei Bänden. Bd. 1. Hrsg. v. Helmut Koopmann, 6. Aufl. Darmstadt 1997, S. 689.

28 J. van Gogh-Bonger (Hrsg.), Verzamelde Brieven. III (Vincent van Gogh). Amsterdam 1953, Brief Nr. 507, Sommer 1888. Zit. nach: Ernst H. Gombrich, Die Krise der Kulturgeschichte. Gedanken zum Werteproblem in den Geisteswissenschaften. München 1991, S. 199 f.

29 Nietzsche, KSA 4, S. 244.

30 KSA 3, S. 261 f.

31 KSA 3, S. 262.

32 KSA 5, S. 239 f.

33 Eine umsichtige und die ideengeschichtlichen Kontexte miteinbeziehende Analyse dieses Nietzsche-Aphorismus 296 findet sich bei Christian Benne, »ihr meine geschriebenen und gemalten Gedanken!«: Synästhetische Lektüre von *Jenseits von Gut und Böse* 296. In: Marcus Andreas Born und Axel Pichler (Hrsg.), Texturen des Denkens. Nietzsches Inszenierung der Philosophie in Jenseits von Gut und Böse. Nietzsche-Heute Bd. 5. Berlin 2013, S. 305–352.

34 Hélène Grimaud im Gespräch mit Ijoma Mangold, Schönheit ist wie ein Motor. In: ZEIT-Magazin v. 20. November 2012, S. 46.

35 Erhard Buschbeck, Georg Trakl. Berlin 1917, S. 9.

36 In: Hermann Broch, Hofmannsthal und seine Zeit. In: Gesammelte Werke. Bd. I: Dichten und Erkennen. Hrsg. v. Hannah Arendt. Zürich 1955, S. 54.

37 Ebd.

38 Zu den Grundlagen vgl. Wilhelm Voßkamp, Einbildungskraft als Voraussetzung für eine politische Ästhetik bei Friedrich Schiller. Nordrhein-Westfälische Akademie der Wissenschaften und der Künste. Vorträge G. 430. Paderborn 2011.

39 Begriff von Jochen Schulte-Sasse, zit. nach Voßkamp, ebd., S. 11.

40 Zur Kontextualisierung vgl. den Aufsatz von Antje Büssgen, Vom Wort zur Farbe: Über den Zusammenhang von Sprachskepsis und Farbenenthusiamus bei Hofmannsthal und Rilke. In: Jahrbuch der Österreich-Bibliothek in St. Petersburg 5 (2002), S. 155–179.

41 In: Hugo von Hofmannsthal, Gesammelte Werke in zehn Einzelbänden. Bd. VII: Erzählungen. Erfundene Gespräche und Briefe. Reisen. Hrsg. v. Bernd Schoeller in Beratung mit Rudolf Hirsch. Frankfurt am Main 1979, S. 569 f.

42 Ebd., S. 571.

43 Broch, a.a.O., S. 155.

44 Büsgen, a.a.O., S. 170.

VI Zum Tode dichten. Ein Selbstgemälde und »Begegnung mit Sterbenden«

1 Hans Belting, Bild-Anthropologie: Entwürfe für eine Bildwissenschaft. München 2001.

2 Peter Sloterdijk im Gespräch mit René Scheu, Die verborgene Grosszügigkeit. In: Schweizer Monat. Sonderthema 7/November 2012, S. 10.

3 Dazu Hans Weichselbaum, Eine bleiche Maske mit drei Löchern. Zu Georg Trakls Selbstporträt. In: Mitteilungen aus dem Brenner-Archiv, Nr. 31/2012, S. 37–44.

4 Zit. nach: Kai Hammermeister. Jacques Lacan. München 2008, S. 37.

5 Es handelt sich um die Handschrift zwei des Gedichts zweiter Fassung. Reproduziert als Faksimiledruck Nr. 20 (1976) des Schiller-Nationalmuseums Marbach, dessen damaligem Direktor, Bernhard Zeller, Heidegger das Blatt am 24. Oktober 1970 übergeben hatte. Die Fassungen weichen erheblich voneinander ab, nicht aber deren Hauptmotive und die poetische Farbgebung; die erste Fassung war ein fünfstrophiges Gedicht zu je vier Versen.

6 Friedrich A. Kittler, Aufschreibsysteme 1800–1900. München 1995, S. 277.

7 Ludwig von Ficker datiert es auf Ende März 1914, doch verweist Otto Basil darauf, dass Hans Limbach das Porträt bereits Anfang 1914 beschrieben hat. Vgl. Basil, a.a.O., S. 141.

8 Vollzählig wiedergegeben bei Weichselbaum, Trakl, a.a.O.

9 Vgl. Klaus Manger, Trakl und die »Franziska« Kokoschkas. In: Neue Zürcher Zeitung, Nr. 177 v. 3./4. August 1985, S. 47 f.

10 Vgl. Weichselbaum, Eine bleiche Maske mit drei Löchern, a.a.O.

11 Ebd., S. 39. Vgl. auch den Mitteilungstext »Die Heimführung Georg Trakls«. In: Der Brenner. Neunte Folge 1925, S. 280–286.

12 Zit. nach Basil, Trakl, a.a.O., S. 141.

13 Ludwig von Ficker, In Erinnerung an Georg Trakl. 6. Aufl. Innsbruck 1926, S. 104.

14 Weichselbaum, Eine bleiche Maske mit drei Löchern, a.a.O., S. 42.

15 Ebd., S. 39.

16 Karl Borromäus Heinrich, Briefe aus der Abgeschiedenheit (II): Die Erscheinung Georg Trakls. In: Der Brenner III (1913), Heft 11, S. 508–516, hier: S. 512.

17 Weichselbaum, Eine bleiche Maske, a.a.O., S. 39.

18 Ebd.

19 In: K. B. Heinrich, Briefe aus der Abgeschiedenheit, a.a.O., S. 511 f.

20 Drawert, Schreiben, a.a.O., S. 170.

21 Zit. nach Franz Landsberger, Impressionismus und Expressionismus. Eine Einführung. 6. Aufl. Leipzig 1922, S. 32.

VII *Sebastian im Traum* oder »Die Verwandlung des Bösen«

1 Nach Wolfgang Kuhoff, Sebastianus. In: Biographisch-Bibliographisches Kirchenlexikon (BBKL). Band 9. Herzberg 1995, Sp. 1268–1271.

2 Denkbar ist auch, die Struktur dieses Gedichts im Sinne einer kontrapunktischen Anordnung von Gegensatzpaaren zu beschreiben, wie dies Alfred Doppler versucht hat: »Analog zur Polyphonie in der Musik sind in ›Sebastian im Traum‹ eine Vater-Mutter-Kind-Beziehung, die Spannung von Erlösungshoffnung und Hoffnungslosigkeit, von Hinsinken und Aufstehen, Hinab- und Hinaufsteigen, von Erscheinen und Verfallen kontrapunktisch gegeneinander bewegt.« Doppler betont, dass das »Zusammenklingen gegenläufiger Themen« vom Dichter aufgrund der Tatsache, dass sein Material Worte sind und keine Töne oder Klänge, nur suggeriert werden könne. Doppler, Die Musikalisierung der Sprache. In: Colombat/Stieg, a.a.O., S. 189.

3 Vgl. bes. Rüdiger Safranski, Das Böse. Oder das Drama der Freiheit. München/Wien 1997.

4 Dazu ausführlich: Rüdiger Görner, Bekenntnisgesang. Eine Improvisation zu BWV 78 »Jesu der du meine Seele«. In: Bekenntnisgesang. In: Bach-Anthologie 2008. Reflexionen zu den Kan-

tatentexten BWV 54, 63, 78, 81, 88, 125, 129, 139, 140, 166, 169. Hrsg. v. Michael Wirth/J. S. Bach-Stiftung, St. Gallen. Zürich 2009, S. 109–115.

5 Den Begriff des Untoten verwende ich hier im Sinne von Slavoj Žižek:»›he is undead‹ does not simply mean that he is alive, but that he is alive as not dead, as a living dead. ›He is undead‹ means that he is not-not-dead.« In: S. Z., Less than Nothing. Hegel and the Shadow of Dialectical Materialism. London/New York 2012, S. 788. Diesen Hinweis verdanke ich Professor Christian Benne (Odense, Dänemark).

6 Klaus Mann, Über Georg Trakl. In: Die Weltbühne v. 20. Februar 1920, S. 504–505.

7 Ebd., S. 504.

8 Diese Abhängigkeit betont Hans Mayer in: H. M., Schreker und die Literatur. In: Otto Kolleritsch (Hrsg.), Franz Schreker. Am Beginn der Neuen Musik. Studien der Wertungsforschung Bd. 11. Wien 1978, S. 32–47, hier: S. 39. Diese Position relativiert Matthias Brzoska, Franz Schrekers Oper »Die Schatzgräber«. Beihefte zum Archiv für Musikwissenschaft Bd. 27. Wiesbaden 1988 mit Hinweisen auf Schrekers eigene Aussagen. Libretto: http://www.universaledition.com/noten-und-mehr/Der-Schatzgraeber-Schreker-Franz-UE6137

9 Klaus Mann, Über Georg Trakl, a.a.O., S. 505.

10 HKA I, 85 (meine Hervorhebung). Das Gedicht umfasst die Seiten 85/86.

11 Arthur Schnitzler, Träume. Das Traumtagebuch 1875–1931. Hrsg. v. Peter Michael Braunwarth und Leo A. Lensing. Göttingen 2012.

12 In: Arthur Schnitzler, Die Erzählenden Schriften. Bd. 2. Frankfurt am Main 1970, S. 503.

13 In: Benjamin, Gesammelte Schriften, a.a.O., II, 2, S. 620–622. Dazu auch das Themenheft »Walter Benjamin, Traumkitsch« der Neuen Rundschau 123 (2012) Heft 4, S. 5–97.

14 Benjamin, GS II, 2, S. 620.

15 In: Hofmannsthal, Gesammelte Werke Bd. VII, a.a.O., S. 444.

16 »La science, la nouvelle noblesse! Le progrès. Le monde marche! Pourquoi ne tournerait-il pas?« In: Rimbaud, Poésies. Gedichte, a.a.O., S. 80/81.

17 Die Forschung hat dafür den Ausdruck »duratives Traumgedicht« geprägt. Vgl. Burkhard Meyer-Sickendiek, Lyrisches Gespür.

Vom geheimen Sensorium moderner Poesie. München 2012, S. 230–246, bes. S. 233. Meyer-Sickendiek entwickelt diesen Begriff an Beispielen von Eichendorff, Trakl, Däubler, Horst Lange, Karl Kraus, Wolfgang Hilbig, Reinhard Priessnitz und Friederike Mayröcker.

18 In: Theodor Däubler, Das Sternenkind. Leipzig 1916, S. 31.

19 In zwei aufeinanderfolgenden Heften des *Brenner* erschienen Würdigungen über Däubler: Johannes Schlaf, Theodor Däubler. In: Der Brenner 3 (1912), Heft 3, S. 120–127; Hugo Neugebauer, Zur Würdigung Theodor Däublers. In: Der Brenner 3 (1912), Heft 4, S. 198–204.

20 Öffentlichen Ausdruck fand dies auch in der Rezension von Erhard Buschbeck, Däublers Hesperien. In: Die Aktion VI (1916), Heft 26, S. 362–63.

21 Vgl. Basil, Trakl, a.a.O., S. 142.

22 Zur Interpretation vgl. Rainer Gruenter, Herbst des Gefühls. In: Marcel Reich-Ranicki (Hrsg.), Von Arno Holz bis Rainer Maria Rilke. 1000 Deutsche Gedichte und ihre Interpretationen. Frankfurt 1994, S. 119; Heidi E. Faletti: Die Jahreszeiten des Fin de siècle. Eine Studie über Stefan Georges *Das Jahr der Seele*. Bern/München 1983

23 In: Hofmansthal, Gesammelte Werke Bd. VII, a.a.O., S. 497.

24 Ebd., S. 499.

25 Vgl. zur Interpretation: Joerg Schaefer, Georg Trakl. Der Herbst des Einsamen. In: Gedichte der Menschheitsdämmerung. Interpretationen expressionisticher Lyrik. Mit einer Einleitung von Kurt Pinthus. München 1971, S. 18–32.

26 Zur Interpretation vgl. u.a. Theodore Fiedler, Georg Trakl's »Abendland«: life as tragedy. In: Wilm Peters (Hrsg.), Wahrheit und Sprache. Festschrift für Bert Nagel zum 65. Geburtstag. Göppingen 1972, S. 201–209.

27 In: Else Lasker-Schüler, Sämtliche Gedichte. Hrsg. v. Friedhelm Kemp. München 1977, S. 151 (»Georg Trakl«).

28 Illies, a.a.O., S. 274.

29 Zit. nach: Weichselbaum, Trakl, a.a.O., S. 158.

30 Zit. nach Schneditz, Georg Trakl in Zeugnissen der Freunde, a.a.O., S. 88.

31 In: Celan, »Mikrolithen sinds, Steinchen«. Die Prosa aus dem Nachlaß, a.a.O., S. 119. Vgl. Bernhard Böschenstein, Celan als Le-

ser Trakls. In: Colombat/Stieg, Frühling der Seele, a.a.O., S. 135–162.

32 Ebd., S. 95.

33 Ebd., S. 23.

34 Vgl. den Kommentar zu dieser Stelle, ebd., S. 310 f.

35 Rainer Maria Rilke, Werke. Kommentierte Ausgabe in vier Bänden (= KA). Bd. 1. Hrsg. v. Manfred Engel u. a., Frankfurt am Main und Leipzig 1996, S. 480.

36 Hanns Hörbiger, Hörbigers Glacial-Kosmogenie. Eine neue Entwicklungsgeschichte des Weltalls und des Sonnensystems auf Grund der Erkenntnis des Widerstreits eines kosmischen Neptunismus mit einem ebenso universellen Plutonismus. Wien 1913. Vgl. dazu: Christina Wessely, Welteis. Eine wahre Geschichte. Berlin 2013.

VIII »An Mauern hin«. Lyrische Endzeitlichkeiten

1 Eberhard Sauermann, Zu Valenzverstößen in poetischer Sprache. Befremdende Transitivierungen bei Georg Trakl. In: H. Moser und E. Koller (Hrsg.), Studien zur deutschen Grammatik. Johannes Erben zum 60. Geburtstag. Innsbruck 1985, S. 335–356.

2 Fjodor M. Dostojewskij, Schuld und Sühne (1866). Aus dem Russischen übertragen von Richard Hoffmann. 4. Aufl. München 1981, S. 258.

3 Ebd., S. 350.

4 Ebd., S. 7 f.

5 Nietzsche, KSA 1, S. 884.

6 Ebd., S. 879.

7 Ebd.

8 Rilke, KA I, S. 267–268.

9 Rilke, KA 2, S. 412.

10 Ebd.

11 Dazu ausführlich: Jochen Schmidt, Hölderlins geschichtsphilosophische Hymnen »Friedensfeier« – »Der Einzige« – »Patmos«. Darmstadt 1990.

12 Vgl. dazu bes. Theodore Fiedler, Hölderlin and Trakl's poetry of 1914. In: Emery E. George (Hrsg.), Friedrich Hölderlin. An Early Modern. Ann Arbor/Michigan 1972, S. 87–105.

13 In: Rilke, Werke KA I, S. 150 f.
14 Vgl. bes. Peter Sprengel, Geschichte der deutschsprachigen Literatur von 1900–1918: Von der Jahrhundertwende bis zum Ende des Ersten Weltkriegs. München 2004, S. 635 ff.
15 Ebd., S. 636.
16 Die wichtige Ausnahme ist ein erhellendes Teilkapitel zum »Dramenfragment« in Andrew Webber, Sexuality and the Sense of Self, a.a.O., S. 64–73.
17 Vgl. Elizabeth Boa, The Sexual Circus. Wedekind's Theatre of Subversion. Oxford/New York 1987.
18 Jules Verne: Der stolze Orinoko. Bekannte und unbekannte Welten. Abenteuerliche Reisen von Julius Verne. Band LXXIII–LXXIV. Wien, Pest, Leipzig 1899; Verweise auf Oberst von Kermor und dessen »einzige Tochter«, bes. S. 204–221.
19 Hölderlin, SWB 3, S. 470 (Brief an den Verleger Wilmans v. Dezember 1803).
20 Unter den zahlreichen Interpretationen dieses Gedichts ragt noch immer die erste umfassende heraus: Walter Höllerer, Georg Trakl. Grodek. In: Benno von Wiese (Hrsg.), Die deutsche Lyrik. Form und Geschichte. Bd. 2: Von der Spätromantik bis zur Gegenwart. Düsseldorf 1957, S. 419–424. Vgl. auch: E. L. Marson, »Grodek« – towards an interpretation. In: German Life & Letters, N. F. 26 (1972/73), S. 32–38.
21 In: Hölderlin, SWB I, S. 286 (V. 15–18).
22 In: Ebd., S. 322 (V. 40–43). Trakl besaß zwei Hölderlin-Ausgaben, eine dreibändige von Wilhelm Böhm, bei Eugen Diederichs (Jena und Leipzig) 1905 herausgegeben (mit Einleitung und Auswahl seiner Briefe) sowie die zweibändige Ausgabe von Berthold Litzmann (Hölderlins gesammelte Dichtungen, Cotta: Stuttgart o. J.). Grundsätzliches zur Frage von Trakls Quellen bei: Eberhard Sauermann, Edition und Funktion von Trakls Quellen. Über die Dunkelheit der Gedichte »Helian« und »Kaspar Hauser Lied«. In: Anton Schwob und Erwin Streitfeld unter Mitarbeit von Karin Kranich-Hofnauer (Hrsg.), Quelle – Text – Edition. Tübingen 1997, S. 255–275. Vgl. auch den Editorischen Bericht in: Georg Trakl, Sämtliche Werke und Briefwechsel. Innsbrucker Ausgabe, a.a.O., S. 14–17 sowie das Quellenverzeichnis, ebd., S. 603.
23 Vgl. Rüdiger Görner, Hölderlins heiliger Zorn. In: Martin Rous-

sel u. a. (Hrsg.), Festschrift für Günter Blamberger. Köln 2013 (im Druck)

24 Hölderlin, SWB I, S. 320.

25 Johannes Urzidil, Sturz der Verdammten. Gedichte. Leipzig 1919, S. 6.

IX Nachleben im Ungeborenen

1 In der Bibliothek des Brenner-Archivs, Innsbruck unter der Sigle BA 510. Der den Band mit diesen Worten Widmende war Wolfgang Cordan (Pseudonym für H. Horn), der in Paris eine Schrift gegen den Nationalsozialismus veröffentlicht und später in den Niederlanden gegen die nazistische Okkupation gekämpft hatte. Ich verdanke diesen Hinweis Univ.-Prof. Dr. Eberhard Sauermann vom Brenner-Archiv. David de Jong (1898–1963) war Schriftsteller und Privatgelehrter. Mit Cordan verfasste er den »Essay over het Surrealismen«. Amsterdam 1935. In deutscher Übersetzung erschienen u. a.: Rembrandt. Fürst der Maler. Berlin 1958; und bei Rütten & Loening 1970 »Der Narr Estebanillo«.

2 Frank Schirrmacher, Fünf Dichter – Ein Jahrhundert. Über George, Hofmannsthal, Rilke, Trakl und Benn (Berlin 1996). Frankfurt am Main und Leipzig 1999.

3 Urheber des begrifflichen Kontrastpaares »Ohnmacht des Subjekts – Macht der Persönlichkeit« sind Christian Benne und Enrico Müller, die diese Konstellation bei Friedrich Nietzsche thematisiert haben im Rahmen einer Internationalen Konferenz der Nietzsche-Gesellschaft e.V., die von 11. bis 14. Oktober 2012 in Naumburg stattgefunden hat. Der Tagungsband befindet sich i. Vorb. zum Druck.

4 Schirrmacher, a.a.O., S. 59.

5 Vgl. dazu bes. Patrick Bridgwater, The German Poets of the First World War. Beckenham 1985, S. 19–37. Zu Heym, ebd., S. 21–25. Vergleichsweise früh hat sich die englischsprachige Germanistik der Kriegsästhetik in der Lyrik zwischen 1914 und 1918 angenommen. Als pionierhafte Arbeit darf gelten: Ronald Peacock, The Great War in German Lyrical Poetry, 1914–1918. Proceedings of the Leeds Philosophical Society, Vol. III, Part IV. Leeds 1934, S. 189–243. Peacock berücksichtigt Trakl in diesem Zusammen-

hang nicht, weil er ihn offenbar nicht als einen der »war poets«
sah, was auch aus unserer Argumentation heraus verständlich ist.
Ob sich das Gedicht mit dem Schlagwort »Negative Utopie« auf
den Begriff bringen lässt, sei eher dahingestellt. Vgl. Theo Buck,
Negative Utopie. Zu Georg Trakls Gedicht »Grodek«. In: Colom-
bat/Stieg, Frühling der Seele, a.a.O., S. 171–180.

6 Ernst Jünger, Kriegstagebücher 1914–1918. Hrsg. v. Hellmuth
   Kiesel. Stuttgart 2010.

7 In: Franz Werfel, Gedichte aus den Jahren 1908–1945. Gesammelte Werke in Einzelbänden. Hrsg. v. Knut Beck. Frankfurt am
   Main 1993, S. 70.

8 Diese These vertrat erstmals Schirrmacher, a.a.O., S. 62.

9 In: Ingeborg Bachmann, Wir müssen wahre Sätze finden. Gespräche und Interviews. Hrsg. v. Christine Koschel und Inge von Wei-
   denbaum. München/Zürich 1983, S. 45 (Aussage v. 5. November
   1964). Eine eingehende vergleichende Untersuchung zu Trakl und
   Bachmann steht bislang noch aus. Sie sollte weniger der Frage des
   »Einflusses« als vielmehr den teilweise wahlverwandten poetischen Stimmungen und poetologischen Ähnlichkeiten in beiden
   Werken nachgehen.

10 In: Jahrbuch des Brenner. Fünfter Jahrgang (1915), S. 60; sowie
    Rilke, Werke Bd. 2, a.a.O., S. 50.

11 Rilke Briefe I, a.a.O., S. 562.

12 Ebd.

13 Ebd., S. 563.

14 In: Der Brenner IV (1914), Heft 8/9, S. 357. Die Übersetzung hatte
    Marie Luise Gothein besorgt. Trakls Dichtung findet sich auf den
    Seiten 358–363.

15 Brenner-Jahrbuch, a.a.O., S. 66.

16 Ebd., S. 132.

17 In: Franz Fühmann, Der Sturz des Engels. Erfahrungen mit Dich-
    tung. München 1985, S. 79.

18 In: Lasker-Schüler, Sämtliche Gedichte, a.a.O., S. 151.

19 Vgl. dazu: Sigrid Bauschinger, Else Lasker-Schüler. Biographie.
    Göttingen 2004, S. 237 f.

20 Lasker-Schüler, Sämtliche Gedichte, a.a.O., S. 151 f.

21 Buschbeck, Trakl, a.a.O.; Albert Ehrenstein, Georg Trakl. In:
    Werke Bd. 5, a.a.O., S. 78–81.

22 Ehrenstein, ebd., S. 78.

23 Ebd.

24 Ebd., S. 80.

25 Ebd., S. 81.

26 Ebd.

27 Felix Braun, Lyrische Gestalten und Begabungen. In: Neue Freie Presse v. 17. Mai 1914 (Nr. 17861), S. 32–34. Den Hinweis verdanke ich dem amerikanischen Werfel-Experten und Übersetzer James Reidel.

28 Ebd., S. 33.

29 Vgl. dazu das Kapitel »Dialog mit den Nerven«: Stefan Zweig und die Kunst des Dämonischen. In: Rüdiger Görner, Stefan Zweig, Formen einer Sprachkunst. Wien 2012, S. 60–73.

30 Felix Braun, Zum Gedächtnis Georg Trakls. In: Die neue Rundschau 26 (1915), S. 140–141.

31 So in: Felix Braun, Deutsche Geister. Aufsätze. Wien/Leipzig/München 1925 (Trakl-Kapitel: S. 265–269). Es handelt sich um Arbeiten von Johann Tauler bis Trakl; vgl. dazu die polemische Besprechung von Oskar Loerke in: Ders., Der Bücherkarren. Besprechungen im Berliner Börsenkurier 1920–1928. Hrsg. v. Hermann Kasack unter Mitarbeit von Reinhard Tgahrt. Darmstadt 1965, S. 288–289. Loerke warf Braun Oberflächlichkeit im Urteil vor: »Rührt man im Grunde, so muß man gründlich werden!« (S. 288) Braun verfasste nach dem Zweiten Weltkrieg zu einer Trakl-Ausgabe in der Insel-Bücherei Nr. 436 (»Gesang des Abgeschiedenen«) ein Geleitwort, das in den Kontext des nach 1945 wieder beschworenen »Abendland«-Kulturmythos gehört (Leipzig 1950).

32 Handschriftenabteilung der Stadtbibliothek Wien, Sigle I. M. 162.074.

33 Handschriftenabteilung der Stadtbibliothek Wien, Sigle I. M. 162.086. Es folgt Lernet-Holenias Gedicht »Auf den Opfertod zweier Jünglinge«. Brief in: Ludwig von Ficker, Briefwechsel 1926–1939 (= Bd. III). Hrsg. v. Ignaz Zangerle, Walter Methlagl, Franz Seyr, Anton Unterkircher. Innsbruck 1991, S. 140 f. Der Kommentar enthält jedoch nicht den Briefentwurf.

34 In: Wolfgang Schneditz, Georg Trakl in Zeugnissen der Freunde. Salzburg 1951, S. 99.

35 Alexander Lernet-Holenia, Größe und Elend Georg Trakls. In: Die Presse v. 29. Januar 1955. (Nachlass Ludwig von Ficker im

Brenner-Archiv, Sigle 102/158–1). Ebenso ders., Georg Trakl. In: Neue Schweizer Rundschau, N. F. 22 (1954/55), Heft 9, S. 568–569.

36 Theodor W. Adorno, Minima Moralia (1951). Frankfurt am Main 2001, S. 426 f. u. S. 364.

37 Zit. nach: Werner Kraft, Friedrich C. Heinle. In: Akzente 31 (1984), S. 9–21, hier: S. 18.

38 Ebd.

39 Vgl. Werner Kraft, Über einen verschollenen Dichter. In: Neue Rundschau 78 (1967), S. 614–621, hier: S. 614.

40 Ebd., S. 619.

41 In: Kraft, Heinle, a.a.O., S. 12.

42 Zit. nach: Kraft, Über einen verschollenen Dichter, a.a.O., S. 620.

43 In: Ebd., S. 617.

44 In: Ebd., S. 618.

45 In: Ebd., S. 618.

46 Zit. nach: Harald Hartung, Die unvollkommene Sühne. Zum hundertsten Geburtstag des Schriftstellers Georg Trakl. In: Frankfurter Allgemeine Zeitung v. 3. Februar 1987. Vgl. auch Armin Vilas, Ethik und Ästhetik sind eins: Wittgenstein und Trakl. In: Austriaca 13 (1987), S. 47–65.

47 Ebd.

48 In: Heidegger, Unterwegs zur Sprache, a.a.O., S. 26.

49 In: Handschriftenabteilung der Stadtbibliothek Wien, Sigle I. N. 217.625.

50 In: Ilse Aichinger, Kleist, Moos, Fasane. Frankfurt am Main 1987, S. 92. Zum Beziehungsfeld Trakl-Büchner – freilich ohne Einbeziehung Aichingers – vgl. auch: Rudolf Dirk Schier, Büchner und Trakl. Zum Problem der Anspielungen im Werk Trakls. In: Publications of the Modern Language Association of America 87 (1972), S. 1052–1064.

51 In: Aichinger, Kleist, Moos, Fasane, a.a.O., S. 90.

52 Vgl. etwa Ingrid Strohschneider-Kohrs, Die Entwicklung der lyrischen Sprache in der Dichtung Georg Trakls. In: Literaturwissenschaftliches Jahrbuch, N. F. 1 (1960), S. 211–226.

53 Der Ausdruck stammt von Robert Menasse. In: Die Zerstörung der Welt als Wille und Vorstellung. Frankfurter Poetikvorlesungen. Frankfurt am Main 2006, S. 45.

54 Zit nach: Franz Werfel, Stern der Ungeborenen. Ein Reiseroman.

Gesammelte Werke in Einzelbänden. Hrsg. v. Knut Beck. 6. Aufl. Frankfurt am Main 2010, S. 15.

55 Ebd., S. 17 f.

56 Ich danke nachdrücklich den Werfel-Experten Peter Stephan Jungk und James Reidel für entsprechende Auskünfte.

57 In: Hermann Graf Keyserling, Betrachtungen der Stille und Besinnlichkeit. Jena 1941, S. 259.

Literatur

Quellen

Adorno, Theodor W.: Minima Moralia (1951). Frankfurt am Main 2001.

Aichinger, Ilse: Kleist, Moos, Fasane. Frankfurt am Main 1987.

Bahr, Hermann: Zur Überwindung des Naturalismus. Theoretische Schriften 1887–1904. Ausgewählt, eingeleitet und erläutert von Gotthart Wunberg. Stuttgart 1968 (= Sprache und Literatur 46).

Basil, Otto: Georg Trakl mit Selbstzeugnissen und Bilddokumenten. Reinbek 1965.

Baudelaire, Charles: Die Blumen des Bösen. Umdichtungen von Stefan George. Berlin 1901.

Benjamin, Walter: Gesammelte Schriften. Hrsg. v. Rolf Tiedemann und Hermann Schweppenhäuser unter Mitwirkung von Theodor W. Adorno und Gershom Scholem. 7 Bde. Frankfurt am Main 1972–1989.

Benn, Gottfried (Hrsg.): Lyrik des expressionistischen Zeitalters. Von den Wegbereitern bis zum Dada. 6. Aufl. München 1974.

Braun, Felix: Lyrische Gestalten und Begabungen. In: Neue Freie Presse v. 17. Mai 1914 (Nr. 17861), S. 32–34.

Braun, Felix: Zum Gedächtnis Georg Trakls. In: Die neue Rundschau 26 (1915), S. 140–141.

Braun, Felix: Deutsche Geister. Aufsätze. Wien/Leipzig/München 1925.

Broch, Hermann: Hofmannsthal und seine Zeit. In: Gesammelte Werke Bd I: Dichten und Erkennen. Hrsg. v. Hannah Arendt. Zürich 1955.

Buschbeck, Erhard: Däublers Hesperien. In: Die Aktion VI (1916), Heft 26, S. 362–363.

Buschbeck, Erhard: Georg Trakl. Berlin 1917.

Celan, Paul: »Mikrolithen sinds, Steinchen«. Die Prosa aus dem Nachlaß. Kritische Ausgabe. Hrsg. und kommentiert v. Barbara Wiedemann und Bertrand Badiou. Frankfurt am Main 2005.

Creeley, Robert: Autobiographie. Aus dem Amerikanischen von Erwin Einzinger. Salzburg und Wien 1993.

Däubler, Theodor: Das Sternenkind. Leipzig 1916.

Dostojewskij, Fjodor M.: Schuld und Sühne (1866). Aus dem Russischen übertragen von Richard Hoffmann. 4. Aufl. München 1981.

Drawert, Kurt: Schreiben. Vom Leben der Texte. München 2012.

Ehrenstein, Albert: Werke. Bd. 5: Aufsätze und Essays. Hrsg. v. Hanni Mittelmann. Göttingen 2004, S. 78–81.

Eliade, Mircea: Schamanismus und schamanische Ekstasetechnik. Frankfurt am Main 2001.

Esterle, Max von: Karikaturen und Kritiken. Hrsg. v. Wilfried Kirschl und Walter Methlagl. Salzburg 1971.

Ficker, Ludwig von: Der Abschied (1926). In: Ders., Denkzettel und Danksagungen. Aufsätze. Hrsg. v. Franz Seyr. München 1967, S. 80–101.

Ficker, Ludwig von: In Erinnerung an Georg Trakl. Innsbruck 1926.

Ficker, Ludwig von: Das Vermächtnis Georg Trakls. In: Der Brenner, 18. Folge 1954, S. 248–269.

Ficker, Ludwig von: Briefwechsel 1914–1925. Hrsg. v. Ignaz Zangerle, Walter Methlagl, Franz Seyr und Anton Unterkircher. Innsbruck 1988.

Ficker, Ludwig von: Briefwechsel 1926–1939. Hrsg. v. Ignaz Zangerle, Walter Methlagl, Franz Seyr und Anton Unterkircher. Innsbruck 1991.

Fischer, Brigitte S.: Sie schrieben mir oder Was aus meinem Poesiealbum wurde. 12. Aufl. München 1990.

Fleck, Ludwik: Denkstile und Tatsachen. Gesammelte Schriften und Zeugnisse. Hrsg. v. Sylwia Werner und Claus Zittel. Frankfurt am Main 2011.

Freud, Sigmund: Totem und Tabu. In: Ders., Studienausgabe. Bd. 9: Fragen der Gesellschaft/Ursprünge der Religion. Hrsg. v. Alexander Mitscherlich u. a., Frankfurt am Main 2000.

Fühmann, Franz: Der Sturz des Engels. Erfahrungen mit Dichtung. München 1985.

Fühmann, Franz: Vor Feuerschlünden – Erfahrung mit Georg Trakls Gedicht. Anhang: Dichtungen und Briefe Georg Trakls. Hrsg. v. Franz Fühmann/Uwe Kolbe: Worum es geht. Paralipomena zu Franz Fühmann »Vor Feuerschlünden«. Rostock 2000.

Goethe, Johann Wolfgang: Zur Farbenlehre. Didaktischer Teil. In: Hamburger Ausgabe. Hrsg. v. Erich Trunz. Bd. 13. München 1986.

Günter, Johann Christian: Werke in einem Band. Hrsg. v. Hans Dahlke. Wien 1958.

Heidegger, Martin: Die Sprache im Gedicht. In: Merkur 1953, Nr. 61, S. 226–258.

Heidegger, Martin: Unterwegs zur Sprache. 6. Aufl. Pfullingen 1979.

Heinrich, Karl Borromäus: Briefe aus der Abgeschiedenheit (II): Die Erscheinung Georg Trakls. In: Der Brenner III (1913), Heft 11, S. 508–516.

Hofmannsthal, Hugo von: Alkestis. Ein Trauerspiel. Insel-Bücherei Nr. 134. Wiesbaden 1959.

Hofmannsthal, Hugo von: Gesammelte Werke in zehn Einzelbänden. Bd. VII: Erzählungen. Erfundene Gespräche und Briefe. Reisen. Hrsg. v. Bernd Schoeller in Beratung mit Rudolf Hirsch. Frankfurt am Main 1979.

Hölderlin, Friedrich: Sämtliche Werke und Briefe. Hrsg. v. Franz Zinkernagel. 5 Bde. Leipzig 1914–1926.

Hölderlin, Friedrich: Sämtliche Werke und Briefe in drei Bänden (= SWB). Hrsg. v. Jochen Schmidt. Frankfurt am Main 1992.

Höllerer, Walter: Thesen zum langen Gedicht. In: Akzente 12 (1965), S. 128–130.

Jünger, Ernst: Kriegstagebücher 1914–1918. Hrsg. v. Hellmuth Kiesel. Stuttgart 2010.

Keller, Gottfried: Gedichte und Schriften. München o. J.

Keyserling, Hermann Graf: Betrachtungen der Stille und Besinnlichkeit. Jena 1941.

Kling, Thomas: schädelmagie. Ausgewählte Gedichte. Hrsg. v. Norbert Hummelt. Stuttgart 2008, S. 44–45.

Lasker-Schüler, Else: Sämtliche Gedichte. Hrsg. v. Friedhelm Kemp. München 1977.

Lernet-Holenia, Alexander: Georg Trakl. In: Neue Schweizer Rundschau, N. F. 22 (1954/55), Heft 9, S. 568–569.

Lernet-Holenia, Alexander: Größe und Elend Georg Trakls. In: Die Presse v. 29. Januar 1955.

Liliencron, Detlev von: Poggfred. Kunterbuntes Epos in neunundzwanzig Kantussen. Stuttgart, Berlin und Leipzig 1896.

Loerke, Oskar: Der Bücherkarren. Besprechungen im Berliner Börsenkurier 1920–1928. Hrsg. v. Hermann Kasack unter Mitarbeit von Reinhard Tgahrt. Darmstadt 1965, S. 288–89.

Lublinski, Samuel: Ein Wort über Lyrik. In: Ders., Ausgewählte Schriften. Bd. 2: Der Ausgang der Moderne. Tübingen 1976.

Maeterlinck, Maurice: Gedichte. Verdeutscht von K. L. Ammer und Friedrich von Oppeln-Bronikowski. Jena 1906.

Mann, Thomas: Betrachtungen eines Unpolitischen. Mit einem Vorwort von Hanno Helbling. Frankfurt am Main 1988.

Mann, Thomas und Mann, Heinrich: Briefwechsel 1900–1949. Hrsg. v. Hans Wysling. Frankfurt am Main 1984.

Menasse, Robert: Die Zerstörung der Welt als Wille und Vorstellung. Frankfurter Poetikvorlesungen. Frankfurt am Main 2006.

Mörike, Eduard: Sämtliche Werke in zwei Bänden. Bd. 1. Hrsg. v. Helmut Koopmann, 6. Aufl. Darmstadt 1997.

Nietzsche, Friedrich: Sämtliche Werke. Kritische Studienausgabe in 15 Bänden (= KSA). Hrsg. v. Giorgio Colli und Mazzino Montinari. 2. Aufl. München 1988.

Novalis: Werke, Tagebücher und Briefe Friedrich von Hardenbergs. Hrsg. v. Hans-Joachim Mähl und Richard Samuel. 3 Bde. Darmstadt 1978.

Poincaré, Henri: La valeur de la science. Paris 1920.

Politycki, Matthias: Die Farbe der Vokale. Von der Literatur, den 78ern und dem Gequake satter Frösche. München 1998.

Resch, Stephan: Rauschblüten. Literatur und Drogen von Anders bis Zuckmayer. Göttingen 2009.

Rilke, Rainer Maria: Werke. Kommentierte Ausgabe in vier Bänden (= KA). Hrsg. v. Manfred Engel u. a., Frankfurt am Main und Leipzig 1996.

Rimbaud, Arthur: Leben und Dichtung. Übertragen von K. L. Ammer. Eingeleitet von Stefan Zweig. Leipzig 1907.

Rimbaud, Arthur: Poésies. Gedichte. Zweisprachige Ausgabe. Hrsg. v. Rüdiger Görner. Frankfurt am Main und Leipzig 2007.

Ritter, Johann Wilhelm: Fragmente aus dem Nachlasse eines jungen Physikers (1810). Heidelberg 1969.

Röck, Karl: Tagebuch 1891–1946. Bd. 1: 1891–1926. Hrsg. v. Christine Kofler. Brenner-Archiv Bibliothek online: www.uibk.ac.at/brenner-archiv/pdf/roeck-1-gesamt.pdf

Sartre, Jean-Paul: Baudelaire. Ein Essay. Mit einem Vorwort von Michel Leiris. Deutsch von Beate Möhring. Hrsg. und mit einem Nachwort v. Dolf Oehler. Reinbek 1978.

'Schlaf, Johannes: Theodor Däubler. In: Der Brenner 3 (1912), Heft 3, S. 120–127.

Schmitz, Oscar A. H.: Haschisch. Erzählungen. Mit dreizehn Zeichnungen von Alfred Kubin. Hrsg. mit einem einleitenden Essay v. Wilhelm W. Hemecker. Wien 2002.

Schnitzler, Arthur: Die Erzählenden Schriften. Bd. 2. Frankfurt am Main 1970.

Schnitzler, Arthur: Träume. Das Traumtagebuch 1875–1931. Hrsg. v. Peter Michael Braunwarth und Leo A. Lensing. Göttingen 2012.

Spengler, Oswald: Der Untergang des Abendlandes. Umrisse einer Morphologie der Weltgeschichte. Nachwort v. Detlef Felken. 16. Aufl. München 2003.

Trakl, Georg: Dichtungen und Briefe in zwei Bänden. Historisch-kritische Ausgabe Bd. 1. Hrsg. v. Walther Killy und Hans Szklenar. 2., ergänzte Aufl. Salzburg 1987.

Trakl, Georg: Sämtliche Werke und Briefwechsel. Innsbrucker Ausgabe. Hist.-kritische Ausgabe mit Faksimiles der handschriftlichen Texte Trakls. Hrsg. v. Eberhard Sauermann und Hermann Zwerschina. Frankfurt am Main und Basel 2007.

Trakl, Georg: Die »Salzburg«-Gedichte. Hrsg. v. Hans Weichselbaum. Salzburg 2012.

Trakl, Georg und Kubin, Alfred: Offenbarung und Untergang/Die Prosadichtungen. Salzburg 1995.

Urzidil, Johannes: Sturz der Verdammten. Gedichte. Leipzig 1919.

Urzidil, Johannes: Hinternational. Ein Lesebuch von Klaus Johann und Vera Schneider. Potsdam 2010.

Verlaine, Paul: Gedichte. Eine Anthologie der besten Übertragungen. Hrsg. v. Stefan Zweig. 2. Aufl. Berlin und Leipzig 1907 (Erstauflage 1902).

Verne, Jules: Der stolze Orinoko. Bekannte und unbekannte Welten. Abenteuerliche Reisen von Julius Verne. Band LXXIII–LXXIV. Wien, Pest, Leipzig 1899.

Walser, Robert: Geschwister Tanner. Sämtliche Werke in Einzelausgaben. Hrsg. v. Jochen Greven. Bd. IX. Frankfurt am Main 1986.

Werfel, Franz: Gedichte aus den Jahren 1908–1945. Gesammelte Werke in Einzelbänden. Hrsg. v. Knut Beck. Frankfurt am Main 1993.

Werfel, Franz: Stern der Ungeborenen. Ein Reiseroman. Gesammelte Werke in Einzelbänden. Hrsg. v. Knut Beck. 6. Aufl. Frankfurt am Main 2010.

Zweig, Stefan: Verlaine. Berlin/Leipzig 1905.

Sekundärliteratur

Anz, Thomas und Stark, Michael (Hrsg.): Expressionismus. Manifeste und Dokumente zur deutschen Literatur 1910–1920. Stuttgart 1982.

Asholt, Wolfgang und Fähnders, Walter (Hrsg.): Fin de siècle. Erzählungen, Gedichte, Essays. Stuttgart 1993.

Bance, Alan F.: The Kaspar Hauser Legend and its Literary Survival. In: German Life & Letters, N. F. 28 (1974/75), S. 199–210.

Bauschinger, Sigrid: Else Lasker-Schüler. Biographie. Göttingen 2004.

Belting, Hans: Bild-Anthropologie: Entwürfe für eine Bildwissenschaft. München 2001.

Boa, Elizabeth: The Sexual Circus. Wedekind's Theatre of Subversion. Oxford/New York 1987.

Bohrer, Karl Heinz: Zersprungene Paradiese. Vor fünfzig Jahren starb Georg Trakl. In: Die Welt, Nr. 258 v. 4. November 1964.

Böschenstein, Bernhard: Celan als Leser Trakls. In: Rémy Colombat und Gerald Stieg (Hrsg.), Frühling der Seele. Pariser Trakl-Symposion. Innsbruck 1995, S. 135–162.

Braun, Michael: Was ist tabu? Geheimes Wissen, verborgene Sprache, verbotene Bilder. In: Stimmen der Zeit 231 (2013), Heft 2, S. 96–110.

Bridgwater, Patrick: The German Poets of the First World War. Beckenham 1985.

Brosch, Renate: Empowering the Spectator: Ekphrasis as a Strategic Response to the Power of Images. In: Symbolism. An International Annual of Critical Aesthetics 8 (2008), S. 179–195.

Buck, Theo: Negative Utopie. Zu Georg Trakls Gedicht »Grodek«. In: Rémy Colombat und Gerald Stieg (Hrsg.), Frühling der Seele. Pariser Trakl-Symposion. Innsbruck 1995, S. 171–180.

Büssgen, Antje: Vom Wort zur Farbe. Über den Zusammenhang von Sprachskepsis und Farbenenthusiasmus bei Hofmannsthal und Rilke. In: Jahrbuch der Österreich-Bibliothek in St. Petersburg 5 (2002), S. 155–179.

Cheie, Laura: Die Poetik des Obsessiven bei Georg Trakl und George Bacovia. Salzburg 2004 (= Trakl-Studien XXII).

Colombat, Rémy: Les poèmes hallucinés de Trakl. Quelques aspects de la contamination rimbaldienne. In: Rémy Colombat und Gerald Stieg (Hrsg.), Frühling der Seele. Pariser Trakl-Symposion. Innsbruck 1995, S. 65–80.

Denneler, Iris: Konstruktion und Expression. Zur Strategie und Wirkung der Lyrik Trakls. Salzburg 1984.

Derrida, Jacques: De l'esprit. Heidegger et la question. Paris 1987.

Dolei, Giuseppe: Trakl e Rimbaud. In: Annali. Sezione Germanica. Studi Tedeschi 17 (1974), 1, S. 139–162.

Doppler, Alfred: Die Musikalisierung der Sprache in der Lyrik Georg Trakls. In: Rémy Colombat und Gerald Stieg (Hrsg.), Frühling der Seele. Pariser Trakl-Symposion. Innsbruck 1995, S. 181–194.

Doppler, Alfred: Bruder und Schwester in den Gedichten Georg Trakls. In: Weichselbaum, Hans (Hrsg.), Androgynie und Inzest in der Literatur um 1900. Trakl-Studien XXIII. Salzburg/Wien 2005, S. 9–27.

Ehlich, Konrad: Sprache und sprachliches Handeln. Bd 1: Pragmatik und Sprachtheorie. Berlin/New York 2007.

Faletti, Heidi E.: Die Jahreszeiten des Fin de siècle. Eine Studie über Stefan Georges *Das Jahr der Seele*. Bern/München 1983.

Falk, Walter: Heidegger und Trakl. In: Literaturwissenschaftliches Jahrbuch, N. F. 4 (1963), S. 191–204.

Felber, Andreas: Geschützte Werkstätten. Die Entstehung der Wiener Free-Jazz-Avantgarde im Umfeld der 1950er und 1960er Jahre. In: Elisabeth Großegger und Sabine Müller (Hrsg.), Teststrecke Kunst. Wiener Avantgarden nach 1945. Wien 2012, S. 68–78.

Fiedler, Theodore: Georg Trakl's »Abendland«: Life as Tragedy. In: Wilm Peters (Hrsg.), Wahrheit und Sprache. Festschrift für Bert Nagel zum 65. Geburtstag. Göppingen 1972, S. 201–209.

Fiedler, Theodore: Hölderlin and Trakl's Poetry of 1914. In: Emery E. George (Hrsg.), Friedrich Hölderlin. An Early Modern. Ann Arbor/Michigan 1972, S. 87–105.

Fink, Adrien: Über Trakl und Verlaine. In: Rémy Colombat und Gerald Stieg (Hrsg.), Frühling der Seele. Pariser Trakl-Symposion. Innsbruck 1995, S. 49–64.

Fischer, Jens-Malte: Fin de siècle. Kommentar zu einer Epoche. München 1978.

Fischer, Jens-Malte: Jahrhundertdämmerung. Ansichten eines anderen Fin de siècle. Wien 2000.

Flaxman, Rohda L.: Victorian Word-Painting and Narrative toward the Blending of Genres. Ann Arbor/Michigan 1987.

Friedrich, Hugo: Die Struktur der modernen Lyrik. Von der Mitte des neunzehnten bis zur Mitte des zwanzigsten Jahrhunderts. 8. Auflage der erweiterten Neuausgabe. Hamburg 1977.

Gombrich, Ernst H.: Die Krise der Kulturgeschichte. Gedanken zum Werteproblem in den Geisteswissenschaften. München 1991.

Görner, Rüdiger: Farbintervall und Wortverschattung. Versuch über Trakl. In: Euphorion 102 (2008), S. 187–201.

Görner, Rüdiger: Bekenntnisgesang. Eine Improvisation zu BWV 78 »Jesu der du meine Seele«. In: Bekenntnisgesang. In: Bach-Anthologie 2008. Reflexionen zu den Kantatentexten BWV 54, 63, 78, 81, 88, 125, 129, 139, 140, 166, 169. Hrsg. v. Michael Wirth/J. S. Bach-Stiftung, St. Gallen. Zürich 2009, S. 109–115.

Görner, Rüdiger: Stefan Zweig, Formen einer Sprachkunst. Wien 2012.

Görner, Rüdiger: Hölderlins heiliger Zorn. In: Martin Roussel u. a. (Hrsg.), Festschrift für Günter Blamberger. Köln 2013 (im Druck).

Görner, Rüdiger: Lido an der Donau – Café Griensteidl am San Marco. Tödliches Venedig, kakanische Kontexte und Hofmannsthals Andreas-Fragment. In: Auf schwankendem Grund. Dekadenz und Tod im Venedig der Moderne. Hrsg. von Sabine Meine, Günter Blamberger, Björn Moll und Klaus Bergdolt. Paderborn 2014, S. 227–241.

Grimaud, Hélène im Gespräch mit Ijoma Mangold: Schönheit ist wie ein Motor. In: ZEIT-Magazin v. 20. November 2012, S. 46.

Grimm, Reinhold: Georg Trakls Verhältnis zu Rimbaud. In: Germanisch-Romanische Monatsschrift, N. F. 9 (1959), S. 288–315.

Gruenter, Rainer: Herbst des Gefühls. In: Marcel Reich-Ranicki (Hrsg.), Von Arno Holz bis Rainer Maria Rilke. 1000 Deutsche Gedichte und ihre Interpretationen. Frankfurt 1994.

Guardini, Romano: Vom Geist der Liturgie. Zur aktuellen Situation, mit einem Nachwort v. Hans Maier. Freiburg 1983.

Hammermeister, Kai: Jacques Lacan. München 2008.

Hammes, Michael Paul: Waldeinsamkeit. Eine Motiv- und Stiluntersuchung zur deutschen Frühromantik, insbesondere zu Ludwig Tieck. Limburg 1933.

Hanisch, Ernst und Fleischer, Ulrike: Im Schatten berühmter Zeiten. Salzburg in den Jahren Georg Trakls (1887–1914). Salzburg 1986 (= Trakl-Studien XIII).

Harpprecht, Klaus: Thomas Mann. Eine Biographie. Reinbek 1995.

Hartung, Harald: Die unvollkommene Sühne. Zum hundertsten Geburtstag des Schriftstellers Georg Trakl. In: Frankfurter Allgemeine Zeitung v. 3. Februar 1987.

Haug, Hellmuth: Erkenntnisekel. Zum frühen Werk Thomas Manns. Studien zur deutschen Literatur Bd. 15. Tübingen 1969.

Havryliv, Tymofiy: Trakl – zwischen Baudelaire und Rimbaud. In: Károly Csúri (Hrsg.), Georg Trakl und die literarische Moderne. Tübingen 2009, S. 165–182.

Heffernan, James A. W.: Museum of Words: The Poetics of Ekphrasis from Homer to Ashberry. Chicago 1993.

Höllerer, Walter: Georg Trakl. Grodek. In: Benno von Wiese (Hrsg.), Die deutsche Lyrik. Form und Geschichte. Bd. 2: Von der Spätromantik bis zur Gegenwart. Düsseldorf 1957, S. 419–424.

Hörbiger, Hanns: Hörbigers Glacial-Kosmogenie. Eine neue Entwicklungsgeschichte des Weltalls und des Sonnensystems auf Grund der Erkenntnis des Widerstreits eines kosmischen Neptunismus mit einem ebenso universellen Plutonismus. Wien 1913.

Iehl, Dominique: Trakl et Baudelaire. In: Rémy Colombat und Gerald Stieg (Hrsg.), Frühling der Seele. Pariser Trakl-Symposion. Innsbruck 1995, S. 9–20.

Illies, Florian: 1913. Der Sommer des Jahrhunderts. Frankfurt am Main 2012.

Kemper, Hans-Georg: Gestörter Traum – Zur Interpretierbarkeit von Georg Trakls Lyrik. Festvortrag, gehalten am 2. Februar 1974 im Trakl-Haus Salzburg (Maschinenschriftl. vervielfältigt).

Kemper, Hans-Georg und Max, Frank Rainer (Hrsg.): Georg Trakl, Werke – Entwürfe – Briefe. Stuttgart 1995.

Kittler, Friedrich A.: Aufschreibsysteme 1800–1900. München 1995.

Klessinger, Hanna: Krisis der Moderne. Georg Trakl im intertextuellen Dialog mit Nietzsche, Dostojewskij, Hölderlin und Novalis. Würzburg 2007.

Korte, Hermann: Zurückgekehrt in den Raum der Gedichte. Deutschsprachige Lyriker der 1990er. München 2004.

Kraft, Werner: Über einen verschollenen Dichter. In: Neue Rundschau 78 (1967), S. 614–621.

Kraft, Werner: Friedrich C. Heinle. In: Akzente 31 (1984), S. 9–21.

Krieger, Murray: Das Problem der Ekphrasis: Wort und Bild, Raum und Zeit – und das literarische Werk. In: Gottfried Boehm und Helmut Pfotenhauer (Hrsg.), Beschreibungskunst – Kunstbeschreibung. München 1995, S. 41–58.

Kropmanns, Peter: Peitschenhiebe statt Zuckerbrot. Zur frühen Gauguin-Rezeption in Wien. In: Paul Gauguin, von der Bretagne nach Tahiti. Ein Aufbruch zur Moderne. Graz 2000, S. 133–135.

Kuhoff, Wolfgang: Sebastianus. In: Biographisch-Bibliographisches Kirchenlexikon (BBKL). Band 9. Herzberg 1995, Sp. 1268–1271.

Kurz, Paul Konrad (Hrsg.): Psalmen. Vom Expressionismus bis zur Gegenwart. Freiburg, Basel, Wien 1978.

Kux, Manfred: »De profundis« – aus dem Abgrund. In: Gedichte und Interpretationen. Bd. 5: Vom Naturalismus bis zur Jahrhundertmitte. Hrsg. v. Harald Hartung. Stuttgart 1983, S. 167–174.

Landsberger, Franz: Impressionismus und Expressionismus. Eine Einführung. 6. Aufl. Leipzig 1922

Lösel, Franz: »In Venedig«. Erstarrung im Raum. Eine Interpretation. In: Literatur und Kritik 10 (1977), S. 365–371.

Magnuson, Karl: Consonant Repetition in the Lyric of Georg Trakl. In: The Germanic Review 37 (1962), S. 263–281.

Manger, Klaus: Trakl und die »Franziska« Kokoschkas. In: Neue Zürcher Zeitung, Nr. 177 v. 3./4. August 1985, S. 47 f.

Marson, E. L.: »Grodek« – Towards an Interpretation. In: German Life & Letters, N. F. 26 (1972/73), S. 32–38.

Mautz, Kurt: Die Farbensprache der expressionistischen Lyrik. In: Deutsche Vierteljahresschrift für Literaturwissenschaft und Geistesgeschichte 31 (1957), S. 198–240.

Mayer, Mathias: Nietzsche-Verwerfungen bei Georg Trakl. In: Thorsten Valk (Hrsg.), Friedrich Nietzsche und die Literatur der klassischen Moderne. Berlin 2009, S. 87–100.

Methlagl, Walter, Sauermann, Eberhard und Scheichl, Sigurd Paul (Hrsg.): Untersuchungen zum »Brenner«. Festschrift für Ignaz Zangerle zum 75. Geburtstag. Salzburg 1981.

Methlagl, Walter: Nietzsche und Trakl. In: Rémy Colombat und Gerald Stieg (Hrsg.), Frühling der Seele. Pariser Trakl-Symposion. Innsbruck 1995, S. 81–118.

Meyer-Sickendiek, Burkhard: Lyrisches Gespür. Vom geheimen Sensorium moderner Poesie. München 2012.

344

Muschg, Walter: Die Zerstörung der deutschen Literatur und andere Essays. Hrsg. v. Julian Schütt und Winfried Stephan. Mit einem Nachwort v. Julian Schütt. Zürich 2009.

Neugebauer, Hugo: Zur Würdigung Theodor Däublers. In: Der Brenner 3 (1912), Heft 4, S. 198–204.

Orendi-Hinze, Diana: Trakl, Kokoschka und Kubin. Zur Interdependenz von Wort- und Bildkunst. In: Germanisch-Romanische Monatsschrift, N. F. 21 (1971), Heft 1, S. 72–78.

Orendi-Hinze, Diana: Heidegger und Trakl: Aus dem unveröffentlichten Briefwechsel Martin Heidegger – Ludwig von Ficker. In: Orbis Litterarum 32 (1977), S. 247–253.

Peacock, Ronald: The Great War in German Lyrical Poetry, 1914–1918. Proceedings of the Leeds Philosophical Society, Vol. III, Part IV. Leeds 1934, S. 189–243.

Picard, Max: Wort und Wortgeräusch. Hamburg 1963.

Ratzinger, Johannes (Papst Benedikt XVI.): Der Geist der Liturgie. Eine Einführung. Freiburg 2000.

Ritzer, Walter: Neue Trakl-Bibliographie. Salzburg 1983 (= Trakl-Studien XII).

Ryan, Judith: The Long German Poem in the Long Twentieth Century. In: German Life & Letters 60 (2007), S. 348–364.

Safranski, Rüdiger: Das Böse. Oder das Drama der Freiheit. München/Wien 1997.

Sauermann, Eberhard: Zu Valenzverstößen in poetischer Sprache. Befremdende Transitivierungen bei Georg Trakl. In: Hans Moser und Erwin Koller (Hrsg.), Studien zur deutschen Grammatik. Johannes Erben zum 60. Geburtstag. Innsbruck 1985, S. 335–356.

Sauermann, Eberhard: Entwicklung bei Trakl. Methoden der Trakl-Interpretation. In: Zeitschrift für deutsche Philologie 105 (1986), S. 151–181.

Sauermann, Eberhard: Fühmanns Trakl-Essay – das Schicksal eines Buches. Zur Autorisation der Ausgaben in der DDR und der BRD. Bern u. a. 1992.

Sauermann, Eberhard: Edition und Funktion von Trakls Quellen. Über die Dunkelheit der Gedichte »Helian« und »Kaspar Hauser Lied«. In: Anton Schwob und Erwin Streitfeld unter Mitarbeit von Karin Kranich-Hofnauer (Hrsg.), Quelle – Text – Edition. Tübingen 1997, S. 255–275.

Sauermann, Eberhard: Zur Entstehung und Ignorierung der ersten Trakl-Gesamtausgabe. In: Euphorion 106 (2012), Heft 1, S. 137–149.

Schaefer, Joerg: Georg Trakl. Der Herbst des Einsamen. In: Gedichte der Menschheitsdämmerung. Interpretationen expressionistischer Lyrik. Mit einer Einleitung v. Kurt Pinthus. München 1971, S. 18–32.

Schier, Rudolf Dirk: Die Sprache Georg Trakls. Heidelberg 1970.

Schier, Rudolf Dirk: Büchner und Trakl. Zum Problem der Anspielungen im Werk Trakls. In: Publications of the Modern Language Association of America 87 (1972), S. 1052–64.

Schirrmacher, Frank: Fünf Dichter – Ein Jahrhundert. Über George, Hofmannsthal, Rilke, Trakl und Benn (Berlin 1996). Frankfurt am Main und Leipzig 1999.

Schmidt, Jochen: Hölderlins geschichtsphilosophische Hymnen »Friedensfeier« – »Der Einzige« – »Patmos«. Darmstadt 1990.

Hilde Schmölzer, Dunkle Liebe eines wilden Geschlechts. Georg und Margarethe Trakl. Tübingen 2013.

Schneditz, Wolfgang (Hrsg.): Georg Trakl in Zeugnissen der Freunde. Salzburg 1951.

Schneider, Karl Ludwig: Der bildhafte Ausdruck in den Dichtungen Georg Heyms, Georg Trakls und Ernst Stadlers. Studien zum lyrischen Sprachstil des deutschen Expressionismus. Heidelberg (1954) 1968.

Schwendter, Rolf: Subkulturelles Wien. Die informelle Gruppe (1959–1971). Literatur, Kultur, Politik. Wien 2003.

Sloterdijk, Peter im Gespräch mit René Scheu: Die verborgene Grosszügigkeit. In: Schweizer Monat. Sonderthema 7/November 2012, S. 10.

Sprengel, Peter: Geschichte der deutschsprachigen Literatur von 1900–1918: Von der Jahrhundertwende bis zum Ende des Ersten Weltkriegs. München 2004.

Stieg, Gerald: Der Brenner und Die Fackel. Ein Beitrag zur Wirkungsgeschichte von Karl Kraus. Salzburg 1976 (= Brenner-Studien Bd. 3).

Strohschneider-Kohrs, Ingrid: Die Entwicklung der lyrischen Sprache in der Dichtung Georg Trakls. In: Literaturwissenschaftliches Jahrbuch, N. F. Bd. 1 (1960), S. 211–226.

Vietta, Egon: Georg Trakl. Eine Interpretation seines Werkes. Hamburg 1947.

Vilas, Armin: Ethik und Ästhetik sind eins: Wittgenstein und Trakl. In: Austriaca 13 (1987), S. 47–65.

Vonwiller, Oskar: Die Kirche und die Kultur. In: Der Brenner, II. Jahr, Innsbruck/1. April 1912, Heft 21, S. 743–750.

Voßkamp, Wilhelm: Einbildungskraft als Voraussetzung für eine politische Ästhetik bei Friedrich Schiller. Nordrhein-Westfälische Akademie der Wissenschaften und der Künste. Vorträge G. 430. Paderborn 2011.

»Walter Benjamin, Traumkitsch«, Neue Rundschau 123 (2012) Heft 4, S. 5–97.

Webber, Andrew: Sexuality and the Sense of Self in the Works of Georg Trakl and Robert Musil. Bithell Series of Dissertations. MHRA Texts and dissertations 30. London 1990.

Weichselbaum, Hans: »Er kannte keinerlei Verlockung des Ruhms«. Anmerkungen zur Publikationsgeschichte und zu heutigen Ausgaben der Werke Georg Trakls. In: Aporie und Euphorie der Sprache. Studien zu Georg Trakl und Peter Handke. Akten des Internationalen Europalia-Kolloquiums Gent 1987. Hrsg. v. Heidy M. Müller und Jaak De Vos. Leuven 1989, S. 77–90.

Weichselbaum, Hans: Georg Trakl. Eine Biographie mit Bildern, Texten und Dokumenten. Salzburg 1994.

Weichselbaum, Hans: Inzest bei Georg Trakl – ein biographischer Mythos? In: Ders. (Hrsg.), Androgynie und Inzest in der Literatur um 1900. Salzburg/Wien 2005 (= Trakl-Studien XXIII), S. 43–59.

Weichselbaum, Hans: »Eine bleiche Maske mit drei Löchern«. Zu Georg Trakls Selbstporträt. In: Mitteilungen aus dem Brenner-Archiv, Nr. 31/2012, S. 37–44.

Wessely, Christina: Welteis. Eine wahre Geschichte. Berlin 2013.

Wetzel, Heinz: Klang und Bild in den Dichtungen Georg Trakls. Göttingen (1968) 2. Aufl. 1972.

Wölfel, Kurt: Entwicklungsstufen im lyrischen Werk Georg Trakls. In: Euphorion 52 (1958), S. 50–81.

Ziegler, Klaus: Georg Trakls »Psalm«. In: Studien zur deutschen Sprache und Literatur. Hrsg. v. der Abteilung für deutsche Philologie an der Universität Istanbul. Bd. 5. Istanbul 1966, S. 87–97.

Bildnachweis

Dank

Eine Arbeit dieser Art kennt viele Dankeswege. Sie haben alle einen Ausgangspunkt: mein Gymnasium im mittleren Schwarzwald, wo es galt, in der Deutschstunde »Musik im Mirabell« auswendig aufzusagen und »Ein Winterabend« zu deuten. Dass ich dann den »Winterabend« besser vortrug und dafür »Musik im Mirabell« überzeugender zu deuten verstand, sah mir mein Lehrer, der ein Meister des Wortes war, nach. Von dort aus führte der erste Dankesweg nach Salzburg zu einem legendären, leider mir namenlos gebliebenen Oberkellner, der im (alten) Café Glockenspiel, damals mich, den zwischen Erdbeertortengenuss und Pfefferminzduft Trakllesenden Schüler, fragte, ohne einen verständigenden Blick mit meinen Eltern gewechselt zu haben, ob ich schon in der etwas versteckt gelegenen Trakl-Gedenkstätte am Waagplatz gewesen sei (»längs gegenüber von hier«, wie er sagte). Bei einem der zahlreichen späteren Besuche in Salzburg, immer führte mich der Weg ins *Glockenspiel* und damit in die Obhut dieses ebenso eleganten wie flinken und wortgewandten Obers, erwähnte er den Umstand, dass wir eigentlich bei den Trakls wären; denn hier hätten sie schließlich lange gewohnt, und im Parterre sei das Metallwarengeschäft nebst Zäunen gewesen.

Der Weg zu Trakl war längst geebnet, als ich in Tübingen zu studieren begann; dort freilich geriet er zeitweise in Gefahr, verschüttet zu werden. In London änderte sich das, was Begegnungen mit dem kongenialen Trakl-Übersetzer Michael Hamburger geschuldet war.

Englische Trakl-Übersetzungen bleiben ein besonderes Phänomen der Anverwandlung, das sich auch in den bemerkenswerten Übertragungen jüngeren Datums, etwa von Will Stone (2005), weiter entfaltet.

Im unmittelbaren Umkreis der Arbeit an dieser Studie führten die Wege des Dankes zurück nach Salzburg zu Hans Weichselbaum, dem prägenden Leiter der dortigen Trakl-Gedenkstätte, die längst nicht mehr »versteckt« liegt, sondern dank seiner Arbeit im Zentrum des kulturellen Salzburg. Sie führten nach Innsbruck ins Brenner-Archiv zu Johannes Holzner und Eberhard Sauermann, die mit Rat und Hinweisen aufs großzügigste halfen, als sich diese Arbeit in ihrem wesentlichen Schlussstadium befand. Zu danken ist auch dem Archiv der Universität Wien sowie Reinhold Gabriel vom Wiener Drogistenmuseum und dem Archiv der Österreichischen Apothekerkammer.

Nicht möglich gewesen wäre die Niederschrift dieser Studie ohne die von administrativem Wahnwitz befreite Zeit, die ich am Internationalen Kolleg Morphomata der Universität zu Köln im Studienjahr 2012/13 als Fellow verbringen durfte. Die interdisziplinäre Ausrichtung des Kollegs, dessen Kerninteresse an der Erforschung kultureller Figurationen und die buchstäblich augenöffnende Analyse der Bildlichkeit literarischer Produktion im Diskurs der Fellows schufen nachgerade ideale Arbeitsbedingungen. Das Schwerpunktthema »Todesfigurationen« in jenem Studienjahr erleichterte die inspirierende und entsprechend produktive Einbindung dieser Studie in die Arbeit des Kollegs. Großer Dank gebührt hierfür den Direktoren des Kollegs, Günter Blamberger und Dietrich Boschung.

Mittelbar erinnern will diese Arbeit auch an die Trakl-bezogenen Deutungsleistungen von Walter Weiss (Salzburg) und Krzysztof Lipiński (Kràkow), denen ich wie so viele literaturwissenschaftliche Kollegen über ihren Tod hinaus dankbar verbunden bleibe.

Besonderen Dank sagen möchte ich zuletzt dem Zsolnay Verlag, namentlich dessen Leiter Herbert Ohrlinger, sowie meiner Lektorin Bettina Wörgötter, für die bewährte, stets förderliche Zusammenarbeit. Gleiches gilt für Michael Krüger, den ehemaligen Verlagsleiter der Hanser/Zsolnay-Gruppe, mit dem ich die Grundkonzeption des Buches im Frühjahr 2012 ausführlich besprechen konnte.

Köln/London/Salzburg, im Sommer 2013